Testtraining to go | POLIZEI

Inklusive Polizeitest-App!

Spielend zum Traumjob – den Code für Ihren kostenlosen Download der App finden Sie am Ende des Buchs. Weitere Infos auch unter www. www.campus.de/einstellungstest-polizei

Doris Brenner ist freie Beraterin und Trainerin mit den Schwerpunkten Personalentwicklung und Karriereberatung für Hochschulabsolventen und Führungsnachwuchskräfte.

Frank Brenner, Dipl.-Verwaltungsbetriebswirt (FH), ist Leiter eines europäischen Unternehmens der Luftfahrtbranche und verfügt über viele Jahre Erfahrung in der Mitarbeiterauswahl.

Verena Wolff ist Journalistin und Autorin. Sie schreibt seit gut 15 Jahren für unterschiedliche Medien, darunter die *Süddeutsche Zeitung* und die *dpa*.

Inhalt

Einleitung

Ein sicherer Job – und ein spannender noch dazu: Die Generation Zeitvertrag kennt diese Kombination kaum noch. Gerade darum verwundert es nicht, dass immer mehr junge Leute sich wieder für Stellen im Öffentlichen Dienst interessieren – besonders bei der Polizei des Bundes und der Länder, dem Bundeskriminalamt (BKA), der Feuerwehr, beim Zoll, in der Justiz und der Bundeswehr. Denn seien wir ehrlich – diese Arbeitgeber haben sich in den vergangenen Jahren gewandelt, auch wenn ihnen mitunter noch ein leicht angestaubtes Image anhaftet. Doch natürlich müssen auch sie nicht nur gegen die Konkurrenz in der Arbeitswelt bestehen, sondern auch wegen ihrer »Kunden« mindestens auf der Höhe der Zeit sein. Und: Beamter zu sein, einen lebenslang sicheren Job mit einer guten Pension, eine private Krankenversicherung und geregelte Arbeitszeiten zu haben, das sind sicher gute Benefits. Das hilft natürlich nichts, wenn der Job öde ist. Doch diese Gefahr besteht nicht, wie uns die Experten verraten. Darum: Machen Sie mit im Wettbewerb um die klügsten Köpfe – denn die sucht der Staatsdienst. Ein paar Anforderungen müssen Sie erfüllen, vieles andere kann man trainieren. Mit diesem Buch zum Beispiel. Hier gibt es zahlreiche Informationen zu den Jobs und den Auswahlverfahren. Und mit der App können Sie üben, alleine oder im Wettkampf mit anderen. Alle Infos zur App finden Sie unter www.campus.de/einstellungstest-polizei. An dieser Stelle schon einmal viel Spaß und Erfolg beim Testduell!

Also: Haben Sie den Hauptschulabschluss oder die Mittlere Reife? Sind Sie sportlich, möglichst nicht fehlsichtig und bringen soziale Kompetenzen mit? Dann haben Sie gute Chancen auf einen Job im mittleren Dienst. Der gehobene Dienst setzt oft die Fachhochschulreife oder das Abitur voraus. In den höheren Dienst kommt man in der Regel mit einem abgeschlossenen Hochschulstudium. Mindestgröße? Ja, das gibt es noch in einigen Bundesländern. Aber es gibt auch Regionen und Arbeitgeber, die diese Anforderung nicht mehr stellen. Die formalen Vorraussetzungen für die Bewerbung bei den Behörden, die Sie in diesem Bereich finden, stammen von den jeweiligen Websites, die unter »Adressen« aufgeführt sind.

Nach der erfolgreichen Bewerbung bei der Polizei, der Feuerwehr, dem Zoll oder der Bundeswehr werden Sie eingeladen zu einem Wissenstest, zur Vorführung der sportlichen Fähigkeiten und häufig zu einer Art »Assessment-Center light«, in dem Sie Ihre Social Skills, die sozialen Kompetenzen, unter Beweis stellen können. Also: Können Sie gut kommunizieren? Hören Sie zu? Wie verhalten Sie sich in einer Gruppe? Denken Sie lösungsorientiert?

Auf all diese Schritte können Sie sich gründlich vorbereiten – und wir wollen Ihnen dabei helfen. Aber hier finden Sie nicht nur ein Sammelsurium an Übungsaufgaben. Wir liefern Ihnen Strategien, die für Durchblick sorgen und das Lösen der Aufgaben einfacher machen. Wir erklären, was der Sinn hinter vielen der Tests ist, was wirklich abgefragt wird. Denn manchmal ist die Aufgabe anders, als sie auf den ersten Blick scheint. Und damit Sie ein bisschen Stoff zum Nachdenken bekommen und rundum auf Ihren Berufseinstieg vorbereitet sind, haben wir mit verschiedenen Experten gesprochen. Die erklären, warum ein bisschen Zurückhaltung bei Twitter und Facebook mitunter nützlich sein kann, ob man beim Staat mehr verdient als in der freien Wirtschaft und wie die Chancen auf eine gute Work-Life-Balance stehen, wenn man verbeamtet ist.

Jetzt fangen wir an. Halt, eins wollen wir noch vorweg gesagt haben: Wir wissen, dass Herr Müller und Frau Meier für Sie Ihre Eltern sind. Dennoch haben wir davon abgesehen, Sie in diesem Buch zu duzen. Das schreibt sich zwar lockerer, aber es gibt keinen Einstellungstest, der Sie in dieser familiären Form anspricht – und auch bei den Einstellungsgesprächen werden Sie gesiezt. Da können Sie dieses Buch gleich als Übung nehmen. Und, liebe Bewerberinnen: Sie sehen, wir sind ein Autorenteam, bei dem die Frauen in der Mehrzahl sind. Wir wissen also, dass die korrekte Schreibweise immer sowohl die männliche als auch die weibliche Form verlangt. Aber nicht bei uns. Denn das macht alles recht kompliziert zu lesen. Also herzlich willkommen, Mädchen und Jungs, Frauen und Männer. Wir wünschen Ihnen allen denkbaren Erfolg bei Ihren Bemühungen, in den Staatsdienst zu kommen und bei der Polizei, der Feuerwehr, dem Zoll, der Justiz, dem Verfassungsschutz oder der Bundeswehr einen spannenden Job zu finden. Einen, der zu Ihnen passt. Und der Sie ein Leben lang fasziniert.

Bevor wir mit den verschiedenen Voraussetzungen für die Einstellung bei Polizei, Feuerwehr, Bundeswehr oder Justiz starten, haben wir Manja Lederhos zur Attraktivität der Arbeitgeber für Jugendliche befragt.

Experten-Interview: Traumjob bei Polizei und Bundeswehr?

Manja Lederhos ist Senior Managerin bei trendence, einem Meinungsforschungsunternehmen. Und sie berät seit zehn Jahren Arbeitgeber auf der Basis der Ergebnisse des *trendence Schülerbarometers*.

Warum sind Polizei und Bundeswehr die beliebtesten Arbeitgeber für Jugendliche?

Für Jugendliche steht ein sicherer Job an erster Stelle, wenn sie einen Arbeitgeber auswählen. Polizei und Bundeswehr gelten bei den Schülern als die Arbeitgeber mit den sichersten Jobs und liegen deshalb auch im Ranking vorn. Auch andere Argumente spielen eine Rolle: Die Bundeswehr gilt als Karrieregarant. Bei den Jugendlichen steht sie vor allem für gute Karriereperspektiven, Weiterbildung, persönliche Entwicklung und ein hohes Einstiegsgehalt. Mit der Polizei verbindet die junge Generation vor allem Wohlfühlfaktoren wie Wertschätzung und Kollegialität, aber auch Eigenverantwortung und attraktive Aufgaben. Wichtig ist auch die überregionale Präsenz beider Arbeitgeber. Schülermarketing ist ein regionales Thema, und es gibt auch in strukturschwachen Regionen die Möglichkeit, bei diesen beiden Arbeitgebern zu starten. Außerdem sind beide Arbeitgeber sehr aktiv: Die Polizei treffen Kinder schon im Kindergarten und in der Schule im Rahmen der Verkehrserziehung – und zwar flächendeckend. Die Bundeswehr ist überregional auf allen Karriere- und Ausbildungsmessen präsent. Schüler haben noch wenig konkrete Karrierevorstellungen. Umso wichtiger ist es für Arbeitgeber, ihnen zu zeigen, dass es in der Organisation Berufseinstiegsmöglichkeiten gibt. Polizei und Bundeswehr machen das sehr gut vor.

Wer interessiert sich besonders für einen Job als Ordnungshüter oder Soldat?

Bundeswehr und Polizei sind bei allen Jugendlichen beliebt. Besonders interessant ist ein Job als Ordnungshüter oder Soldat für Jugendliche, die eine Ausbildung anstreben. Aber auch bei den angehenden Studierenden ist die Polizei auf Rang zwei und die Bundeswehr auf Rang vier der Beliebtheitsskala – also ebenfalls ganz vorn dabei.

Spielt die Sicherheit des Berufes eine Rolle?

Schüler haben eine ganz genaue Vorstellung davon, was sie von einem Arbeitgeber erwarten: Ganz oben auf der Wunschliste steht neben Wertschätzung auch ein sicherer Job. 92,3 Prozent der Jugendlichen erachten eine sichere

Anstellung als wichtig oder sogar sehr wichtig. Der Öffentliche Dienst gilt als besonders sicherer Arbeitgeber. Wenn man ein Ranking der Arbeitgeber erstellt, die in den Augen der Schülerinnen und Schüler die sicherste Anstellung bieten, liegen drei Arbeitgeber aus dem Öffentlichen Dienst vorn: Polizei, Bundeswehr und Zoll. Gerade die Eltern unterstützen den Wunsch nach Sicherheit. Und sie sind für die Schüler die wichtigsten Ratgeber bei Berufs- und Ausbildungsfragen.

Wen stechen die Arbeitgeber Polizei und Bundeswehr aus?

Polizei und Bundeswehr lassen viele namhafte Unternehmen hinter sich, in erster Linie die Automobilhersteller BMW Group, AUDI, Porsche und Daimler. Aber auch die Lufthansa, ProSiebenSat.1 und adidas folgen erst nach Polizei und Bundeswehr. Sie sind allesamt sehr beliebt bei den Jugendlichen und gehören zu den Top Ten der beliebtesten Arbeitgeber im *trendence Schülerbarometer*. Viele Branchen und Arbeitgeber erkennen mittlerweile, dass Schüler sehr wichtig für die langfristige Personalplanung sind. Wir stellen fest, dass viele Unternehmen immer stärker um die Jugendlichen werben – über alle Branchen hinweg. Polizei und Bundeswehr schaffen es aktuell noch, die Industrie hinter sich zu lassen, aber die Unternehmen dahinter, allen voran die der Automobilindustrie, holen auf.

Geben auch junge Frauen beide als Traumarbeitgeber an? Oder ist das noch eher eine Männerdomäne?

Die Polizei zieht Jungen wie Mädchen gleichermaßen an, sie ist bei den Mädchen sogar etwas beliebter als bei den Jungen. Bei den Mädchen ist die Polizei ganz klar die Nummer eins unter den Arbeitgebern, während sie bei den Jungen mit knappem Abstand zur Spitze auf Rang vier liegt. Die Bundeswehr ist nach wie vor eher eine Männerdomäne, aber das hat sich in den vergangenen Jahren stark verändert. Seit drei, vier Jahren wird die Bundeswehr auch für Mädchen immer attraktiver. Sie ist ein sehr gutes Beispiel dafür, dass man es auch als eher männlicher Arbeitgeber mit der richtigen Ansprache schaffen kann, Mädchen für sich zu begeistern.

Auswahlmodalitäten und Zugangsvoraussetzungen

Es bedarf einiger Vorbereitungen, bevor Sie überhaupt damit anfangen, sich die Bewerbungsbögen aus dem Netz herunterzuladen, ins Training für die Sporttests zu gehen oder sich Ideen für das Vorstellungsgespräch zurechtzulegen. Für den Polizeiberuf müssen Sie verschiedene Voraussetzungen erfüllen – in jedem Bundesland andere. Und Sie müssen sich durch eine Reihe von Informationen arbeiten, ehe Sie wissen, ob Sie sich überhaupt bewerben können und wenn ja, wann. Denn: So sinnvoll das föderale System dieser Republik ist – es macht manche Angelegenheiten etwas undurchsichtig. Um es ganz klar zu sagen: *Den* Einstellungstest für *die* Polizei gibt es nicht. Die Verfassung der Bundesrepublik Deutschland definiert, dass die Polizei Ländersache ist. Das bedeutet, dass es in den 16 Bundesländern auch 16 verschiedene Landespolizeien gibt. Darüber hinaus gibt es auf Bundesebene die Bundespolizei (den früheren Bundesgrenzschutz), das Bundeskriminalamt und die Polizei des Deutschen Bundestages. Bund und Länder stellen teilweise in den mittleren sowie den gehobenen, zum Teil auch nur in den gehobenen Dienst ein.

Die erste Hürde: das Datum. Denn wegen der Termine, zu denen die Seminare an den Polizeischulen beginnen, kann nicht fortlaufend eingestellt werden. Manche Länder sammeln zwar über das gesamte Jahr die Bewerbungen, andere wollen die Unterlagen jedoch nur zu einem bestimmten Stichtag haben. Und hier sind wir auch schon beim zweiten Dilemma: Obwohl der Beruf auf den ersten Blick gleich erscheint, ist das Bewerbungsverfahren in allen 16 Bundesländern unterschiedlich. Das bedeutet: Überlegen Sie sich, ob Sie die Ausbildung in Ihrem heimatlichen oder in einem anderen Bundesland machen wollen. Es steht jedem Interessenten frei, wo er sich bewirbt. Manchmal kann es allerdings günstig sein, während der Ausbildung zu Hause zu bleiben. Denn die Vergütung ist noch nicht allzu üppig, und nach der 9. oder 10. Klasse ist man doch noch recht jung. Unter Umständen ist es sinnvoller, sich dann erst einmal auf eines zu konzentrieren – das Lernen. Wenn dann der Status gesichert ist und das Gehalt monatlich automatisch auf dem

Konto erscheint, kann man an Dinge denken wie Wohnung, Einrichtung, Versicherungen, Auto, Familie.

Wir beschreiben an dieser Stelle bewusst nicht die Aufnahmeverfahren für die verschiedenen Polizeien in den 16 Bundesländern. So könnten wir zwar unser Buch umfangreicher machen, doch wir würden wohl auch viele Leser verlieren. Besuchen Sie darum die relevanten Webseiten der Polizeien in den Bundesländern – die Links dazu haben wir dafür Sie ab Seite 26 zusammengestellt. Dort finden Sie nicht nur die verschiedenen Einstellungsvoraussetzungen, sondern in vielen Fällen auch gleich Bewerbungsbögen, die Sie zu einem Stichtag an die Personaler der Polizei senden müssen. Auch finden Sie dort Angaben zu den Mindestvoraussetzungen, die Sie mitbringen müssen: Es wird nach Zeugnissen und Noten gefragt, nach der Fitness und der körperlichen Belastbarkeit. Auch gibt es einige körperliche Voraussetzungen, die ebenfalls von Bundesland zu Bundesland unterschiedlich sind. Noch immer gibt es Regionen in Deutschland, in denen von jungen Frauen und Männern eine bestimmte Körpergröße verlangt wird. Auch Fehlsichtigkeit ist ein Kriterium, ebenso wie körperliche Gebrechen oder chronische Krankheiten. Wir werden es noch öfter in diesem Buch wiederholen, aber es sei auch hier schon einmal gesagt: Lesen Sie Bedingungen und Voraussetzungen genau nach. Und wenn Sie nicht sicher sind oder in den Informationen auf den Webseiten etwas zweideutig formuliert ist (ja, das kommt vor), dann schreiben Sie eine E-Mail an die angegebene Adresse oder nehmen Sie, noch besser, kurz das Telefon zur Hand. So kann die Frage schnell beantwortet werden und Sie wissen genau, ob Sie für den Job infrage kommen – und der Job für Sie.

Auf den folgenden Seiten stellen wir exemplarisch die Einstellungsvoraussetzungen für das Land Berlin, die Bundespolizei und das BKA vor. Wir nennen die relevanten Fakten und geben Erklärungen dazu, wie man sich auf den entsprechenden Ausbildungs- und Karriereseiten weiter informieren kann. Über die aktuellen Auswahlkriterien aller weiteren Bundesländer infomieren Sie sich am besten wie schon erwähnt auf den entsprechenden Homepages.

Polizei

Bevor es losgeht, haben wir hier zunächst wieder ein Experten-Interview.

Experten-Interview: Berufsbild Polizist

Carsten Baum ist bei der Gewerkschaft der Polizei (GdP) der Vorsitzende des Bundesfachausschusses Beamten- und Besoldungsrecht.

Was macht den Beruf des Polizisten spannend?

In der Polizei gibt es eigentlich tausend Berufe: Kriminalist, Verkehrspolizist, Beamter auf einem Polizeiposten, Spurenspezialist, Sachbearbeiter im Sondereinsatzkommando (SEK) oder im Mobilen Einsatzkommando (MEK), Personenschützer, EDV-Administrator, Verkehrssicherheitsberater, Zugführer in der Bereitschaftspolizei, Dienstgruppenleiter im Wach- und Streifendienst, Hundeführer, Hubschrauberpilot, Wasserschutzpolizist, Finanzermittler, Jugendsachbearbeiter und viele weitere mehr. Welche Sparte und Funktion Jahre nach der Ausbildung die Station eines jeden Einzelnen ist, hängt von Eignung, Leistung und Befähigung, von der Bedarfslage des Dienstherrn, von den persönlichen Neigungen und individuellen Interessen und, ja, oftmals auch vom Zufall ab.

Warum muss man, zumindest in den meisten Bundesländern, eine bestimmte Körpergröße haben?

Die Mindestgröße ist schon deswegen ein sinnvolles Kriterium, weil aus wirtschaftlichen Gründen nicht gefordert werden kann, dass die Polizei als Behörde spezifische ergonomische Vorsorge trifft für Büroarbeitsplätze und Streifenwagen, die auch für besonders kleine Menschen geeignet sind. Es liegt auf der Hand, dass besonders kleine Menschen in Bezug auf das körperliche Leistungsvermögen gegenüber durchschnittlich oder überdurchschnittlich großen und schweren Menschen im Nachteil sind. Auch hinsichtlich Uniform- und sonstigen Ausrüstungsgegenständen muss eine gewisse Standardisierung erfolgen, um nicht exorbitante Mehrausgaben für Bestellungen in geringster Stückzahl oder sogar einzeln anzufertigende Sondergrößen entstehen zu lassen. Zum Problem kann bei kleinen Menschen werden, dass sie in einer Zugriffssituation von ihrem Gegenüber nicht ernst genommen werden oder tatsächlich leichter überwältigt werden können.

Warum ist Fehlsichtigkeit ein Problem?

Die nur begrenzte Toleranz gegenüber einer schon in jungen Jahren vorhandene Fehlsichtigkeit resultiert aus der medizinischen Erfahrung, dass diese mit zunehmendem Lebensalter so stark zunimmt, dass die Leistungsfähigkeit des betreffenden Polizisten insbesondere als Waffenträger oder Führer eines Dienstfahrzeugs auf Einsatzfahrt mit Sonderrechten gefährdet wäre und es zu gefährlichen Fehlleistungen kommen könnte.

Berliner Polizei

Die Polizei in der Bundeshauptstadt stellt Nachwuchs im mittleren, gehobenen und höheren Dienst ein. Die Polizei stellt sich dar als Ordnungshüterin in einer multikulturellen Weltmetropole. Das bedeutet einerseits, dass sie zahlreiche Großveranstaltungen zu bewachen hat, darunter Demonstrationen, Sportveranstaltungen, Staatsbesuche und Straßenfeste. Andererseits stellt auch das alltägliche Zusammenleben der Bürgerinnen und Bürger die Polizei vor immer neue Herausforderungen.

Nach der Ausbildung und der Übernahme in die Dienstbereiche sammeln die Nachwuchspolizisten zunächst praktische Erfahrungen in den Einsatzeinheiten und auf den Polizeiabschnitten der Polizei Berlin. Später können sie, je nach Eignung, Befähigung und freien Positionen, in Spezialdienststellen wechseln. Dazu gehören der Zentrale Verkehrsdienst, die Wasserschutzpolizei, das Funk- und Fernmeldewesen, die Präventionsarbeit, die Diensthundestaffel oder die Operativen Dienste. Der Aufstieg in die nächsthöhere Laufbahn ist bei guten Leistungen möglich.

Die Berliner Polizei stellt in der Regel zwei Mal pro Jahr ein und sucht Nachwuchskräfte, die sich engagiert, mit Selbstbewusstsein und Durchsetzungsvermögen ihren Aufgaben stellen. Besonders gute Chancen haben junge Frauen und Männer, die, möglichst muttersprachlich, eine der folgenden Sprachen sprechen: Arabisch, Chinesisch, Englisch, Französisch, Italienisch, Kroatisch, Polnisch, Russisch, Serbisch, Spanisch, Tschechisch, Türkisch oder Vietnamesisch.

In die Laufbahn des mittleren und gehobenen Dienstes der Schutz- beziehungsweise Kriminalpolizei darf eingestellt werden, wer:

- Deutsche/r im Sinne des Artikels 116 des Grundgesetzes der Bundesrepublik Deutschland oder Staatsangehörige/r eines Mitgliedslandes der Europäischen Union ist (für Angehörige anderer Nationalitäten gelten Sonderregelungen – bei Bedarf bitte erfragen),
- die Gewähr dafür bietet, dass sie/er jederzeit für die freiheitliche demokratische Grundordnung im Sinne des Grundgesetzes und der Verfassung von Berlin eintritt,
- den Besitz einer Fahrerlaubnis für Personenkraftwagen mit Schaltgetriebe nachweist (muss bis zum Ausbildungsende beziehungsweise von Lebensälteren vor Beginn des dritten Ausbildungsabschnitts nach anderthalb Ausbildungsjahren erworben sein oder bis zum Ende des zweiten Semesters nachgereicht werden),
- die Fähigkeit besitzt, eine Strecke von mindestens 200 Metern ohne Unterbrechung schwimmen zu können und einen entsprechenden Schwimmfähigkeitsnachweis erbringt (zum Beispiel Schwimmabzeichen »Bronze«)
- als Bewerberin mindestens 160 Zentimeter und als Bewerber mindestens 165 Zentimeter groß ist,
- die Einstellungsprüfung besteht,
- nach polizeiärztlicher Untersuchung vollzugsdiensttauglich ist (auch Brillenträger können eingestellt werden, wenn eine für den Polizeivollzugsdienst ausreichende Sehfähigkeit nach einer Untersuchung des Polizeiarztes festgestellt wird) und
- nach seiner Persönlichkeit für den Polizeivollzugsdienst geeignet ist (einwandfreier Leumund, insbesondere keine Vorstrafen).

In Sommerkleidung sichtbare Tätowierungen stehen grundsätzlich einer Einstellung entgegen. Für kleine und unauffällige Tätowierungen sind Ausnahmen möglich. Für Tätowierungen, Brandings, Implantate und andere Körpermodifikationen gilt zudem und bei allen staatlichen Stellen: Sie dürfen keine rechts- oder linksradikalen beziehungsweise extremistischen, entwürdigenden, sexistischen beziehungsweise frauenfeindlichen, gewaltverherrlichenden oder menschenverachtenden Darstellungen beinhalten.

Bewerbungen nimmt das Einstellungsbüro, so der Name der Dienststelle, nur noch online entgegen. Sämtliche Papierbewerbungen werden nicht mehr berücksichtigt.

Wer sich für den *mittleren Dienst* der Berliner Schutzpolizei bewerben will, muss:

- mindestens die erweiterte Berufsbildungsreife (bisher: »erweiterter Hauptschulabschluss«) oder einen als gleichwertig anerkannten Bildungsstand nachweisen,
- zum angestrebten Einstellungstermin 16 bis 29 Jahre alt sein und
- als lebensälterer Bewerber (30 bis 39 Jahre) eine abgeschlossene (mindestens zweijährige) Berufsausbildung und eine mindestens zweijährige hauptberufliche Tätigkeit nachweisen.

Wer sich für den *gehobenen Dienst* der Schutz- und Kriminalpolizei bewerben will, muss:

- mindestens die Fachhochschulreife oder einen als gleichwertig anerkannten Bildungsstand besitzen und
- zum angestrebten Einstellungstermin höchstens 31 Jahre alt sein.
- Ein Mindestnotendurchschnitt ist für den jeweiligen Schulabschluss *nicht mehr* erforderlich.

Wer sich mit einem Schulabschluss bewerben will, der nicht an einer Schule in Deutschland erworben wurde, muss sich vor der Bewerbung darüber informieren, ob dieser Abschluss anerkannt wird. Eine sogenannte Gleichwertigkeitsbescheinigung kann man kostenpflichtig bei der Zeugnisanerkennungsstelle der Senatsverwaltung für Bildung, Wissenschaft und Forschung beantragen – ein Bewerber braucht sie allerdings erst dann, wenn nach den Ergebnissen der Auswahltests eine Einstellung wahrscheinlich erscheint.

In der Bundeshauptstadt müssen Bewerber ihre Einstellungsprüfung zum Teil am Computer absolvieren. Die verschiedenen Teile des Tests sind:

- Intelligenz- und Persönlichkeitsstrukturtest (zum Beispiel Grundlagen von Auffassungsgabe/Urteilsvermögen, Aspekte der Zuverlässigkeit und psychischen Belastbarkeit, Hinweise auf Leistungsmotivation und Berufsinteresse),
- Sprachtest (zur Zeit wahlweise Englisch, Türkisch, Polnisch, Russisch, Arabisch, Spanisch und Französisch),

- Deutschtest und
- ein Test zu Politik und Gesellschaft (Allgemeinwissen/interkulturelles Wissen).

Ist dieser Test bestanden, folgt die sogenannte Sportleistungsprüfung. Sie besteht aus:

- einem Hindernisparcours (Querpferd, Parallelbarren, Stufenbarren, Bodenmatten, Bock, 1,80 Meter hohe Holzwand) und
- einem 2 000-Meter-Lauf (dafür dürfen Männer maximal 09:20 Minuten brauchen, Frauen maximal 11:20 Minuten, ab dem Alter von 30 Jahren jeweils 30 Sekunden mehr).

Darauf folgen die persönliche Vorstellung, die polizeiärztliche Untersuchung – und im besten Fall die Vorlage eines Ausbildungsvertrages.

Bundeskriminalamt

Das BKA hat bezeichnenderweise einen Sherlock Holmes auf der Startseite zu seinen Ausbildungsberufen. Dabei sollte man als BKA-Beamter sicher weniger Duftmarken hinterlassen und sich unauffälliger kleiden als der Detektiv, den der britische Schriftsteller Arthur Conan Doyle schuf. Ausgebildet werden an den verschiedenen Standorten des Bundeskriminalamtes die verschiedensten Berufe – vom Fotografen über den Mechatroniker bis zum IT-Fachmann.

Auf den ersten Blick kriminalistischer wird es mit der Ausbildung im gehobenen Kriminaldienst des Bundes. Bewerber für das Fachhochschulstudium im gehobenen kriminalpolizeilichen Vollzugsdienst des Bundes mit dem Abschluss »Bachelor of Arts« können sich zwei Mal pro Jahr bewerben. Sie werden zu Kriminalkommissaren ausgebildet.

Die Anforderungen sind vielfältig. Im Folgenden stellen wir Ihnen die Voraussetzungen vor, die Bewerber erfüllen müssen:

Schulabschluss

Erforderlich ist die Allgemeine Hochschulreife (Abitur) oder uneingeschränkte Fachhochschulreife (der schulische Teil allein ist nicht ausreichend) mit einem Notendurchschnitt von mindestens 3,0 beziehungsweise bei Vorlage der letzten beiden Halbjahreszeugnisse von 8 Punkten im Durchschnitt (im Abschlusszeugnis muss auch hier mindestens die Note 3 erreicht werden). Bei zusätzlicher förderlicher Berufsausbildung oder einem abgeschlossenen fachrichtungsnahen Studium kann unter Umständen von diesem Notendurchschnitt abgesehen werden.

Staatsangehörigkeit

Bewerber sollten die deutsche Staatsangehörigkeit haben oder, wenn sie eine andere Staatsangehörigkeit haben, seit mindestens fünf Jahren in Deutschland leben, über gute Deutschkenntnisse verfügen und ihre Muttersprache in Wort und Schrift beherrschen.

Altersgrenze

Die Altersgrenze liegt derzeit bei 33 Jahren. Allerdings: Das Höchstalter kann bei Bewerbern, die Kinder oder kranke Angehörige betreut haben, heraufgesetzt werden. Weitere Ausnahmeregelungen gibt es für Zeitsoldaten der Bundeswehr.

Führerschein

Bewerber müssen den Führerschein der Klasse B haben, bevor sie in den Vorbereitungsdienst eingestellt werden.

Gesundheitliche Eignung

Der Job als Kriminalkommissar beim BKA ist körperlich anstrengend, daher gibt es ein ganzes Bündel an Voraussetzungen, das die Bewerber erfüllen müssen. Brillenträger, Unter- oder Übergewichtige sowie Menschen mit chronischen und zahlreichen anderen Leiden haben kaum eine Chance, die Prüfung auf Polizeitauglichkeit zu bestehen. Damit soll die uneingeschränkte gesundheitliche Eignung nachgewiesen werden. Nachzulesen sind die Bestimmungen auf der BKA-Website unter www.bka.de.

Sprachkenntnisse

Englischkenntnisse, die mindestens dem Level B1 gemäß dem Gemeinsamen Europäischen Referenzrahmen (GER) entsprechen, muss jeder Bewerber nachweisen. Das kann eine Schulbescheinigung sein oder ein national oder international anerkanntes Sprachzertifikat, das nicht älter als zwei Jahre sein darf.

Sonstiges

Das BKA setzt eine Mindestgröße voraus: 162 Zentimeter bei Frauen und 166 Zentimeter bei Männern. Bewerber sollten in geordneten wirtschaftlichen Verhältnissen leben und nicht vorbestraft sein.

Zum Auswahlverfahren wird eingeladen, wer die formellen Voraussetzungen erfüllt. Die einzelnen Testabschnitte stellen »K.-o.-Kriterien« dar – das heißt, wer einen Test nicht besteht, fliegt raus. Ein Mal darf man wieder zum kompletten Verfahren antreten, wenn man einen der Testabschnitte nicht bestanden hat. Es gibt vier zu durchlaufende Testabschnitte, die wir Ihnen im Folgenden erläutern:

- *Das psychodiagnostische Testverfahren:* Dabei werden die allgemeinen kognitiven Fähigkeiten, Aufmerksamkeit und Konzentration sowie die Beherrschung der Deutschen Rechtschreibung geprüft.
- *Der Sporttest:* Diese Tauglichkeitsprüfung setzt sich aus vier »Disziplinen« zusammen:
    - Achterlauf (Lauf um fünf Stangen auf Zeit nach vorheriger Erläuterung),
    - (Sitz-)Klimmzüge (Anzahl der Wiederholungen),
    - Eckenlauf (»100-Meter-Lauf« in der Halle auf Zeit) und
    - Ausdauerlauf in der Halle (sechs Minuten / zurückgelegte Wegstrecke).
- *Gruppen- und Einzelgespräch:* Darin werden eine Gruppendiskussion, ein Kurzreferat sowie die Einzelvorstellung vor einer Auswahlkommission gefordert.
- *Die ärztliche Untersuchung* auf Polizeidiensttauglichkeit.

An dieser Stelle möchten wir Carsten Baum noch einmal zu Wort kommen lassen.

Experten-Interview: Einstellungsvoraussetzungen

Carsten Baum ist der Vorsitzende des Bundesfachausschusses Beamten- und Besoldungsrecht bei der GdP.

Die Rechtschreib- und Wissensfragen sind recht umfangreich. Weshalb müssen Polizisten Fremdwörter, Kommaregeln und Dreisatz beherrschen?

Auch im Zeitalter von Skype, Facebook, WhatsApp und Google müssen Einsatz- und Tatortberichte, Vernehmungen, Vermerke und Stellungnahmen nach wie vor »klassisch« nach Duden, DIN 5008 pp., angefertigt werden; interne und externe »Kunden« der Polizei, also Gerichte, Staatsanwaltschaften, benachbarte Behörden, Versicherungen und – last but not least – die Medien und die Bevölkerung, hatten und haben wenig Verständnis für eine schlampige, unpräzise, grammatikalisch und orthografisch fehlerhafte Darstellung von Sachverhalten. Die Polizei ist auf tägliche, intensive Kommunikation mit den unterschiedlichsten gesellschaftlichen Gruppen und Zielpersonen angewiesen – dafür braucht es professionelle Kompetenz, auch und gerade auf dem sprachlichen Sektor.

Hat man eine Chance auf die Ausbildung, wenn man sich im theoretischen Teil des Einstellungstests unter Wert verkauft oder beim Sporttest einen schlechten Tag erwischt hat?

Im Dienst darf ein Polizist keinen schlechten Tag erwischen – dafür hätte niemand Verständnis. Folgerichtig kann darauf auch hinsichtlich der Prüfungsanforderungen beim Einstellungstest keine Rücksicht genommen werden. Auch bei Olympia darf der Läufer im Finale die 100 Meter nicht zweimal laufen, weil er beim ersten Mal an sein krankes Meerschweinchen gedacht hat und indisponiert war.

Allerdings: Ein Bewerber bei der Polizei kann sich mehrmals bewerben – konkret könnte sich zum Beispiel im Saarland ein Abiturient im Alter von 19 Jahren bis zur Erreichung des Bewerbungshöchstalters von 35 Jahren rund 15 Mal bewerben. Vielleicht ist er irgendwann erfolgreich und wird eingestellt. Beharrlichkeit kann sich also auszahlen. Zugleich kann man so schon einmal die Sturheit einüben, die manche so gerne den Beamten unterstellen.

Bundespolizei

Die Bundespolizei wirbt ihren Nachwuchs mit spannenden Aufgaben, guter Bezahlung und vielfältigen Karrierechancen an. Wegen des Föderalismus und der Polizeihoheit der Länder sind die Aufgaben der Bundespolizei, des früheren Bundesgrenzschutzes, begrenzt. Bundespolizisten arbeiten im Grenzschutz, bei der Bahnpolizei, der Luftsicherheit, der Bundesbereitschaftspolizei, der Kriminalitätsbekämpfung, dem Bundespolizei-Flugdienst sowie der Spezialeinheit GSG 9 und übernehmen nationale wie internationale Aufgaben wie zum Beipsiel auf See oder beim Schutz von Bundesorganen.

Auch hier sind die Anforderungen für die Bewerber vielfältig, die in den mittleren oder gehobenen Polizeivollzugsdienst wollen, sich in verschiedenen Handwerksberufe ausbilden lassen oder Verwaltungsfachangestellte werden möchten.

Formale Voraussetzungen

Wer zur Bundespolizei möchte, muss folgende Voraussetzungen erfüllen:

- Er muss Deutscher sein im Sinne des Artikels 116 Grundgesetz oder eine andere EU-Staatsangehörigkeit besitzen.
- Er muss bereit sein, jederzeit für die freiheitliche demokratische Grundordnung im Sinne des Grundgesetzes einzutreten.
- Eine Mindestgröße haben: für Frauen 163 Zentimeter, für Männer 165 Zentimeter.
- Er muss die Kriterien der Polizeidiensttauglichkeit erfüllen (weitere Informationen dazu finden Sie unter www.polizei-einstellung.de/untersuchung-auf-polizeidiensttauglichkeit/2010/06/10).
- Er sollte den Führerschein der Klasse B oder der alten Klasse 3 besitzen.
- Er sollte das Schwimmabzeichen in Bronze oder einen anderen entsprechenden Nachweis haben.
- Er darf keine gerichtlichen Vorstrafen haben.
- Er sollte in geordneten wirtschaftlichen Verhältnissen leben.

Außerdem wird auf folgende Eigenschaften Wert gelegt:

- Leistungsbereitschaft,
- soziale Kompetenz,
- Flexibilität und Mobilität,
- geistige und körperliche Fitness,
- Demokratieverständnis,
- physische und psychische Belastbarkeit,
- Teamfähigkeit,
- Zivilcourage,
- Entscheidungsvermögen und
- positives Erscheinungsbild (keine sichtbaren Tätowierungen oder Piercings).

Wer die zweieinhalbjährige Ausbildung für den *mittleren Polizeidienst* machen möchte, sollte bereits (oder in Kürze) über den mittleren Bildungsabschluss oder einen entsprechenden Bildungsstand verfügen oder erfolgreich die Hauptschule besucht haben und eine anerkannte abgeschlossene, mindestens zweijährige Berufsausbildung vorweisen können. Außerdem sollte er sich in englischer Sprache verständigen können, in den Fächern Deutsch und Englisch mindestens die Note 4 (ausreichend), im Fach Sport mindestens die Note 3 (befriedigend) haben und am Tag der Einstellung mindestens 16, aber nicht älter als 27 Jahre alt sein.

Die dreijährige Laufbahnausbildung für den *gehobenen Polizeivollzugsdienst* setzt Folgendes voraus: die allgemeine Hochschulreife oder Fachhochschulreife mit bundesweiter Studienberechtigung, in den Fächern Deutsch, Englisch und Sport jeweils mindestens die Note 3 (befriedigend). Bewerber sollten am Tag der Einstellung nicht älter als 33 Jahre sein, in englischer Sprache kommunizieren können und möglichst über Grundkenntnisse in einer weiteren Fremdsprache verfügen.

Wegen der Vielzahl der Bewerbungen werden bei der Bundespolizei Bestenlisten gebildet – anhand des Notendurchschnitts der Fächer Deutsch, Englisch, Sport und Mathe wird ein Ranking erstellt, nach dem über die Zulassungen und Einladungen zum Eignungsauswahlverfahren (EAV) entschieden wird.

Das Auswahlverfahren ist unterschiedlich, je nachdem, für welche Laufbahn Sie sich bewerben. Aber es besteht immer aus vier Teilen:

- schriftliches Testverfahren (Konzentration, Allgemeinwissen, verbale Intelligenz, Diktat),
- Sporttest,
- mündliches Testverfahren und
- polizeiärztliche Untersuchung.

Das EAV für Bewerber für den *mittleren Polizeivollzugsdienst* in der Bundespolizei dauert drei Tage, findet in den Aus- und Fortbildungseinrichtungen der Bundespolizei statt und beinhaltet die oben aufgeführten Tests. Beim schriftlichen Testverfahren werden Konzentration, Allgemeinwissen, verbale Intelligenz und Rechtschreibkenntnisse (mittels eines Diktats) abgefragt.

Das EAV für Bewerber für den *gehobenen Polizeivollzugsdienst* in der Bundespolizei dauert insgesamt vier Tage. Den ersten Teil bildet ein schriftliches Testverfahren bestehend aus Intelligenztest und Überprüfung der Deutschkenntnisse (derzeit Kurzaufsatz). Dieser findet an einem Tag im Bereich einer Aus- und Fortbildungseinrichtung der Bundespolizei oder direkt bei der Bundespolizeiakademie in Lübeck statt. Bei positivem Ergebnis erfolgt die Zulassung für die Teilnahme zum zweiten Teil des EAV. Dieser beinhaltet den Sporttest und ein Assessment-Center mit Gruppendiskussion, Kurzvortrag und Interview. Der zweite Teil dauert zwei Tage und findet für alle Bewerberinnen und Bewerber zentral an der Bundespolizeiakademie in Lübeck statt. Im dritten Teil findet die polizeiärztliche Untersuchung im Bereich einer Aus- und Fortbildungseinrichtung der Bundespolizei oder direkt bei der Bundespolizeiakademie in Lübeck statt.

Der Sporttest für angehende Bundespolizisten besteht aus vier Übungen:

- Kasten-Bumerang-Test: Damit werden Schnelligkeit, die Stütz- und Rumpfkraft sowie die Koordinations-, Orientierungs- und Konzentrationsfähigkeit überprüft. Hier können Sie sich anschauen, was dabei auf Sie zukommt: www.komm-zur-bundespolizei.de/mediathek/videos/video-der-kastenbumerang-test;
- Standweitsprung;

- Liegestütze: 40 Sekunden, 23 Liegestütze. Das müssen Männer bis 30 Jahre schaffen, Männer ab 30 müssen 21 schaffen. Frauen haben es etwas besser: bis 30 müssen sie sieben, ab 30 nur fünf Liegestützen zeigen;
- Zwölf-Minuten-Lauf: Klingt übersichtlich, ist aber anstrengend. So weit und so schnell sie können, laufen Bewerber zwölf Minuten an einem markierten Rechteck entlang. Bewerberinnen sollten mindestens 2 000 Meter, Bewerber 2 400 Meter in der Zeit zurücklegen.

Nach dem Sporttest steht das persönliche Gespräch an. Die Personalentscheider interessieren Auftreten und Persönlichkeit, zudem die Motivation für die Bewerbung. Sind diese drei Punkte geschafft, steht nur noch die polizeiärztliche Untersuchung an – und dann kann die Ausbildung beginnen.

Kontaktadressen der 16 Landespolizeien

Hier finden Sie alle Adressen der Polizeien der 16 Bundesländer, wenn Sie sich bewerben wollen, alphabetisch sortiert.

Baden-Württemberg

www.polizei-der-beruf.de

Bayern

www.polizei.bayern.de/wir/beruf/info

Berlin

www.berlin.de/polizei/beruf/polizist-polizistin-werden

Der Polizeipräsident in Berlin
Werbung und Einstellung
– ZSE I C 21/22 –
Keibelstraße 36
10178 Berlin

Telefon: 030 3323003
E-Mail: Berufsinfo@polizei.berlin.de

Brandenburg

www.internetwache.brandenburg.de/sixcms/detail.php?id=210710&
location=Bewerbung&_cookie=set

Fachhochschule der Polizei des Landes Brandenburg
Personal/Auswahl
Bernauer Str. 146
16515 Oranienburg

Telefon: 03301 850-2222
Fax: 03301 850-2139
E-Mail: bewerbung01.fhpol@polizei.brandenburg.de

Bremen

www.polizei.bremen.de/sixcms/detail.php?gsid=bremen09.c.22151.de

FP 140 Finanzen/Personal/Personalwerbung/-auswahl/-einstellung
Niedersachsendamm 78/80
28201 Bremen

E-Mail: FP14Einstellungen@polizei.bremen.de

Hamburg

www.hamburg.de/polizei/ausbildung-und-studium/202916

Akademie der Polizei Hamburg
Einstellungsstelle –AK 02–
Carl-Cohn-Straße 39
22297 Hamburg

Telefon: 040 427427
E-Mail: Einstellungsstelle@polizei.hamburg.de

Hessen

www.polizei.hessen.de/icc/internetzentral/nav/1ef/1ef70ee1-825a-f6f8-6373-a91bbcb63046.htm

Polizeiakademie Hessen
Zentraler Polizeipsychologischer Dienst der hessischen Polizei
Eignungsauswahlzentrum
Schönbergstraße 100
65199 Wiesbaden

Telefon: 0611 9460-6060
E-Mail: eignungsauswahlzentrum@polizei.hessen.de

Mecklenburg-Vorpommern

www.polizei.mvnet.de/cms2/Polizei_prod/Polizei/de/bi

Fachhochschule für öffentliche Verwaltung, Polizei und Rechtspflege des Landes Mecklenburg-Vorpommern
Zentraler Auswahl- und Einstellungsdienst
Goldberger Straße 12–13
18273 Güstrow

E-Mail: ZAED@fh-guestrow.de

Niedersachsen

www.polizei-studium.de

Polizeiakademie Niedersachsen
Dezernat 20 – Nachwuchsgewinnung –
Gimter Straße 10
34346 Hann. Münden

Telefon: 05541 702-243
E-Mail: berufsinformation@polizei.niedersachsen.de

Nordrhein-Westfalen

www.polizei.nrw.de/kategorie__21.html

Landesamt für Ausbildung, Fortbildung und Personalangelegenheiten (LAFP) der Polizei Nordrhein-Westfalen
Bewerberbetreuung
Weseler Str. 264
48151 Münster

Telefon: 0251 7795-5312, -5311 oder -5310
E-Mail: polizeiberuf@polizei.nrw.de

Rheinland-Pfalz

www.ihre-einstellung-interessiert-uns.de

Polizeipräsidium Rheinpfalz
Führungsstab, Sachbereich 14
Wittelsbachstr. 3
67061 Ludwigshafen

Telefon: 0621 963 1699
Fax: 0621 963 1244
E-Mail: pprheinpfalz.einstellungen@polizei.rlp.de

Saarland

www.saarland.de/9936.htm

Ministerium für Inneres und Sport
Abteilung D – Polizeiangelegenheiten und Bevölkerungsschutz
Einstellungsberatung
Mainzer Straße 136
66121 Saarbrücken

Telefon: 0681 501 3575 und -3576
Fax: 0681 501 3579
E-Mail: einstellungsberater@innen.saarland.de

Sachsen

verdaechtig-gute-jobs.de
www.polizei.sachsen.de/de/3597.htm

Telefon: 0341 5855-5855
E-Mail: auswahlteam@polizei.sachsen.de

Sachsen-Anhalt

www.fh-polizei.sachsen-anhalt.de/berufsinformation

Fachhochschule Polizei Sachsen-Anhalt
Berufsinformation und -werbung
Schmidtmannstraße 86
06449 Aschersleben

Telefon: 03473 960-171
Fax: 03473 960-283
E-Mail: berufsinformation.fhs@polizei.sachsen-anhalt.de

Schleswig-Holstein

www.polizei.schleswig-holstein.de/internet/DE/Berufseinstieg/berufseinstieg_node.html

Polizeidirektion für Aus- und Fortbildung
und für die Bereitschaftspolizei Schleswig-Holstein
Werbe- und Einstellungsstelle
Hubertushöhe
23701 Eutin

Telefon: 04521 81-652
Fax: 04521 81-412
E-Mail: berufseinstieg@polizei.landsh.de

Thüringen

www.thueringen.de/th3/polizei/nachwuchsgewinnung/bewerbung/

Bildungszentrum der Thüringer Polizei
Bewerbung
Friedenssiedlung 6
98617 Meiningen

Telefon: 03693 850-156
E-Mail: bewerbung.bz@polizei.thueringen.de

In Baden-Württemberg und Bayern gibt es eigene Berater je nach Region. Daher müssen Sie über die Website zunächst herausfinden, wer der Berater für Ihre Region ist und bekommen dort alle weiteren Informationen und Kontaktdaten.

Hier noch einmal alle Web-Adressen alphabetisch geordnet – für den schnellen Überblick:

Baden-Württemberg	www.polizei-der-beruf.de
Bayern	www.polizei.bayern.de/wir/beruf/info
Berlin	www.berlin.de/polizei/beruf/polizist-polizistin-werden
Brandenburg	www.internetwache.brandenburg.de/sixcms/detail.php?id=210710&location=Bewerbung&_cookie=set
Bremen	www.polizei.bremen.de/sixcms/detail.php?gsid=bremen09.c.22151
Hamburg	www.hamburg.de/polizei/ausbildung-und-studium/202916/ausbildung-und-studium-a
Hessen	www.polizei.hessen.de/icc/internetzentral/nav/1ef/1ef70ee1-825a-f6f8-6373-a91bbcb63046.htm
Mecklenburg-Vorpommern	www.polizei.mvnet.de/cms2/Polizei_prod/Polizei/de/bi
Niedersachsen	www.polizei-studium.de
Nordrhein-Westfalen	www.polizei.nrw.de/kategorie__21.html
Rheinland-Pfalz	www.ihre-einstellung-interessiert-uns.de
Saarland	www.saarland.de/9936.htm
Sachsen	verdaechtig-gute-jobs.de
Sachsen-Anhalt	www.fh-polizei.sachsen-anhalt.de/berufsinformation
Schleswig-Holstein	www.polizei.schleswig-holstein.de/internet/DE/Berufseinstieg/berufseinstieg_node.html
Thüringen	www.thueringen.de/th3/polizei/nachwuchsgewinnung/bewerbung
Bundespolizei	www.komm-zur-bundespolizei.de
Bundeskriminalamt	www.bka.de/nn_245896/DE/Berufsperspektive/berufsperspektive__node.html?__nnn=true

Feuerwehr

Was bei der Polizei schon kompliziert klingt, ist bei der Feuerwehr noch schwieriger. Denn hier unterscheiden sich die Einstellungsverfahren nicht nur von einem Bundesland zum anderen, sondern können sich zudem je nach Stadt innerhalb eines Bundeslandes unterscheiden. Hintergrund: Feuerwehrmänner sind bei den Städten angestellt. Und die definieren die Voraussetzungen, die sie für ihre Brandschützer haben wollen. Feuerwehrleute können auch bei Unternehmen in der Werksfeuerwehr, auf Flughäfen oder bei der Bundeswehr arbeiten.

Daher gilt auch an dieser Stelle der Tipp: Bitte informieren Sie sich auf den Webseiten der unterschiedlichen Berufsfeuerwehren, die für Sie infrage kommen. Denn dort sollten die jeweils neuesten Daten hinterlegt sein, ebenso der aktuelle Bedarf an Mitarbeitern und der nächste Einstellungsturnus. Wenn Ihnen die eine oder andere Angabe veraltet vorkommt, scheuen Sie sich nicht, direkt bei der Feuerwehr anzurufen.

Unser Beispiel: die Bundeshauptstadt. Wir beschreiben im Folgenden die Einstellungsvoraussetzungen für den *mittleren feuerwehrtechnischen Dienst.*

In Berlin darf eingestellt werden, wer:

- Deutscher im Sinne des Artikels 116 des Grundgesetzes oder Staatsangehöriger eines anderen Mitgliedsstaates der Europäischen Union ist,
- die Gewähr dafür bietet, dass er jederzeit für die freiheitliche demokratische Grundordnung im Sinne des Grundgesetzes und der Verfassung von Berlin eintritt,
- mindestens den Abschluss der 9. Klasse der Hauptschule oder einen als gleichwertig anerkannten Bildungsstand besitzt,
- eine abgeschlossene Ausbildung in einem anerkannten Ausbildungsberuf oder eine Berufsausbildung an einer technischen Fachschule oder Fachoberschule bis spätestens fünf Monate vor dem angestrebten Einstellungstermin erfolgreich beendet,
- höchstens 30 Jahre alt ist, also das 31. Lebensjahr noch nicht vollendet hat,
- eine Körpergröße von mindestens 1,65 Zentimetern und maximal 1,95 Zentimetern hat,

- nach dem Ergebnis der Untersuchung beim Ärztlichen Dienst uneingeschränkt feuerwehrdiensttauglich ist, das heißt unter anderem die Voraussetzungen nach G 26.3 erfüllt und mit seinem Körpergewicht in einem zulässigen Bereich des Körpermasseindex (BMI) zwischen 18 und 27,5 liegt,
- eine bestimmte Sehstärke hat: Die unkorrigierte Sehschärfe darf den Wert von 0,5 auf dem einen und 0,5 auf dem anderen Auge nicht unterschreiten,
- im Besitz eines Schwimmabzeichens Silber (nicht älter als ein Jahr) ist,
- die Fahrerlaubnis der Klasse 3 beziehungsweise B besitzt,
- sportlich und sozial kompetent ist,
- nach seiner Persönlichkeit für den Dienst in der Feuerwehr geeignet ist.

Das Auswahlverfahren für den mittleren feuerwehrtechnischen Dienst gliedert sich in mehrere Stufen. Zunächst steht die Vorauswahl an, bei der die formalen Voraussetzungen der Bewerber geprüft werden. Interessierte können ihre Daten online mit einem Bewerbungsbogen erfassen, oder den ausgedruckten Bogen an die Feuerwehr der Hauptstadt senden.

Dann folgen weitere Auswahlverfahren:

- *Sportprüfung:* Kraft, Ausdauer und Kondition der Bewerber werden beim Fitnesstest geprüft. Außerdem müssen Sie eine voll ausgefahrene Drehleiter im Freistand besteigen – damit soll die Eignung der Einsatzfähigkeit für Arbeiten in Höhen beurteilt werden.
- Dem folgt das *strukturierte Interview,* das aus einer Selbstpräsentation, einem Fallbeispiel sowie einem offenen Interview besteht.
- Im *Teamtest,* dem praktischen Prüfungsteil, werden einsatzrelevante Übungen geprobt – das bedeutet, dass zum Beispiel der Umgang mit einfachen Gerätschaften sowie die Bewältigung einfacher handwerklich-technischer Aufgaben beurteilt wird.
- Die *Potenzialanalyse* will die persönlichen Fähigkeiten jedes Bewerbers offenlegen. Das ermittelte Bewerberprofil wird schließlich mit einem für die zu besetzende Stelle notwendigem Profil verglichen. Grundlage, so heißt es bei der Berliner Feuerwehr, ist das Anforde-

rungsprofil für die Funktion eines Brandmeisters mit den hierfür erforderlichen Persönlichkeitsmerkmalen.

- An das Auswahlverfahren schließt sich die *arbeitsmedizinische Eignungsuntersuchung* an. Nach den jeweils geltenden Vorschriften nimmt diese der polizeiärztliche Dienst vor. Die Untersuchung umfasst die grundsätzliche Eignung für den Vorbereitungsdienst.

In Berlin kann man auch in den *gehobenen* oder *höheren feuerwehrtechnischen Dienst* einsteigen. Beide Laufbahnen setzen allerdings ein abgeschlossenes Studium voraus.

Das war das Beispiel Berlin. In allen Landeshauptstädten gibt es Berufsfeuerwehren, natürlich auch in den größeren Orten der Bundesländer. Hier sind die Web-Adressen der Berufsfeuerwehren in den 16 Landeshauptstädten. Alphabetisch geordnet – für den schnellen Überblick:

Berlin	www.berliner-feuerwehr.de/karriere.html
Bremen	www.feuerwehr-bremen.org/service/bewerbung/voraussetzungen
Düsseldorf	www.duesseldorf.de/feuerwehr/auf/index.shtml
Dresden	www.dresden.de/de/02/070/c_060.php
Erfurt	www.erfurt.de/ef/de/leben/feuerwehr/ausbildung
Hamburg	www.hamburg.de/ausbildung-feuerwehr/3243884/a-ausbildung-feuerwehr
Hannover	www.hannover.de/Leben-in-der-Region-Hannover/Sicherheit-Ordnung/Feuerwehr-Hannover/Nachwuchswerbung-und-Stellenangebote
Kiel	www.kiel.de/leben/sicherheit/feuerwehr/berufe_ausbildung/index.php
Mainz	www.berufsfeuerwehr-mainz.de/ausb.htm
München	www.muenchen.de/rathaus/Stadtverwaltung/Kreisverwaltungsreferat/Branddirektion-Muenchen/Karriere.html
Potsdam	www.feuerwehr-potsdam.de
Saarbrücken	www.saarbruecken.de/rathaus/stadtverwaltung/arbeitgeberin_stadt/ausbildung
Schwerin	rettungsdienstschule.schwerin.de
Stuttgart	feuerwehr-stuttgart.de/index.php?article_id=18
Wiesbaden	www.wiesbaden.de/microsite/feuerwehr/feuerwehren/content/aus-fortbildung.php

Justiz

Wer unter Justizberufen nur die des Richters und des Staatsanwalts erwartet, irrt. Verschiedene Berufe des mittleren und gehobenen Dienstes werden ebenfalls an den Gerichten, den Staatsanwaltschaften und Gefängnissen ausgebildet. Dazu gehören:

- Rechtspfleger,
- Gerichtshelfer,
- Bewährungshelfer,
- Gerichtsvollzieher,
- Justizfachangestellter,
- Justizfachwirte,
- Justizwachtmeister,
- Justizvollzugsfachwirte,
- Beamte im allgemeinen Vollzugsdienst bei den Justizvollzugsanstalten,
- Beamte im mittleren Verwaltungsdienst bei den Justizvollzugsanstalten.

Aber, Sie ahnen es schon – auch in der Justiz ist die Ausbildung alles andere als einheitlich. Das ist sie nicht einmal innerhalb der Berufsgruppe der Juristen. Das Jurastudium in den einzelnen Bundesländern und vor allem die Prüfungen und deren Benotung unterscheiden sich sehr. Genau wie bei Polizei und Feuerwehr liegen die Voraussetzungen für die Einstellung und Ausbildungen in der Justiz in der Zuständigkeit des Bundes oder der Länder.

In der folgenden Liste finden Sie die Links zu den Anlaufstellen der Justiz in den einzelnen Bundesländern. Dort sehen Sie nicht nur detailliert aufgelistet sämtliche Berufe, die ausgebildet werden – auch das unterscheidet sich von Land zu Land –, Sie finden auch die aktuellsten Anforderungen an die Bewerber und die Adressen, zu denen Sie Ihre Unterlagen schicken können.

Baden-Württemberg	www.justiz.baden-wuerttemberg.de/pb/,Lde/1149431
Bayern	www.justiz.bayern.de/justiz-und-justizvollzug/berufe-und-stellen
Berlin	www.berlin.de/sen/justiz/gerichte/kg/ausbildung/n-r-ausbildung/index.html
Brandenburg	www.mdj.brandenburg.de/cms/detail.php/lbm1.c.265181.de
Bremen	www.justiz.bremen.de/sixcms/detail.php?gsid=bremen02.c.1334.de
Hamburg	www.hamburg.de/justizbehoerde/stellen-ausbildung
Hessen	justizministerium.hessen.de/karriere
Mecklenburg-Vorpommern	www.regierung-mv.de/cms2/Regierungsportal_prod/Regierungsportal/de/jm
Niedersachsen	www.mj.niedersachsen.de/portal/live.php?navigation_id=3759&article_id=10634&_psmand=13
Nordrhein-Westfalen	www.justiz.nrw.de/WebPortal/Gerichte_Behoerden/Stellen/ausbildung/berufe/index.php
Rheinland-Pfalz	www.mjv.rlp.de/Gerichte/Ordentliche-Gerichte/Oberlandesgerichte/Koblenz/Ausbildung
Saarland	www.saarland.de/SID-2670C60C-547756C8/1534.htm
Sachsen	www.justiz.sachsen.de/content/ausb.htm
Schleswig-Holstein	www.schleswig-holstein.de/Karriere/DE/AusbildungStudium/Justiz/justiz_node.html
Thüringen	www.thueringen.de/th4/justiz/jugendseite/

Verfassungsschutz

Der Verfassungsschutz ist, wie der Name schon sagt, da, um die Verfassung zu schützen. Doch was genau bedeutet das? Das Bundesamt für Verfassungsschutz (BfV) ist der Inlandsnachrichtendienst der Bundesrepublik Deutschland. Es hat unter anderem die Aufgabe, Informationen über extremistische und terroristische Bestrebungen zu sammeln und auszuwerten. Zudem ist es für die Spionageabwehr zuständig. Dabei hat das BfV verschiedene Arbeitsfelder. Dazu gehören: Rechts- und Linksextremismus, Ausländerextremismus, Islamismus und islamistischer Terrorismus, Spionage- und Proliferationsabwehr (Proliferation bedeutet: die Weitergabe oder Verbreitung von Massenvernichtungswaffen), Geheim- und Sabotageschutz, Wirtschaftsschutz sowie elektronische Angriffe.

Es gibt ein Bundesamt für Verfassungsschutz sowie die Landesämter für Verfassungsschutz – entsprechend sind die Bewerbungen für eine Ausbildung an die jeweiligen Stellen zu richten. Das Bundesamt für Verfassungsschutz bildet für den mittleren Dienst Nachwuchskräfte in der Laufbahn »Mittlerer nichttechnischer Verwaltungsdienst des Bundes« aus. Zudem werden Fachinformatiker (Fachrichtung Systemintegration) ausgebildet.

In welchen Berufen die Landesämter ausbilden, sehen Sie auf deren Webseiten – manche Bundesländer bilden keinen Nachwuchs aus. Eine Alternative zur Ausbildung beim Verfassungsschutz ist der Einstieg mit einer abgeschlossenen Berufsausbildung oder über dic polizeiliche Ausbildung. Wenn Sie der Arbeitgeber interessiert, dann erkundigen Sie sich vor Ihrer Bewerbung, welcher Weg Sie zu Ihrem Traumberuf führt.

Hier sind die Informationen aus den verschiedenen Bundesländern zu finden:

Bundesamt für Verfassungsschutz	www.verfassungsschutz.de/de/das-bfv/karrieremoeglichkeiten/ausbildung
Baden-Württemberg	www.verfassungsschutz-bw.de
Bayern	www.verfassungsschutz.bayern.de/kontakt/berufsinfo
Berlin	www.berlin.de/sen/inneres/verfassungsschutz
Brandenburg	www.verfassungsschutz.brandenburg.de/cms/detail.php/lbm1.c.336846.de

Bremen	www.verfassungsschutz.bremen.de
Hamburg	www.hamburg.de/innenbehoerde/service/1447830/ausbildungsinformationen-verfassungsschutz-fhh
Hessen	www.verfassungsschutz.hessen.de
Mecklenburg-Vorpommern	www.verfassungsschutz-mv.de
Niedersachsen	www.verfassungsschutz.niedersachsen.de
Nordrhein-Westfalen	www.mik.nrw.de/verfassungsschutz/verfassungsschutz/ausbildung-und-beschaeftigung.html
Rheinland-Pfalz	www.verfassungsschutz.rlp.de
Saarland	www.saarland.de/verfassungsschutz.htm
Sachsen	www.lfv.sachsen.de
Sachsen-Anhalt	www.mi.sachsen-anhalt.de/sicherheit-und-ordnung/verfassungsschutz
Schleswig-Holstein	www.schleswig-holstein.de/IM/DE/InnereSicherheit/Verfassungsschutz/Verfassungsschutz_node.html
Thüringen	www.thueringen.de/th3/verfassungsschutz

Bundeswehr

Die Bundeswehr ist sowohl militärischer als auch ziviler Arbeitgeber. Bei ihr werden junge Leute in einer Vielzahl verschiedener Berufe ausgebildet – je nachdem, welchen Schulabschluss sie haben und welche Laufbahn sie einschlagen wollen.

Zwei Laufbahnen stehen Bewerbern im militärischen Bereich offen, wenn sie die *Hauptschule* erfolgreich abgeschlossen haben: die Laufbahn der Mannschaften und die Laufbahngruppe der Fachunteroffiziere des allgemeinen Fachdienstes. Hier kann man unter anderem Fallschirmjäger, Fahrer von Spezialtransportern oder Spezialist in einem anderen Bereich, zum Beispiel Bundeswehr-Feuerwehrmann, werden. Auch können sich Bewerber mit Hauptschulabschluss als Fluggerätemechaniker, Kommunikationselektroniker, Automobilmechaniker oder technischer Zeichner ausbilden lassen.

Wer die *mittlere Reife* hat, kann als Feldwebel bei der Bundeswehr einsteigen – und dann in einen von fünf Bereichen gehen: den Truppendienst, Sanitätsdienst, Militärmusikdienst, Geoinformationsdienst und in den sogenannten allgemeinen Fachdienst. Voraussetzung dafür ist die Verpflichtung bei der Bundeswehr für zwölf Jahre, in Ausnahmefällen für acht Jahre. Mindestgröße für die Einstellung bei der Bundeswehr sind 155 Zentimeter bei Frauen und Männern gleichermaßen. Zudem müssen Bewerber die deutsche Staatsbürgerschaft besitzen und bereit sein, für die freiheitlich-demokratische Grundordnung im Sinne des Grundgesetzes einzutreten.

Die Bundeswehr hat noch einen Karriereweg, der für junge Leute mit *Fachabitur*, *allgemeiner Hochschulreife* oder einem *Realschulabschluss inklusive abgeschlossener Berufsausbildung* infrage kommt: die Offizierslaufbahn. Wer Offizier und damit Führungskraft bei der Bundeswehr werden will, muss sich folgendermaßen verpflichten: 13 Jahre im Regelfall, 16 Jahre, wenn man in den fliegerischen, und 17 Jahre, wenn man in den Sanitätsdienst will. In der Ausbildung der Offiziere nimmt das Studium an einer der Universitäten der Bundeswehr in Hamburg oder München einen zentralen Platz ein. Die angehenden Offiziere schließen ihr Studium grundsätzlich mit einem Master ab.

Auch bei der Bundeswehr gliedert sich das Prüfverfahren in mehrere Teile:

- *Computergestützter Eignungstest:* Getestet werden sprachliche und mathematische Fähigkeiten, logisches Denken und Konzentrationsfähigkeit sowie das technische Verständnis
- *Ärztliche Begutachtung:* Der Ärztliche Dienst der Karrierecenter ist zuständig für die Feststellung der gesundheitlichen und physischen Eignung. Hier wird bestätigt, dass Bewerber die geforderte körperliche Leistungsfähigkeit allgemein und insbesondere in den von ihnen gewünschten Verwendungen (Sanitätsdienst, Heer, Marine, Feuerwehr) nachweisen können.
- *Sporttest:* Drei Stationen hat der Basis-Fitness-Test der Personalgewinnung (BFT PersG):

  1. Station: Elf mal zehn Meter Sprinttest (schneller als 60 Sekunden);
  2. Station: Klimmhang (mindestens fünf Sekunden in der Endposition eines Klimmzugs);
  3. Station: 3000 Meter Ausdauertraining als Lauf oder auf dem Ergometer (auf Zeit).

- *Bewerbergespräch:* Das persönliche Gespräch mit einem Offizier und einem Psychologen gibt den Bewerbern Gelegenheit, ihre Stärken aufzuzeigen und die Prüfer von Ihren Fähigkeiten zu überzeugen.
- *Gruppensituationsverfahren* (für Feldwebel und Offiziere): Dies ist eine gemeinsame Gruppendiskussion oder ein Rollenspiel mit anderen Bewerbern, bei denen es neben der Teamfähigkeit auch um die Konfliktfähigkeit und das Durchsetzungsvermögen geht.

Wer sich für den fliegerischen Dienst, die Flugsicherung oder eine allgemeine berufliche Ausbildung bewerben möchte, muss, wenn die obigen Tests positiv verlaufen sind, eine weitere theoretische Prüfung absolvieren. Dann geht es darum, ob die Eignung für den angestrebten Job vorliegt.

Alle Informationen zur Bewerbung bei der Bundeswehr findet man im Internet auf der Seite www.bundeswehr-karriere.de. Hier gibt es sowohl Hintergründe zu den militärischen als auch zu den zivilen Karrieren bei den deutschen Streitkräften. Dort sind auch die Karriereberater zu erreichen, die an verschiedenen regionalen Standorten überall in Deutschland sitzen. Bitte informieren Sie sich auf den Seiten über die neuesten Ausbildungsmöglichkeiten und nutzen Sie die Chance, sich von den Experten beraten zu lassen.

Steuern, Lohn & Co. – Vorteile des Beamtentums

Welche Vorteile hat man eigentlich davon, Beamter zu sein? Verdient man mehr als Gleichaltrige? Muss man wirklich keine Steuern bezahlen? Steuerberater Wolfgang Streich von der Kanzlei Schwanzl, Streich & Rumpler in Amberg erläutert die Vorzüge, die Staatsdiener haben, nicht nur auf dem Gehaltskonto.

Netto für brutto – darauf freuen sich manche Leute, wenn sie einen Job im Staatsdienst bekommen. Doch ganz so ist es nicht, wie Steuerberater Wolfgang Streich sagt. »Man zahlt die ganz normale Lohnsteuer, genau so, wie jeder andere mit demselben Bruttogehalt.« Dazu kommen Abgaben für die Krankenversicherung. Aber die funktioniert bei Beamten etwas anders als bei Angestellten in der freien Wirtschaft. »Beamte sind beihilfeberechtigt«, sagt Streich. Das bedeutet, dass 50 Prozent der Krankheitskosten vom Dienstherrn getragen werden, die anderen 50 Prozent muss der Staatsdiener versichern. Privat. Das hat gerade in Großstädten immense Vorteile, wo gesetzlich Krankenversicherte oft lange auf einen Arzttermin warten müssen, während Privatpatienten oft ganz schnell behandelt werden. »Auch für Familienmitglieder kommt der Staat auf: Die Krankheitskosten für Kinder werden zu 80 Prozent, für nicht berufstätige Ehegatten zu 70 Prozent von der sogenannten Beihilfe gezahlt. Der Rest muss versichert werden.«

Doch das sind noch nicht alle Vorteile, die ein Beamter aufgrund seines Status hat. So bekommen Staatsdiener ihre Besoldung, so heißt der Lohn beim Staat, im Voraus: am Monatsletzten für den Folgemonat. Und: »Mit der Lebenszeitverbeamtung erhält man auch im Privatleben einige Vorteile, zum Beispiel günstigere Versicherungstarife oder niedrigere Schuldzinsen«, sagt Steuerberater Streich. Warum? »Wegen des sicheren Arbeitsplatzes wird man als zuverlässiger eingestuft.«

Einen guten Stand haben Beamte und vor allem Beamtinnen, für die Kinder zur Lebensplanung gehören. Denn sie können nicht nur ihre Schutzzeiten nehmen, sondern können auch mit nahezu beliebigen Stunden wieder in den Dienst einsteigen. Außerdem steht Frauen eine Mindestpension zu.

Überhaupt, der Ruhestand. Er scheint zwar für Berufseinsteiger noch ein ganzes Leben entfernt, doch die Regelungen zur Pension sind einer der größten Pluspunkte der Verbeamtung. »Die Pension ist nicht wie die Rente an Rentenversicherungsbeiträge gekoppelt«, erläutert Steuerberater Streich. Die Pension berechnet sich mit derzeit 71,25 Prozent der Besoldungsstufe, nach der man in seiner letzten Tätigkeit vor dem Ruhestand bezahlt wurde. »Bei der Rentenversicherung dagegen wirkt sich eine Gehaltserhöhung vor Renteneintritt nur noch minimal auf die Rentenhöhe aus.«

Hier sind einige Beispiele, was ein angehender und ein erfahrener Polizist monatlich verdienen.

Polizeianwärter, mittlerer Dienst oder vergleichbare Laufbahngruppe (Bruttoverdienst):

- Bayern: 1 029,93 Euro,
- Berlin: 907,14 Euro.

Polizeianwärter, gehobener Dienst oder vergleichbare Laufbahngruppe:

- Bayern: 1 083,85 Euro,
- Berlin: 961,04 Euro.

Und hier noch ein paar Besoldungsbeispiele (brutto, im Einzelfall jeweils zuzüglich Schichtzulagen und Mehrarbeitsvergütung):

Polizeimeister, Besoldungsgruppe A7, Steuerklasse I, 20 Jahre alt, ledig:

- Bayern: 2 288,11 Euro,
- Berlin: 2 024,09 Euro.

Polizeihauptkommissar, Besoldungsgruppe A11, Steuerklasse III, 28 Jahre, neun Dienstjahre, verheiratet, ein Kind:

- Bayern: 3 698,38 Euro,
- Berlin: 3 403,38 Euro.

»Work-Life-Balance«

Ein Job als Beamter ist sicher, man verdient gutes Geld und hat im Allgemeinen wenige Abgaben. Doch wie sieht es mit der Work-Life-Balance in einem Job aus, zu dem auch Schichtarbeit gehört, oder, in manchen Behörden, eine regelmäßige Versetzung?

Experten-Interview: Work-Life-Balance

Dr. Gerd Reimann ist Psychologe und Bereichsleiter für Betriebliches Gesundheitsmanagement bei der Deutschen Psychologen Akademie GmbH in Potsdam.

Was genau bedeutet Work-Life-Balance eigentlich?

Work-Life-Balance bedeutet, dass man sein privates und familiäres Leben mit den Anforderungen des Berufes beziehungsweise der Ausbildung unter einen

Hut bekommt. Sowohl im privaten als auch im beruflichen Bereich sollen sich nach Möglichkeit alle Wünsche, Erwartungen und Anforderungen erfüllen. Das zu erreichen ist für immer mehr Menschen schwierig, sie haben keine Balance mehr. Entweder sie konzentrieren sich auf Ausbildung und Beruf – dann kommt das Private zu kurz und man verliert mittelfristig zum Beispiel seinen Freundeskreis. Darüber hinaus tut man sich damit nichts Gutes, weil man sich nicht mehr so gut erholt und nicht mehr gut Kraft tanken kann, weil der sinnvolle Ausgleich zum Beruf fehlt. Alternative: Menschen »verweigern« sich in der Ausbildung oder dem Beruf und legen den Schwerpunkt auf Privates, Freizeit und Freunde. Solange man Eltern hat, die für den Spaß aufkommen, kann das eine Weile gut gehen. Aber nach einer Weile vernachlässigt man die Arbeit. Und das ist weder entwicklungs- noch karriereförderlich.

Warum ist Work-Life-Balance wichtig?

Eine gute Balance zwischen »Work« und »Life«, Arbeit und Leben, ist wichtig für die eigene Entwicklung und Reifung der Persönlichkeit, der Fähigkeiten und Fertigkeiten, für das psychische Wohlbefinden und zur Vermeidung von Stresssituationen. Denn die können in besonders unbalancierten Konstellationen im Burnout enden.

Wie wichtig ist die Sicherheit, die der Beamtenjob mit sich bringt, für junge Leute?

Scheinbar ist der Beamtenjob sicherer als ein regulärer. Dafür sind die Stressfaktoren in Beamtenjob häufig andere und unausweichlicher. Die scheinbare Sicherheit ist häufig mit einem höheren Maß an Fremdbestimmtheit verbunden. Fast alle Personen, die ich kenne, streben Sicherheit an. Die Selbstständigkeit wird häufig als zu unsicher erlebt.

Wie wirkt sich der Schichtdienst auf den Körper und die Psyche aus?

Die meisten biologischen und psychischen Vorgänge im Körper verlaufen nach einem bestimmten Rhythmus. Nacht- und Schichtarbeit zwingen dem Körper einen unnatürlichen Rhythmus auf und belasten dadurch die Gesundheit. »Schichtarbeiter« sollten besonders auf Bewegung, also regelmäßigen Sport, gesunde Ernährung und die Erhaltung sozialer Kontakte achten.

Auswahlmodalitäten in Österreich und in der Schweiz

Berufsfeuerwehr Österreich

Feuerwehrleute sind in Österreich bei den Städten angestellt und der Feuerwehr dienstzugeteilt. In sechs Landeshauptstädten gibt es Berufsfeuerwehrwachen.

Da die Anforderungen an die Feuerwehrmänner leicht variieren, sind hier exemplarisch die Anforderungen in der oberösterreichischen Landeshauptstadt Linz dargestellt:

- Lebensalter höchstens 25 Jahre (Präsenz- oder Zivildienst muss bereits abgeleistet sein);
- Staatsbürgerschaft: EU-Land;
- einwandfreier Leumund (keine Vorstrafen);
- erfolgreich abgeschlossene Berufsausbildung – positiv bewertet wird eine aktive Mitgliedschaft bei einer Freiwilligen Feuerwehr oder Betriebsfeuerwehr;
- psychische und physische Eignung unter dem Gesichtspunkt der erhöhten Anforderungen des Einsatz- und Wechseldienstes: Nachweis in Form einer Aufnahmeuntersuchung sowie eines persönlichen Eignungsgespräches (Hearing);
- praktisch-technisches Verständnis, befriedigende Kenntnis der deutschen Sprache und der Grundrechnungsarten: Nachweis dieser Kenntnisse durch Bestehen des theoretischen Eignungstests;
- körperliche Fitness: Nachweis derselben durch Bestehen des körperlichen Eignungstests und der Schwimmprüfung;
- Führerschein Gruppe B (C, E wird bevorzugt und zusätzlich positiv bewertet).

Die Feuerwehr der Stadt Linz führt auch Gründe auf, aufgrund derer Bewerber nicht zugelassen werden. Dazu gehören:

- körperliche und geistige Behinderungen;
- Anfallskrankheiten wie Epilepsie, Tetanie;
- Diabetes Typ I;
- Hautkrankheiten wie Ekzeme und Allergien;
- Alkohol- oder Medikamentenabhängigkeit;
- Fehlsichtigkeit (in Bezug auf Brillen und Kontaktlinsen), auch Farbblindheit;
- Gehörschäden, insbesondere am Trommelfell;
- Übergewicht und
- Körpergröße von weniger als 170 Zentimetern und mehr als 195 Zentimetern (Sollwert).

Der Eignungstest

Der Eignungstest besteht aus einem theoretischen und einem praktischen (körperlichen Test), der an zwei verschiedenen Tagen im Abstand von etwa zwei Wochen absolviert wird. Erst wenn die Theorie bestanden ist, können Bewerber den praktischen Test machen.

Theoretischer Eignungstest

- Rechenbeispiele (Grundrechnungsarten, Volums- und Oberflächenberechnungen),
- Deutschdiktat,
- praktisch-technischer Verständnistest und
- verbaler Kurz-Intelligenztest.

Körperlicher Eignungstest

- Besteigen einer frei stehenden Drehleiter (30 Meter Höhe) unter Leinensicherung – Mindestanforderung: weniger als zwei Minuten;
- Kombi-Übung (kurzer Sprint, Sprung über einen Kasten, anschließend durch einen Kriechtunnel, drei Rollen vorwärts, kurzer Sprint, Auf- und Abklettern eines Fünf-Meter-Seiles) – Mindestanforderung: weniger als eine Minute und 20 Sekunden;
- Liegestütze – Mindestanforderung: 25;
- 3 000-Meter-Lauf – Mindestanforderung: weniger als 15 Minuten;
- Skihocke (aufrecht sitzend an eine Wand gelehnt, ohne Zuhilfenahme der Arme) – Mindestanforderung: mehr als eine Minute und 30 Sekunden;
- Balkenübung (gehen über einen etwas sechs Meter langen Balken, erste Balkenhälfte vorwärts – in der Mitte Drehung um 180 Grad, zweite Balkenhälfte rückwärts) – Mindestanforderung: weniger als 55 Sekunden;
- Fünfer-Sprung (beidbeiniger Sprung – 5 × hintereinander) – Mindestanforderung: elf Meter.

Schwimmprüfung

- 150 Meter Schwimmen (100 Meter Brust, 50 Meter Rücken),
- Streckentauchen (mindestens 18 Meter) und
- Ringe tauchen.

Nach erfolgreichem Abschluss der Grundausbildung, die in 60 Ausbildungstagen (Fünf-Tage-Woche) im achtstündigen Tagdienst durchgeführt wird, beginnt der Einsatzdienst auf einer Feuerwache.

ADRESSEN

Berufsfeuerwehr der Landeshauptstadt Linz
Hauptfeuerwache
Wiener Straße 154
4020 Linz

Telefon: +43 732 3342-0
Fax: +43 732 3342-228
E-Mail: feuerwehr@mag.linz.at
www.linz.at/feuerwehr

Berufsfeuerwehr der Bundeshauptstadt Wien
Magistratsabteilung 68
Feuerwehr und Katastrophenschutz – Dienststellenleitung
Am Hof 9–10
1010 Wien

Telefon: +43 1 531990
Fax: +43 1 53199 51209
E-Mail: post@ma68.wien.gv.at
www.feuerwehr.wien.at

Berufsfeuerwehr der Landeshauptstadt Graz
Zuständiger Offizier in Personalangelegenheiten:
Johann Kirnich, Branddirektor
Lendplatz 15–17
8020 Graz

Telefon: +43 316 872-5800
Fax: +43 316 872-5809
E-Mail: johann.kirnich@stadt.graz.at
www.feuerwehr.graz.at

Berufsfeuerwehr der Landeshauptstadt Innsbruck
Hunoldstraße 17
6020 Innsbruck

Telefon: +43 512 93033
E-Mail: post.berufsfeuerwehr@innsbruck.gv.at
www.feuerwehr-innsbruck.at

Berufsfeuerwehr der Landeshauptstadt Klagenfurt
Hans-Sachs-Straße 2
9020 Klagenfurt am Wörthersee

Telefon: +43 463 5322-0
Fax: +43 463 5322-55
E-Mail: berufsfeuerwehr@klagenfurt.at
www.berufsfeuerwehr.at

Berufsfeuerwehr der Landeshauptstadt Salzburg
Hauptfeuerwache
Jägermüllerstraße 3
5020 Salzburg

Telefon: +43 662 831122-0
Fax: +43 662 828952
E-Mail: verwaltung@bf-salzburg.at
http://www.bf-salzburg.at

Polizei in Österreich

Auch wer bei der Polizei in Österreich, im so genannten Exekutivdienst, Karriere machen will, muss eine Vielzahl von Anforderungen erfüllen.

Formale Grunderfordernisse

- Österreichische Staatsbürgerschaft;
- volle Handlungsfähigkeit;
- charakterliche Eignung, einwandfreier Leumund (zum Beispiel keine Vorstrafen, Diversionen, Alkohol- oder Suchtgiftdelikte, Fahrerflucht);
- persönliche, fachliche und geistige Eignung für die Erfüllung der Aufgaben im Polizeidienst;
- Mindestalter von 18 Jahren;
- abgeleisteter Präsenzdienst oder Zivildienst bis zum vorgesehenen Aufnahmetermin bei wehrpflichtigen Bewerbern;
- entsprechende körperliche Eignung (Sporttest, Body-Mass-Index, Sehleistung, Tätowierungen: nach Angaben der Landespolizeidirektion sind Tätowierungen zulässig, die bei aufrechter Körperhaltung und angelegten Armen von der Sommeruniform, bestehend aus kurzem Hemd und langer Hose, verdeckt werden oder die rein kosmetischen Zwecken dienen, wie beispielsweise Permanent Make-up. Zudem wird auch auf das Motiv beziehungsweise die Bedeutung der Tätowierung geachtet. Bei Vorliegen einer Tätowierung und/oder eines Piercings ist eine Hepatitis-C-Serologie vorzulegen.);
- bis zum Beginn der Ausbildung eine Lenkberechtigung für die Klasse B, die ohne Auflagen, die eine fahrzeugbezogene Anpassung für diese Klasse vorsehen würden, erteilt wurde;
- erfolgreiche Ablegung der Eignungsprüfung.

Schriftlicher Aufnahmetest

Der schriftliche Aufnahmetest dauert etwa vier Stunden und setzt sich folgendermaßen zusammen:

- Diktat,
- Grammatiktest,
- Intelligenztest,
- Persönlichkeitsfragebogen und
- zusätzlich ein Aufnahmegespräch zur persönlichen Vorstellung.

Ärztliche Untersuchung

Die Bewerber durchlaufen eine umfassende ärztliche Untersuchung zur Feststellung der körperlichen Eignung. Dabei wird der Body-Mass-Index erhoben, der sich aus dem Gewicht in Kilogramm geteilt durch die Körpergröße in Metern zum Quadrat berechnet. Der BMI muss im Bereich von 18 bis 28 liegen. Bei einer Sehschwäche über einer Dioptrie sowie bei Rot-Grün-Farbsinnesschwäche ist ein augenfachärztlicher Befund beizubringen.

Sporttest

Auch die Sportlichkeit der Bewerber wird genau unter die Lupe genommen. Denn wie es in den Informationen der Landespolizeidirektion heißt, ist die körperliche Fitness eine Grundvoraussetzung für die Exekutivdiensttauglichkeit. Wenn ein Exekutivbeamter seinen gefahr- und verantwortungsvollen Beruf erfolgreich und professionell ausüben will und in der Lage sein soll, andere und sich selbst zu schützen sowie Gefahren zu begegnen, benötigt er dazu eine bestimmte körperliche Leistungsfähigkeit. Das beginnt nicht erst mit dem Eintritt in die Exekutive. Bestimmte Voraussetzungen und Einstellungen müssen dafür bereits mitgebracht werden. Der Test umfasst:

- Durchführung eines Medizinischen Bewegungskoordinationstestes (MBKT), der als Parcours angelegt ist,
- Liegestütze als Kraft-Ausdauer-Test,
- 3 000-Meter-Lauftest,
- 100-Meter-Schwimmtest (Freistil),
- Rettungssimulation.

Die Grundausbildung

Die Grundausbildung für den Polizeidienst dauert 24 Monate und deckt die verschiedensten praktischen und theoretischen Bereiche ab. Die theoretische Fachausbildung findet in einem Bildungszentrum der Sicherheitsexekutive statt. Unterrichtet werden:

- Rechtsfächer beziehungsweise -materien:
  - Verfassungsrecht und Europäische Union,
  - Strafrecht,
  - Dienstrecht,
  - Verwaltungsrecht,
  - Privatrecht,
  - Verkehrsrecht,
  - sicherheitspolizeiliche Handlungslehre;
- Persönlichkeitsbildung:
  - Angewandte Psychologie,
  - Berufsethik,
  - Kommunikation,
  - Konfliktmanagement,
  - Gesellschaftslehre,
  - Menschenrechte;
- Kriminalistik:
  - Kriminologie,
  - Kriminaltaktik,
  - Kriminaltechnik;
- Handlungs- und Einsatztraining:
  - Taktik/Technik,
  - Waffenkunde,
  - Schießausbildung,
  - interaktives Training,
  - Fahrtechnikausbildung,
  - Sport,
  - Informationstechnik,
  - Großer Sicherheits- und Ordnungsdienst,
  - Erste Hilfe;

Bürokommunikation:

- EDV,
- Fremdsprachen/Englisch.

ADRESSEN

Landespolizeidirektion Burgenland
7000 Eisenstadt
Neusiedler Straße 84

Telefon: +43 59 133-10-5101
LPD-B-Personalabteilung@polizei.gv.at

Landespolizeidirektion Kärnten
9020 Klagenfurt
Buchengasse 3

Telefon: +43 59 133-20-5100 bis -5104
LPD-K-Personalabteilung@polizei.gv.at

Landespolizeidirektion Niederösterreich
3100 St. Pölten
Neue Herrengasse 15

Telefon: +43 59 133-30-5101
LPD-N-Personalabteilung@polizei.gv.at

Landespolizeidirektion Oberösterreich
4020 Linz
Gruberstraße 35

Telefon: +43 59 133-40-5101
LPD-O-Personalabteilung@polizei.gv.at

Landespolizeidirektion Salzburg
5020 Salzburg
Alpenstraße 88–90

Telefon: +43 59 133-50-5104 oder -5105
LPD-S-Personalabteilung@polizei.gv.at

Landespolizeidirektion Steiermark
8020 Graz
Strassgangerstraße 280

Telefon: +43 59 133-60-5102 oder -5106
LPD-ST-Personalabteilung@polizei.gv.at

Landespolizeidirektion Tirol
6020 Innsbruck
Innrain 34

Telefon: +43 59 133-70-5100 oder -5101
LPD-T-Personalabteilung@polizei.gv.at

Landespolizeidirektion Vorarlberg
6900 Bregenz
Bahnhofstraße 45

Telefon: +43 59 133-80-5100 oder -5101
LPD-V-Personalabteilung@polizei.gv.at

Landespolizeidirektion Wien
Referat Dienstvollzug (A 1.2) – Aufnahme
1020 Wien
Ausstellungsstraße 44 / 2. Stock

Telefon: +43 1 31310-76225
E-Mail: aufnahme-wien@polizei.gv.at
Quelle: www.polizei.gv.at

Weitere Informationen zu den Ausbildungsinhalten:

www.bmi.gv.at/cms/BMI_SIAK/grundausbildung/start.aspx

Polizei in der Schweiz

Die Polizeihoheit in der Schweiz liegt in den einzelnen Kantonen. Um aber das Aufnahmeprozedere nicht allzu kompliziert werden zu lassen, absolvieren die Polizeiaspiranten seit einigen Jahren ihre Grundausbildung in fünf regionalen Ausbildungszentren. Abgeschlossen wird die Ausbildung mit dem geschützten Titel »Polizist/Polizistin mit eidgenössischem Fachausweis«. Eidgenössische Polizisten haben in der Regel eine Berufsausbildung, bevor sie sich ausbilden lassen.

Die vier regionalen Ausbildungszentren (RAZ) sind in Hitzkirch, Amriswil, Zürich und Giubiasco. In der Westschweiz steht die Ausbildung unter der Leitung eines Koordinators und ist dezentralisiert auf vier Schulen in Freiburg, Colombier, Genf und im Chablais verteilt:

Exemplarisch sind die hier die Voraussetzungen für Bewerber in der Ostschweiz aufgeführt – sie variieren von Schule zu Schule leicht:

- Schweizer Bürgerrecht (Liechtensteinische Staatsbürgerschaft für Landespolizei FL);
- abgeschlossene Berufsausbildung mit eidgenössischem Fähigkeitszeugnis, Mittelschulabschluss oder gleichwertige Ausbildung;
- einwandfreier Leumund, das heißt nicht verzeichnet im Straf- und Administrativmaßnahmenregister, keine offenen Betreibungen und keine laufenden Strafverfahren;
- Führerschein Klasse B;
- EDV-Anwenderkenntnisse (Microsoft Office);
- Tastaturschreiben;
- gute Gesundheit, psychische und physische Belastbarkeit;
- Kenntnisse in der Wasserrettung sind wünschenswert oder müssen bis zum Abschluss der Polizeischule selbstständig erworben werden (zum Beispiel das Brevet Basis Pool der Schweizer LRG).

Die Polizeikorps, die die Bewerber beschäftigen, haben weitere eigene Anforderungen, die allerdings unterschiedlich sind. Dazu gehören Körpergröße, Alter, Wohnsitz, Ableistung des Militärdienstes und Ähnliches. Diese speziellen Forderungen sind bei der jeweiligen Kantonspolizei zu erfahren.

Der Eignungstest ist bei allen Polizeikorps in der Ostschweiz und dem Fürstentum Liechtenstein gleich. Er besteht aus einem Theorietest und einem Sporttest. Der Theorietest setzt sich zusammen aus einem Wissenstest, bei dem unter anderem die verbale und numerische Intelligenz sowie das schlussfolgernde Denken und die Merkfähigkeit geprüft werden. Der Sporttest besteht aus einem Hindernisparcours, der in zwölf Minuten zu bewältigen ist und bepunktet wird.

Die Grundausbildung

Die einjährige Grundausbildung in der Ostschweiz besteht aus einem Lehrgang mit 1200 Lektionen in 60 Fächern und beginnt jährlich im Oktober. Die Ausbildung ist in drei Blöcke unterteilt:

- Block I: Erlernen des theoretischen Grundwissens in Amriswil.
- Block II: Absolvieren einer korpspezifischen Ausbildung und Praktikum im Stammkorps.
- Block III: Vorbereitung auf die eidgenössische Berufsprüfung in Amriswil.

Der Fächerplan umfasst:

- kriminalpolizeiliche Fächer: Kriminaltaktik, Kriminaltechnik, Betäubungsmitteldelikte, Häusliche Gewalttaten;
- Rechtsfächer: Strafrecht, Strafprozessrecht, Opferhilfegesetz, Polizeirecht, Straßenverkehrsrecht, Waffenrecht, Zivilrecht;
- verkehrspolizeiliche Fächer: Unfallaufnahmen, Verkehrskontrollen;
- sicherheitspolizeiliche Fächer: Schiessen, Sicherheitspolizeiliche Grundausbildung, Eigensicherung;
- Sportfächer: Turnen, Orientierungslauf;
- Allgemeinbildung: Deutsch, Berufsethik, Psychologie, Staatskunde, Umweltschutz.

Weitere Informationen erhalten Sie unter www.institut-police.ch oder www.polizeischule-ostschweiz.ch. Aktuelle Anforderungen zum Sporttest finden Sie hier: www.polizeischule-ostschweiz.ch/Portals/0/Media/Documents/Ostpol%20Sporttest_Skizze_Sept%202014.pdf

ADRESSEN

Regionale Ausbildungszentren (RAZ) in Hitzkirch, Amriswil, Zürich und Giubiasco

IPH Hitzkirch
Interkantonale Polizeischule
Seminarstrasse 10
6285 Hitzkirch

Telefon: +41 919 6363
E-Mail: info@iph-hitzkirch.ch
www.iph-hitzkirch.ch

Polizeischule Ostschweiz
Kirchstrasse 22c
Postfach 1322
8580 Amriswil

Telefon: +41 71 4141560
Fax: +41 71 4141570
E-Mail: info@polizeischule-ostschweiz.ch
www.polizeischule-ostschweiz.ch

Zürcher Polizeischule
Kasernenstrasse 49
8004 Zürich
Postanschrift:
Postfach, 8021 Zürich

Telefon: +41 44 247-3900
Fax: +41 44 247-3949
E-Mail: welcome@zhps.ch
www.zhps.ch

Polizia cantonale
Viale Stefano Franscini 3
6500 Bellinzona

Telefon: +41 848 255555
E-Mail: polizia@polca.ti.ch
www.polizia.ti.ch

Westschweiz: Ausbildung erfolgt dezentralisiert in vier Schulen in Freiburg, Colombier, Genf und im Chablais.

Kantonspolizei Freiburg
Place Notre-Dame 2
1700 Fribourg

Telefon: +41 26 305 1790
Fax: +41 26 305 16 14
E-Mail: eap-pas@fr.ch
www.polizeifr.ch

Ecole régionale d'aspirants de police de Colombier
Rue de l'Arsenal 2
2013 Colombier

Telefon: +41 32 889 9090
E-Mail: erap@ne.ch
www.erap.ch

Centre de Formation de la Police
Rue de la Fontenette 18
1227 Carouge

Telefon: +41 22 427 6700
E-Mail: recrutement@police.ge.ch
www.ge.ch/police

Polizeiakademie Savatan
1890 St-Maurice

Telefon : + 41 24 486 9680
Fax : +41 24 486 9688
www.academie-de-police.ch

Bewerbung

An dieser Stelle wollen wir Ihnen einige Tipps zur Bewerbung mit auf den Weg geben. Das Wichtigste aber zuerst: Informieren Sie sich ganz genau darüber, was die Polizei in Ihrem Bundesland, die Feuerwehr in Ihrer Stadt oder die anderen möglichen Arbeitgeber fordern. Wenn auf der Webseite steht, dass ausschließlich Online-Bewerbungen akzeptiert werden, dann sollten Sie keine Papierbewerbung schicken. Füllen Sie dann alle Dokumente gewissenhaft und fehlerfrei aus. Finden Sie jemanden, der sich mit Ihnen an den Rechner setzt und ein Auge auf Rechtschreibung und Tippfehler hat – denn ein Buchstabendreher ist schnell gemacht und hinterlässt einen schlechten Eindruck.

Nur wenn eine Bewerbungsmappe gefordert ist, schicken Sie sie auch an die angegebene Adresse. Doch was macht eigentlich eine gute Bewerbungsmappe aus? Besonders Schüler fragen sich oft, wie sie eine solche Mappe eigentlich füllen sollen. Dabei gibt es eine Reihe von Unterlagen und Zertifikaten, die in die Mappe gehören und die auch ein Schüler vorweisen kann.

Der formelle Aufbau:

- das Anschreiben,
- der Lebenslauf, in Deutschland gegebenenfalls mit Foto (keine Pflicht, aber gern gesehen),
- Kopien der relevanten Zeugnisse aus der Schule,
- Praktikumsbeurteilungen oder kurze Empfehlungen einer Ferienjobstelle oder ähnliches.

Prüfen Sie auch, ob die Behörde will, dass Sie bestimmte Bescheinigungen oder Formulare hinzufügen.

Anschreiben

Man sagt zwar immer, als Bewerber soll man sich von der Masse abheben. Bewerbungen auf farbigem Papier mit gestanzten Ecken machen bei einer Behörde jedoch keinen guten Eindruck. Es muss aber auch nicht so langweilig wie möglich sein. Blocksatz ist keine gute Idee, wohl aber eine der Standardschriftarten wie Arial oder Times New Roman. Geben Sie dem Personalverantwortlichen die Möglichkeit, Ihre Unterlagen zu entziffern. Lassen Sie also genug Abstand zwischen den Zeilen. Das muss nicht bedeuten, dass die Bewerbung eineinhalbzeilig verfasst wird, aber man kann zum Beispiel einen größeren Abstand zwischen den Absätzen lassen. Oder Zeilen ein bisschen weiter einrücken, den Abstand zum rechten Rand etwas größer lassen oder andere kleine Designs wie einen eigenen Briefkopf nutzen. Aber: Versetzen Sie sich in die Lage des Lesers. Er will die Bewerbung möglichst einfach lesen können.

Ob Sie ein Deckblatt gestalten oder das Anschreiben auf den Lebenslauf legen, ist Ihnen überlassen. Doch die wichtigsten Unterlagen müssen in der oben genannten Reihenfolge vorliegen.

Eine Frage, die wir oft von jungen Leuten hören, die ihre ersten Bewerbungen schreiben, ist: »Wozu muss ich ein Anschreiben mitschicken, wenn doch in meinem Lebenslauf alle Daten enthalten sind?« Diese Frage ist sehr schnell beantwortet – doch das macht das Verfassen nicht unbedingt leichter. Das Anschreiben ist ein persönlicher Werbebrief. Der Personaler bei der Berliner Polizei kennt Sie nicht – und er hat 50 andere Bewerbungen auf dem Tisch liegen. Sie müssen ihm also gute Argumente liefern, warum er gerade Sie aus dem Stapel herauspicken sollte, um Sie zum Einstellungsverfahren einzuladen.

Sie brauchen nicht schüchtern zu sein – solange Sie bei der Wahrheit bleiben. Die Darstellung der Stärken wirkt nicht angeberisch, wenn sie Substanz hat. Wenn ein Handy damit angepriesen wird, dass die Batterie besonders lange hält, dann sollte sie nicht nach vier Stunden schon ihren Geist aufgeben. Und manchmal kann eine besondere Stärke sogar eine Schwäche ausgleichen. Bleiben wir bei dem Handy-Beispiel: Wenn Ihnen wichtig ist, dass die Kamera besonders gut ist, dann ist es vielleicht nicht so schlimm, dass der Prozessor ein bisschen schneller sein könnte.

Das ist nichts anderes, als es die Werbung tagtäglich macht: Sie stellt die Vorzüge des Produkts heraus und will Menschen dafür begeistern –

schließlich soll das neue iPhone oder der Staubsauger ja gekauft werden. Hilfreich ist die sogenannte AIDA-Formel, die aus der Werbung stammt.

Attention = Aufmerksamkeit gewinnen

Interest = Interesse wecken

Desire = Verlangen – den Wunsch haben, den Bewerber kennenzulernen

Action = Handlung – den Bewerber einladen

A steht für *Aufmerksamkeit gewinnen*. Zunächst sollte sich der Leser von Ihrer Bewerbung angesprochen fühlen, damit er sie bei den zahlreichen Bewerbungen auf seinem Schreibtisch nicht gleich wieder zur Seite legt. Bereiten Sie Ihre Bewerbung optisch gut auf und wählen Sie ein gut lesbares Schriftbild.

Indem Sie den Adressaten namentlich ansprechen und nicht nur allgemein *Sehr geehrte Damen und Herren* schreiben, werden Sie ebenfalls den Aufmerksamkeitsgrad erhöhen. Besonders vorteilhaft ist es, wenn Sie einen so genannten »Aufhänger« in Ihrem Anschreiben haben. Dies kann zum Beispiel die Empfehlung durch einen Mitarbeiter aus der Organisation sein, den Sie bei einem Praktikum oder einem Workshop an Ihrer Schule kennen gelernt haben. Auch ein Telefonat, das Sie mit der Person, die Sie anschreiben, geführt haben, kann ein guter Aufhänger sein.

Beispiel
Sehr geehrter Herr Weber,
vielen Dank für das freundliche Telefonat gestern. Wie mit Ihnen vereinbart, sende ich Ihnen meine Bewerbungsunterlagen.

Dieser Einstieg schafft eine sehr hohe Aufmerksamkeit, der Leser wird sich an Sie erinnern und sich für Ihre Bewerbung interessieren.

I steht für *Interesse wecken*. Liefern Sie Argumente, die zeigen, dass Sie der Richtige für den Job sind. Welche Erfahrungen und Kenntnisse haben Sie, die andere nicht haben? Wofür wurden Sie besonders gelobt? Worauf sind Sie stolz?

Finden Sie auf den entsprechenden Webseiten genau heraus, welche Anforderungen an die Bewerber gestellt werden. Was davon können Sie bieten? Indem Sie für sich vorab diese Fragen beantworten, werden Sie überzeugende Argumente finden, um sich als guter Kandidat zu präsentieren. Wenn Sie nicht sicher sind, sprechen Sie mit Freunden und Familie – die sehen manchmal klarer als man selbst.

Verpacken Sie Stärken und Fähigkeiten in ansehnlichen Beispielen – die Auflistung von Schlagwörtern wie *kontaktfreudig*, *flexibel*, *motiviert* oder *lernbereit* klingt ein bisschen einfallslos. Da Sie ja bei der Formulierung Ihres ersten Anschreibens in der Regel nicht über Erfahrung in einem Beruf verfügen, können die Beispiele ruhig auch aus der Schule, Freizeit, einer ehrenamtlichen Tätigkeit oder dem familiären Bereich kommen.

Beispiele
Seit mehr als fünf Jahren bin ich in der Jugendfeuerwehr. Hier habe ich gelernt, wie wichtig es ist, gemeinsam im Team zu arbeiten und sich gegenseitig zu unterstützen.

Ein sehr gutes räumliches Vorstellungsvermögen beweise ich regelmäßig bei handwerklichen Einsätzen im Ehrenamt, bei denen ich in Seniorenheimen renoviere.

D steht im Englischen für *»Desire«*, in der AIDA-Formel also für den Wunsch, Sie kennen lernen zu wollen. Wenn die fachlichen Fähigkeiten und die persönlichen Eigenschaften zu den Vorstellungen des Personalchefs passen, will der Sie auch live erleben – oder er lädt Sie zunächst zum standardisierten Einstellungstest ein. Dazu müssen Sie sich nicht nur mit den Testverfahren vertraut machen und so viel trainiert haben, dass Sie den Sporttest bestehen, sondern auch etwas über Ihren Wunscharbeitgeber wissen. Denn sicher kommt die Frage, warum Sie unbedingt zur Wasserschutzpolizei oder der Berufsfeuerwehr wollen. Da macht es einen guten Eindruck, wenn Sie die Gründe ganz genau benennen können. Vielleicht gibt es ja in Ihrem Umfeld den einen oder anderen Zöllner, Polizisten oder Berufssoldaten, mit dem Sie sich unterhalten können.

Beispiele
Mein Onkel ist Feuerwehrmann. Ich weiß, dass das ein anspruchsvoller Job ist, aber ich traue mir die Arbeit zu und kann mir gut vorstellen, in diesem Team zu arbeiten.

Mir ist bewusst, dass als Polizist viele unbekannte Situationen auf mich warten. Aber mir wird oft bestätigt, dass ich gut mit Menschen umgehen und mich leicht auf verschiedene Charaktere einstellen kann.

A steht im Englischen für »*Action*«, also in diesem Fall für die Einladung zum Auswahltest. Wenn neben den inhaltlichen Argumenten Ihr Schreibstil und eine fehlerfreie Rechtschreibung Ihr Anschreiben positiv unterstreichen, stehen Ihre Chancen sehr gut, die nächste Runde zu erreichen.

Also: AIDA ist nicht nur ein Kreuzfahrtschiff, sondern die Grundlage erfolgreichen Selbstmarketings. Geben Sie sich Mühe, wenn Sie ein Anschreiben verfassen, und referieren Sie nicht nur noch einmal Ihren Lebenslauf etwas ausführlicher. Unterscheiden Sie sich positiv von Mitbewerbern und sammeln Sie Pluspunkte. Besonders lang braucht das Werk nicht zu sein – eine Seite reicht. Mehrseitige Bewerbungen kommen nirgends gut an. Und: Lassen Sie einen guten Freund, Ihre Mutter oder einen Lehrer die Bewerbung lesen. Vier Augen sehen mehr als zwei.

Lebenslauf

Nun fehlt noch der Lebenslauf: tabellarisch, chronologisch, am besten von hinten nach vorne. Sie wollen ja, dass der Personaler Ihre aktuellsten Leistungen zuerst sieht, und nicht, welche Grundschule sie besucht haben. Finden Sie eine ansprechende Form für Ihren Lebenslauf und benutzen Sie dieselbe Schriftart, die Sie auch im Anschreiben verwenden. Ein bisschen können Sie mit Fettungen und Kursivschrift spielen, schaffen Sie Ihre eigenen Formatvorlagen. Oberstes Ziel muss aber immer sein, den Lebenslauf übersichtlich zu gestalten, damit er leicht lesbar ist. Denken Sie, wie auch beim Anschreiben, daran: Sie bewerben sich bei einer Behörde und nicht bei einer Werbeagentur.

Jeder Lebenslauf beginnt mit den persönlichen Daten:

Name	
Kontaktdaten	*mit Anschrift, Telefon und E-Mail-Adresse*
Geburtsdatum	
Geburtsort	
Familienstand	*(ledig, verheiratet, verwitwet)*
Staatsangehörigkeit	*Angabe nur, sofern sie nicht deutsch (beziehungsweise österreichisch oder schweizerisch) ist. Geben Sie in diesem Fall gleich mit an, dass Sie eine unbefristete Arbeits- und Aufenthaltsgenehmigung haben.*

Bei jugendlichen Berufsstartern ist es durchaus üblich, dass auch Name und Beruf der Eltern mit angegebenen werden. Das ist besonders dann sinnvoll, wenn Sie sich in einem ähnlichen beruflichen Feld bewerben wollen, in dem auch ein Elternteil tätig ist. Der Arbeitgeber kann dann davon ausgehen, dass eine besondere Neigung oder Begabung vorhanden ist und Sie eine klare Vorstellung von dem Berufsbild haben.

Allzu viel Berufserfahrung haben Sie noch nicht, wenn Sie sich um einen Ausbildungsplatz bewerben. Also führen Sie Ihre Schulbildung lückenlos auf, am besten so:

08/2011 – 06/2015	*Schiller-Realschule in Frankfurt am Main* *Abschluss: Mittlere Reife*
08/2005 – 06/2011	*Grundschule und Förderstufe der Goethe-Schule in Frankfurt am Main*

Wenn Sie bereits einen Schulabschluss haben, führen Sie ihn wie oben im Beispiel auf. Wenn Sie gerade an einem arbeiten, schreiben Sie das auch auf:

Voraussichtlich 06/2015	*Mittlere Reife/Realschulabschluss*

Waren Sie schon einmal längere Zeit im Ausland? Bei einem Schüleraustausch, einer längeren Sprachreise oder einem Auslandsjahr? Führen Sie das entweder hier mit auf oder machen Sie einen eigenen Punkt daraus. Denn Sie sprechen dann sicher eine Fremdsprache fließend. Sie haben auch bewiesen, dass Sie sich in einem fremden Umfeld zurechtfinden und flexibel sind.

Wenn Sie bereits erste Erfahrung in Ihrem angestrebten Beruf haben, geben Sie die unbedingt an. Vielleicht haben Sie ja Ihr Schulpraktikum bei der Polizei gemacht oder einige Wochen bei der Feuerwehr hospitiert. Kandidaten, die eine realistische Vorstellung davon haben, welche Aufgaben in der Praxis anfallen und damit wissen, worauf es wirklich ankommt, sind für Arbeitgeber bevorzugte Bewerber.

Überschreiben Sie dieses Feld mit »Praxiserfahrung« oder »Praktika«. Und dann beschreiben Sie kurz, was Sie konkret an Aufgabenbereichen kennen gelernt oder bereits selbst gemacht haben.

07/2013	*Hospitanz bei der Berufsfeuerwehr der Stadt Passau* *– Erste Einblicke in die Abläufe der Arbeit* *– Mitarbeit im Schichtbetrieb* *– Unterstützung bei kleineren Einsätzen*

Doch nicht nur praktische Erfahrungen machen sich gut in einem Lebenslauf, auch Hobbys oder ehrenamtliches Engagement heben Sie aus der Masse der Bewerber heraus und lassen Rückschlüsse auf spezielle Interessen und Neigungen zu. Besonders praktisch ist natürlich, wenn Sie zur Berufsfeuerwehr wollen und bereits als Junge mit dem Papa zur freiwilligen Feuerwehr gegangen sind und dort noch heute ihre Funktion wahrnehmen.

Haben Sie Zusatzqualifikationen? Sind Sie gut am Computer, sprechen Sie Fremdsprachen, haben Sie einen Führerschein oder besondere Qualifikationen? Gut! Schreiben Sie all das ans Ende Ihres Lebenslaufs. Auch Auszeichnungen in Wettbewerben gehören hierher, oder die Tätigkeit als Schul- oder Klassensprecher. Dies können Sie am einfachsten unter der Überschrift »Zusatzqualifikationen« oder »Ehrenamtliches Engagement« tun.

All diese Angaben schreiben Sie in Ihren Lebenslauf und bereiten sie übersichtlich und ansprechend auf. Den Ausdruck versehen Sie dann handschriftlich und vielleicht mit einem Füller mit Ort, Datum und Unterschrift. Damit bestätigen Sie Richtigkeit und Aktualität Ihrer Angaben. Falls Sie einer E-Mail elektronische Dokumente beifügen, scannen Sie Ihre Unterschrift ein und platzieren Sie sie entsprechend unter dem Lebenslauf.

Soziale Netzwerke

Bevor wir zum praktischen Teil, den eigentlichen Auswahl- und Eignungstests, kommen, sei an dieser Stelle noch etwas zu sozialen Netzwerken und der Präsenz eines Bewerbers im Internet gesagt. Sogar viele Behörden sind inzwischen auf Facebook und an anderen Stellen im Internet zu sehen – sie wollen schließlich da sein, wo ihre Bewerber mutmaßlich auch zu finden sind.

Trotzdem – Vorsicht bei Facebook und anderen sozialen Netzwerken, sagt Michael Felser, Rechtsanwalt in Brühl bei Köln. Seine Privatsphäre muss man auch als Jugendlicher schützen, wenn man die Kontrolle darüber haben will, welche Bilder nach außen dringen oder leicht im Internet gefunden werden können. »Man muss seinen Account zunächst einmal so einstellen, dass man selbst die Kontrolle über alles hat, was nach außen geht.« Doch selbst wer sich eine private Seite einrichte und eine, auf der er sich offiziell präsentiert: »Es ist nicht gesagt, dass diese Seiten für sich bleiben, denn irgendwann mischt sich das alles.« Auch wenn man nicht selbst Fotos postet, die nicht gerade schmeichelhaft sind, »die braucht nur der Freund eines Freundes ins Netz zu stellen und schon sind sie über meinen Account sichtbar«.

Auch das (vielleicht nur versehentliche) Posieren vor einer Hanfpflanze auf dem Balkon, der donnerstägliche Post mit dem Stoßseufzer, dass nun bald die Woche vorbei ist, oder ein Like für die Posts der Freunde, nach denen Soldaten Mörder seien, all das macht keinen guten Eindruck, wie der Jurist sagt.

Zwar dürfen bei Bewerbungsverfahren soziale Netzwerke wie Facebook keine Rolle spielen. Einzig berufliche Netzwerke wie XING oder LinkedIn sind zulässige Quellen für Personaler. Das haben deutsche Gerichte bereits vor Jahren entschieden. »Aber natürlich schauen Personalverantwortliche auf diese Seiten«, sagt Felser. Denn: »Der Arbeitgeber ist neugieriger, als man meint.«

Das muss allerdings nicht unbedingt zu kritischen Fragen beim Vorstellungsgespräch führen – es kann schlichtweg der Grund sein, weswegen man gar nicht erst eingeladen wird. »Als Bewerber weiß man oft nicht, woran es liegt«, so Felser. Gefährlich vor allem: »Das Internet vergisst nicht. Vor allem Fotos, auch ganz klare Jugendsünden, sind Jahre später noch recht einfach zu finden.« Daher sollte man sich gut überlegen, von einem eigenen Blog seine Informationen und Bilder weiter durchs Internet zu schieben oder Partybilder auf Facebook zu veröffentlichen. »Facebook ist ja im Grunde eine riesige Klatsch-Plattform«, sagt der Rechtsanwalt. Man will etwas über jemand anderen wissen und kommt leicht an die Informationen heran. »Letztlich ist das nichts anderes, als wenn man eine Empfehlung per Telefon erhält und sich weitere Informationen besorgt.«

Doch gerade das größte soziale Netzwerk der Welt kann noch eine andere Funktion haben: »Clevere Leute nutzen Medien, um sich darzustellen«, sagt Felser. Und zwar mit einem klar begrenzten Account, über den sie die Hoheit haben und auf dem ausschließlich schmeichelhafte Bilder und intelligente Einträge zu finden sind.

Übrigens: Die Personalmanagementagentur CareerBuilder hat 2014 in einer Umfrage unter Arbeitgebern in den USA herausgefunden, dass sie mehrheitlich nicht sonderlich zufrieden mit den Social-Media-Präsenzen ihrer Bewerber sind. Der Studie zufolge haben 51 Prozent der Arbeitgeber beim Check von Profilen auf Facebook und Co. Inhalte gefunden, die dafür gesorgt haben, dass die Bewerber den Job nicht bekamen. Im Jahr zuvor waren es lediglich 43 Prozent, im Jahr 2012 sogar nur 34 Prozent. Allerdings: In den USA dürfen Arbeitgeber Facebook in diesem Zusammenhang nutzen. Die Gründe, warum Arbeitgeber einen potenziellen neuen Mitarbeiter ablehnen, sind vielfältig. So waren unangemessene, provokative Fotos oder Infos für 46 Prozent der Befragten nicht hinnehmbar. Für 41 Prozent waren Hinweise darauf, dass die Bewerber Alkohol trinken oder Drogen nehmen, nicht akzeptabel. Jeweils rund einem Drittel stieß übel auf, wenn Bewerber sich abschätzig über ehemalige Arbeitgeber und/oder Kollegen äußerten. Auch eine grammatikalisch unkorrekte Ausdrucksweise fällt vielen Arbeitgebern auf, ebenso ein unprofessioneller Nutzername, so etwas wie maeuschen@yahoo.de oder rambo@hotmail.com.

Zum Thema positive Nutzung der sozialen Medien: Ein professionelles Foto, kreative Hobbys oder ein Gesamtbild, das vermittelt, dass der Kandidat zum Unternehmen passt, haben offenbar positive Auswirkungen. Auch interessant: 24 Prozent der Arbeitgeber erscheint ein Bewerber geeigneter, wenn er schon einmal in Kontakt mit den Social-Media-Kanälen des eigenen Unternehmens war.

Auswahl- und Eignungstests

Und jetzt sind Sie dran. Wir stellen Ihnen hier und natürlich in der App so ziemlich jede Art von Einstellungstest vor, die Ihnen auf dem Weg in die Laufbahn im Öffentlichen Dienst begegnen kann. Natürlich können wir keine Garantie auf Vollständigkeit geben, denn auch bei den Tests ändert sich immer wieder etwas. Die Palette reicht vom Allgemein- und Fachwissen über Deutsch- und Matheaufgaben, Konzentration und Kreativität bis hin zu Logik und Abstraktion, Merkfähigkeit und räumliches Denkvermögen. Zu all diesen Fähigkeiten und Eigenschaften gibt es Tests.

Viele Tests, die wenig mit Schularbeiten zu tun haben, erklären wir Ihnen im Vorfeld und geben Ihnen Strategien mit auf den Weg, wie Sie sie richtig und schnell lösen können – denn oft sehen die Aufgaben schwieriger aus, als sie es tatsächlich sind. Wie schon bei der Vorbereitung auf Ihre Bewerbung gilt auch hier: Lesen Sie die Aufgaben gründlich durch. Verstehen Sie erst die Aufgabenstellung, dann legen Sie mit der Bearbeitung los.

Auf den folgenden Seiten finden Sie eine Auswahl der verschiedenen Testtypen und -fragen. Deutlich mehr, nämlich insgesamt rund 2000 Aufgaben, finden Sie in der App. Dort haben Sie die Möglichkeit, im Übungsmodus eine Art von Test immer wieder zu trainieren. Oder sich im Testduell mit anderen zu messen und die Aufgaben dann unter realen Verhältnissen zu lösen – mit Zeitmessung.

Experten-Interview: Einstellungstests

Dr. Gerd Reimann ist Psychologe und Bereichsleiter der Deutschen Psychologen Akademie GmbH.

Warum testen Polizei und Feuerwehr mit solchen Testbatterien?

Die Anforderungen an Polizei und Feuerwehr sind sehr vielfältig. Neben körperlicher Fitness sind wegen der sehr unterschiedlichen Einsatzgebiete zum

Beispiel bei der Polizei (Wach- und Wechseldienst, Kriminalpolizei, Sondereinsatzkräfte ...), und der unterschiedlichen Laufbahnen die verschiedensten Kompetenzen in sehr variantenreichen Ausprägungen erforderlich. Dazu zählen unter anderem kommunikative und rhetorische Fähigkeiten, Flexibilität, Durchsetzungsstärke, Führungsmotivation, Empathiefähigkeit, Belastbarkeit. Deshalb wird im Einstellungsverfahren sehr umfassend getestet, um die Erfolgsquoten zu erhöhen und die Abbruchquoten zu verringern.

Wie kann man daraus ein objektives Bild über Wissen und Fähigkeiten eines Bewerbers ziehen?

Das ist ein komplexes und schwieriges Thema. Zum einen wird ein Ist-Zustand erfasst. Es ist jedoch zu berücksichtigen, dass sich insbesondere junge Leute noch stark entwickeln können. Deshalb wird auch auf den Bereich Lernfähigkeit Wert gelegt, also wie hoch die Wahrscheinlichkeit ist, dass eine Person in einer bestimmten Zeit Wissen aufnehmen und sich entsprechend weiterentwickeln kann. Aus diesen unterschiedlichen Daten kann eine relativ sichere und objektive Prognose über Erfolg abgeleitet werden.

Wie bereite ich mich vor?

Viele Mythen ranken sich um Einstellungstests. Denn es gibt sie ja nicht nur bei der Bewerbung für den Staatsdienst, auch viele Unternehmen versuchen sich mit diesem Mittel einen Überblick über Wissensstand und Fähigkeiten ihrer künftigen Mitarbeiter zu verschaffen. Doch die Einstellungstests sind weder ein Buch mit sieben Siegeln noch sind sie eine unergründliche Blackbox. Viele sind sogar DIN- oder ISO-zertifiziert. Der Psychologe Dr. Reimann ist einer der Experten, der sich um die Transparenz solcher Tests bemüht hat. Früher wurden die Tests klassisch in einem Klassenzimmer auf Papier abgelegt. Das ist auch heute noch in einigen Fällen so. Viele Arbeitgeber, auch einige bei der Polizei und anderen Behörden, testen inzwischen allerdings am Computer. Das ändert aber an den Aufgaben kaum etwas. Abgefragt werden Allgemein- und Fachwissen, Deutsch- und Mathematikkenntnisse, Konzentration, Kreativität, Geschwindigkeit, Logik, Merkfähigkeit und räumliches Vorstellungsvermögen. Klingt viel? Stimmt. Aber vieles kann man üben, und dazu ist dieses Buch da.

Noch mehr hilft es aber manchmal, wenn man sich mit jemandem unterhält, der bereits einen Einstellungstest durchlaufen hat. Hören Sie sich in Ihrem Freundes-, Bekannten- und Verwandtenkreis mal um: Vielleicht gibt es dort einen Beamten oder jemanden, der in einem Unternehmen eine solche Prüfung schon einmal abgelegt hat. Lassen Sie sich von ihm erklären, wie der Ablauf der Tests ist und was er vielleicht gern vorher gewusst hätte. Denn Ihnen ist ja schon geholfen, wenn Sie wissen, welche Situation Sie erwartet.

Lesen Sie dieses Buch ganz genau. Üben Sie mit der App. Sie lernen auf den kommenden Seiten die wichtigsten Aufgabenstellungen kennen und erfahren, warum genau diese und keine anderen zum Einsatz kommen. Neben den Hintergrundinformationen stellen wir die wichtigsten Testarten vor und verraten zu den einzelnen Aufgabentypen die Lösungsstrategien – und zeigen natürlich Beispielaufgaben, anhand derer wir verschiedene Bearbeitungsmethoden und Lösungshilfen vorstellen. Mit den sogenannten Testbatterien können Sie mit dem Buch oder in der App Prüfungssituationen simulieren und unter Stress die Aufgaben lösen – und dabei trotzdem jede Menge Spaß haben!

Gewöhnen Sie sich schon in der Lernphase an, nur kleine Pausen zur Erholung zu machen. Denn bei den Eignungstests ergeben sich die Pausen durch das Austeilen und Einsammeln der Testbögen, viel mehr freie Zeit aber gibt es nicht. Und halten Sie sich an die vorgegebenen Zeiten in den einzelnen Übungen. Sie werden ziemlich schnell feststellen, dass Sie oft nicht alle Aufgaben in der vorgegebenen Zeit lösen können. Keine Sorge, das ist Teil der Testtaktik: Bei vielen Tests ist es unmöglich, alle Aufgaben zu erledigen. Es geht nur darum, wie weit Sie gekommen sind. Das Gefühl, nicht fertig geworden zu sein, soll als weiteres Stressmoment einen Test erschweren. Damit will man Ihre Belastbarkeit testen und sehen, ob Sie auch unter Zeitdruck konzentriert und ruhig arbeiten können.

Klassischerweise beginnt ein Einstellungstest bei Polizei, Feuerwehr oder Bundeswehr mit der Prüfung Ihrer Deutschkenntnisse und des mathematischen Basiswissens. Verinnerlichen Sie sich daher, auch wenn es schon eine Weile her ist, nochmal den Dreisatz, das Prozentrechnen und Flächenberechnungen (Rechteck, Dreieck). Seien Sie außerdem auf dem Laufenden, was politische und wirtschaftliche Entwicklungen angeht. Lesen Sie Zeitung, schauen Sie Nachrichten, informieren Sie sich auf den einschlägigen seriösen Portalen im Internet. Und seien sie fit, was Rechtschreib- und Kommaregeln angeht. Jetzt ist ein guter Zeitpunkt, sich noch einmal erklären zu lassen, was Sie in der Schule nie verstanden haben.

Im Folgenden haben wir alle gängigen Testverfahren angeführt, die Sie auch in diesem Buch und in der App finden.

Berufs- und Leistungstests	**Intelligenztests**	**Persönlichkeitstests**	**Assessment-Center**
Konzentrationstests Wissenstests Fertigkeitentests	Sprachliche Intelligenz Zahlenlogische Intelligenz Räumliche Intelligenz Kombinationsfähigkeit	Fragebogentests Projektive Tests Verhaltenstests	Beobachtung situativer Übungen

Wie sieht der Testablauf aus?

Ihre Bewerbung hat überzeugt, Sie sind zum Einstellungstest eingeladen worden. Herzlichen Glückwunsch! Nun sitzen Sie also in diesem standardisierten Verfahren und bearbeiten die Aufgaben, genau so wie Ihr Nebenmann. Bitte nicht abgucken! Unternehmen und Behörden nutzen diese Tests, weil sie sich rationell und schnelle durchführen und auswerten lassen. Das bedeutet aber nicht, dass die Prüfung schnell vorbei ist. Im Einladungsschreiben steht normalerweise genau, wie viel Zeit Sie sich für die unterschiedlichen Etappen nehmen müssen. Vor Ort werden Sie dann zunächst begrüßt. Hier als Beispiel die kleine Begrüßungsrede eines beliebigen Personalleiters. Nennen wir ihn Herrn Müller.

»Guten Morgen, meine Damen und Herren! Ich darf Sie recht herzlich in unserem Haus begrüßen. Mein Name ist Müller: Ich bin Personalleiter und zuständig für die Einstellung und Ausbildung neuer Mitarbeiter. Sie können sich mit allen Fragen, die sich im Laufe des Tages ergeben sollten, gern an mich wenden. Sie alle

haben sich um einen Ausbildungsplatz bei uns beworben. Der von Ihnen angestrebte Ausbildungsgang erfreut sich großer Beliebtheit und stellt im Hinblick auf die zukünftigen Qualifikationsanforderungen eine solide Basis dar. Aufgrund der vielen Interessenten mussten wir bereits anhand der Bewerbungsunterlagen eine Vorauswahl treffen. Die Tatsache, dass wir Sie heute eingeladen haben, zeigt, dass Sie diese erste Hürde bereits erfolgreich genommen haben. Sehen Sie dem heutigen Tag deshalb zuversichtlich entgegen. Wie Sie bereits dem Einladungsschreiben entnehmen konnten, wollen wir heute einen Einstellungstest durchführen. Der Test enthält Aufgaben, die das Sprachgefühl, das zahlenlogische Verständnis, das räumliche Vorstellungsvermögen, die Konzentrationsfähigkeit und die Belastbarkeit überprüfen. Aus dem Testergebnis lässt sich für jeden von Ihnen ein Intelligenzprofil erstellen, das die Schwerpunkte der Begabung aufzeigt. Dieses Intelligenzprofil wird mit dem Anforderungsprofil der von uns zu besetzenden Ausbildungsplätze verglichen. Daraus ergibt sich die individuelle Eignung des Bewerbers für das spezielle Berufsbild. Sie haben sicherlich dafür Verständnis, dass wir die geeignetsten Bewerberinnen und Bewerber einstellen möchten. Der Eignungstest hilft uns dabei. Er hilft jedoch nicht nur uns, sondern kann auch Ihnen wichtige Rückschlüsse darüber geben, wo Ihre besonderen Eignungsschwerpunkte liegen. Ich möchte aber betonen, dass der Test nicht das einzige Entscheidungskriterium für uns ist, er ist vielmehr nur ein Glied in der Kette des Auswahlprozesses. Haben Sie insgesamt eine positive Einstellung zum Test! Es wird nichts Unmögliches von Ihnen verlangt. Sie sollten allerdings heute nicht in irgendeiner Weise gesundheitlich beeinträchtigt sein, denn dies würde ohne Zweifel Ihr Testergebnis nachteilig beeinflussen. Fühlen Sie sich heute nicht gut, besteht die Möglichkeit, einen anderen Testtermin zu einem späteren Zeitpunkt zu vereinbaren. Soviel vorab. Ich wünsche Ihnen gutes Gelingen und das nötige Quäntchen Glück.«

Nach der Begrüßung werden die Testunterlagen ausgeteilt oder die Computer zugewiesen, oft folgen einige Erläuterungen zur Durchführung der Tests.

Unser Personalleiter Müller fährt in unserem Beispiel fort:

»Vor jeder Übung werde ich Ihnen die Aufgabenstellung erklären sowie eine Beispielaufgabe mit Ihnen durchsprechen. Sie finden Aufgabenstellung und Beispielaufgabe in den Testunterlagen abgedruckt. Nachdem wir die Beispielaufgabe durchgesprochen haben, bitte ich Sie, bei Unklarheiten sofort nachzufragen. Es ist für Sie äußerst wichtig, die Aufgabenstellung genau verstanden zu haben, sonst laufen Sie Gefahr, eine komplette Übung falsch zu bearbeiten. Hat erst ein-

mal die Bearbeitungszeit begonnen, können keine Fragen mehr gestellt werden. Bitte befolgen Sie genau meine Anweisungen und beginnen und beenden Sie die Bearbeitung einer Aufgabengruppe nur auf mein Zeichen. Versuchen Sie nicht, Ihr Testergebnis durch Abschreiben beim Nachbarn zu verfälschen. Blättern Sie auch nicht unerlaubt im Testmaterial vor und zurück.«

Gehen Sie davon aus, dass die Personalverantwortlichen mehr Tricks kennen als Sie. Versuchen Sie also gar nicht erst, gegen die Regeln zu verstoßen – schließlich bewerben Sie sich für einen Job, in dem Sie dafür zuständig sind, für Recht und Ordnung zu sorgen oder auf die Einhaltung von Gesetzen und Vorschriften zu achten. Dies ist also quasi auch der erste praktische Test für Sie. Sollten Sie noch einen Test auf Papier absolvieren, werden ohnehin zwei Durchführungsvarianten ausgeteilt. Versetzt, versteht sich. Ihr Nachbar hat also andere Aufgaben zu bearbeiten als Sie. Halten Sie sich an die Anweisungen des Testleiters und damit an die Spielregeln. Sie wären nicht der Erste, der ansonsten vom Test ausgeschlossen wird. Und dann ist es ganz schnell vorbei mit einer Karriere im Staatsdienst. Wenn Sie Ihren Test am Computer machen, sind Sie einigen Versuchungen gar nicht ausgesetzt – zum Beispiel der, zurückzublättern und zu korrigieren. Denn das geht am Rechner meist gar nicht. Wenn eine Aufgabe gelöst ist, geht es weiter zur nächsten. Für die Unternehmen oder Behörden hat der PC-gestützte Test den Vorteil, dass er deutlich einfacher auszuwerten ist. Und für Sie, dass die Ergebnisse schneller vorliegen.

Die besten Strategien

Unser erster Tipp: Schlafen Sie in der Nacht vor dem Test möglichst lang und möglichst gut. Nehmen Sie sich am Abend vorher nichts Anstrengendes vor und verbringen Sie nicht die ganze Nacht im Chat mit Ihren Freunden. So ein Einstellungstest ist anstrengend und fordert Ihre ganze Konzentration.

Lösen Sie die Aufgaben innerhalb einer Übung in der angegebenen Reihenfolge, aber bleiben Sie nicht allzu lange an einer Aufgabe hängen. Vielleicht sind Sie auf der falschen Spur und könnten die nächste Aufgabe besser lösen. Geben Sie andererseits auch nicht zu schnell auf. Manchmal brauchen Sie ein bisschen Geduld, um zum richtigen Ergebnis zu kommen. Die Aufgaben werden nicht leichter, wenn der Test voranschreitet. Nehmen Sie sich die Zeit und lesen Sie die Aufgabenstellung genau. Denn nichts ist ärgerlicher, als draufloszulösen, wenn man in die falsche Richtung arbeitet und nichts einen Sinn ergibt. Verschiedene Aufgaben sind im Multiple-Choice-Verfahren zu lösen – Sie müssen Kreuzchen machen. Lassen Sie dabei keine Frage unbeantwortet, auch wenn Sie eine Antwort nicht kennen oder unsicher sind. Sie können Glück haben, die Chancen für eine richtige Antwort stehen bei 25 Prozent, wenn es vier Antwortmöglichkeiten gibt. Wieviel Prozent sind das bei drei Antwortmöglichkeiten?

Wenn Sie während des Tests eine kurze Pause haben, nutzen Sie sie zur Entspannung. Nehmen Sie sich etwas zum Trinken und Traubenzucker mit. Schließen Sie ein paar Momente lang die Augen, machen Sie eine Fingerübung zur Entkrampfung. Atmen Sie tief durch, gönnen Sie Ihrem Hirn den frischen Sauerstoff. Wenn Sie eine längere Mittagspause haben, gehen Sie ein paar Schritte im Freien.

Und noch etwas: Wenn Sie Feuerwehrmann oder Polizist werden möchten, sollten Sie ein guter Teamplayer sein. Sie werden nicht nur danach bewertet, wie Ihre Tests ausfallen, sondern auch Ihr Verhalten im Umgang mit Uniformierten und den anderen Kandidaten wird bewusst wahrgenommen. Wer die einfachsten Umgangsformen nicht beachtet, nicht grüßt oder mittags beim gemeinsamen Essen nicht wartet, bis alle etwas auf dem Teller haben, macht keinen guten Eindruck.

Und jetzt geht es wirklich los. In den folgenden Kapiteln stellen wir Ihnen eine Auswahl von gängigen Testinhalten der Auswahlverfahren bei Polizei, Feuerwehr, Zoll, Verfassungsschutz sowie Justiz und Bundeswehr vor. Sicher werden Sie später nicht alle und genau diese Tests durchlaufen. Dennoch können Sie mit der vorliegenden repräsentativen Auswahl gut trainieren und sich in die jeweiligen Aufgabentypen hineindenken. Wenn eine Bewerbung oder der Test ansteht, empfehlen wir, dass Sie sich unter den zuvor genannten Adressen informieren, welche Verfahren Sie genau erwarten. Bei manchen Verfahren werden übrigens die Mittelwerte der Ergebnisse aller Teilnehmer gebildet – und alle, die besser sind, haben bestanden. Bei anderen müssen Sie mehr als die Hälfte der Fragen richtig beantworten, bei wieder anderen sollten Sie versuchen, mindestens zwei Drittel der Antworten richtig zu haben. Und nun viel Spaß und Ausdauer beim Training!

Allgemein- und Fachwissen

Geografie

Sie haben 3 Minuten zur Verfügung.

1 Welche der folgenden Städte liegt nicht in Nordrhein-Westfalen?

a Krefeld
b Köln
c Kassel
d Aachen

2 Wie heißt die Südspitze Südafrikas?

a Kap der Guten Hoffnung
b Kap Horn
c Kap Súnion
d Cape Canaveral

3 Welche Zuordnung von Land und Hauptstadt ist falsch?

a Kenia – Nairobi
b Costa Rica – San José
c Demokratische Republik Kongo – Kinshasa
d Vietnam – Pjöngjang

4 Was versteht man unter den Dardanellen?

a Meerenge zwischen Ägäis und Marmarameer
b Gebirgszug in Belgien
c Inselgruppe in der Karibik
d Hochebene in Anatolien

5 Welches südamerikanische Land hat keine Pazifikküste?

a Paraguay
b Ecuador
c Peru
d Chile

6 An welchem Fluss liegt Dresden?

a Oder
b Weichsel
c Elbe
d Saale

7 Ordnen Sie den Zahlen auf der Karte die jeweiligen Städte zu:

a 1 = Leipzig 2 = Stuttgart 3 = Rostock 4 = Weimar
5 = Braunschweig 6 = Nürnberg 7 = Hamburg

b 1 = Dresden 2 = Stuttgart 3 = Schwerin 4 = Berlin
5 = Hannover 6 = Nürnberg 7 = Bremen

c 1 = Dresden 2 = Stuttgart 3 = Rostock 4 = Erfurt
5 = Braunschweig 6 = Hof 7 = Hamburg

d 1 = Leipzig 2= Stuttgart 3 = Rostock 4 = Weimar
5 = Hannover 6 = München

8 Welches Gebäude zeigt dieses Foto?

© RCphoto – Fotolia

a Kongresshalle in Berlin
b Royal Albert Hall in London
c Parlamentsgebäude in Brasilia
d Oper in Sydney

9 Wie heißt die Hauptstadt von Rheinland-Pfalz?

a Mainz
b Frankfurt
c Wiesbaden
d Kaiserslautern

10 Um welches Wasserschloss handelt es sich auf diesem Foto?

© Lorenzo Altomari – Fotolia

a Burg Eltz
b Chillon
c Pfalz bei Kaub
d Mespelbrunn

11 Die Karpaten liegen hauptsächlich in welchem Land?

a Bulgarien
b Serbien
c Rumänien
d Iran

12 Welches südamerikanische Land wurde in der Zeichnung schwarz eingezeichnet?

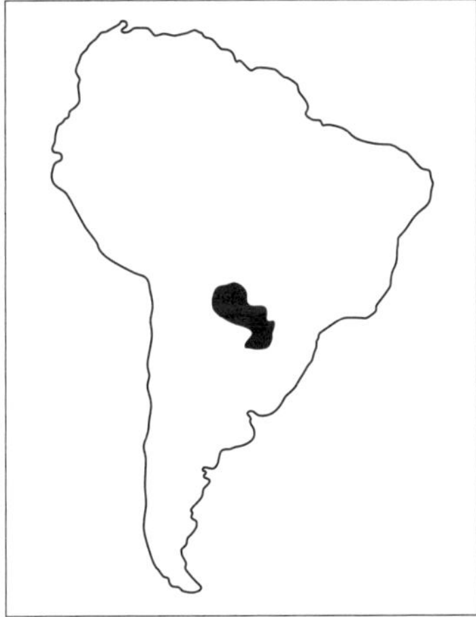

a Uruguay
b Paraguay
c Ecuador
d Bolivien

13 Wie heißt die größte der kanarischen Inseln?

a Gran Canaria
b Teneriffa
c Lanzarote
d Fuerteventura

14 Von welchem Land ist La Paz Regierungssitz?

a Peru
b Bolivien
c Ecuador
d Guatemala

15 Bei welcher Stadt liegt die Wartburg?

a Halle
b Eisenach
c Weimar
d Wittenberg

16 Durch welches der nachfolgenden Länder führt der Äquator?

a Namibia
b Sudan
c Borneo
d Venezuela

17 Welche der unten stehenden Zuordnungen Hauptstädte – Länder ist richtig?

1. Oslo	I. Norwegen
2. Kopenhagen	II. Schweden
3. Helsinki	III. Finnland
4. Stockholm	IV. Dänemark

a 1 I – 2 IV – 3 III – 4 II
b 2 IV – 3 II – 4 I – 1 III
c 3 III – 4 II – 1 IV – 2 I
d 4 II – 1 IV – 2 III – 3 I

18 Wie heißt das in der Zeichnung schraffierte Land im Nahen Osten?

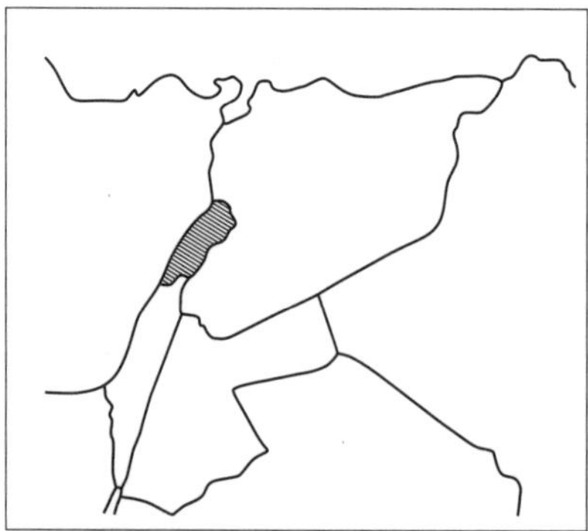

a Libanon
b Jordanien
c Israel
d Syrien

19 Welche beiden Erdteile trennt die Straße von Gibraltar?

a Afrika und Europa
b Europa und Asien
c Südamerika und Nordamerika
d Afrika und Asien

20 Wie heißt das schwarz gekennzeichnete Bundesland?

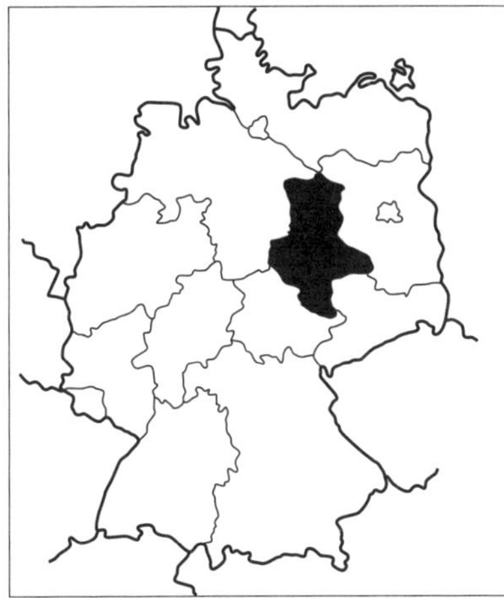

a Niedersachsen
b Thüringen
c Sachsen-Anhalt
d Sachsen

21 Um die Flagge welchen Landes handelt es sich?

a Pakistan
b Israel
c Libanon
d Saudi-Arabien

22 Welches ist der längste Fluss?

a Mississippi
b Nil
c Donau
d Rhein

23 Wie heißt die Hauptstadt von Australien?

a Melbourne
b Sydney
c Brisbane
d Canberra

24 Welches Land ist flächenmäßig größer?

a Frankreich
b Algerien

25 Wie heißt die Hauptstadt von Rumänien?

a Budapest
b Sofia
c Bukarest
d Belgrad

Lösungen

1c 2a 3d 4a 5a 6c 7a 8a 9a 10b 11c 12b 13b 14b 15b 16c 17a 18a 19a 20c 21d 22b 23d 24b 25c

Kultur

Sie haben 2 Minuten zur Verfügung.

1 Wie nennt man die Darstellung einer trauernden Maria mit dem Leichnam Jesu?

a Quadriga
b Vestibül
c Pietà
d Vedute

2 Was versteht man unter einem Hexameter?

a Griechischer sechsfüßiger Vers
b Metrisch gegliederte Wortreihe eines Gedichtes
c Fünffüßiger Vers
d Versfuß, der aus einer Länge und zwei Kürzen besteht

3 Was ist ein Libretto?

a Text von Opern und Operetten
b Singstimme
c Sologesang
d Ein im Wechselgesang mit der Gemeinde gehaltener Teil des Gottesdienstes

4 Was versteht man unter Kapitell?

a Waagerechter Streifen, der den oberen Abschluss einer Wandfläche bildet
b Oberer Abschluss einer Säule
c Einer der sieben Hügel Roms
d Abschnitt eines Schriftwerks

5 Was ist ein Konzertmeister?

a Der Dirigent
b Der Direktor eines Opern- oder Schauspielhauses
c Der technische Leiter eines Konzerthauses
d Der erste Geiger eines Orchesters

6 Von wem stammt der Roman »1984«?

a Ernest Hemingway
b Jules Verne
c George Orwell
d J. D. Salinger

7 Was ist ein Metronom?

a Wetterkundler
b Taktmesser
c Vermessungstechniker
d Maßsystem

8 Wer schrieb »Minna von Barnhelm«?

a Bertolt Brecht
b Gotthold E. Lessing
c Frank Wedekind
d Ödön von Horváth

9 Wer schrieb die Oper »Fidelio«?

a Rossini
b Beethoven
c Verdi
d Wagner

10 Wer war Leibniz?

a Erfinder einer Kekssorte
b Entdecker der Gene
c Komponist
d Deutscher Denker

11 Wer schrieb die »Buddenbrooks«?

a Thomas Mann
b Erich Keller
c Gottfried Keller
d Friedrich Schiller

12 Wer war Radetzky?

a Chemiker
b Komponist
c Feldmarschall
d Opernsänger

13 Was versteht man unter Epos?

a Abschnitt der griechischen Geschichte
b Versmaß
c Viergliedriges Wirbeltier
d Erzählende Dichtung

14 Was ist ein Dux?

a Waldtier
b Gesteinsschicht im Jura
c Führungsstimme in der Fuge
d Überlebensausrüstung für Bergleute

15 Was versteht man unter Orthografie?

a Entschlüsseln von Funkzeichen
b Mittel zum Erstellen einer Landkarte
c Satzbau
d Rechtschreibung

Lösungen

1c 2a 3a 4b 5d 6c 7b 8b 9b 10d 11a 12c 13d 14c 15d

Staat, Politik, Geschichte

Sie haben 6 Minuten zur Verfügung.

1 Was versteht man unter Föderalismus?

a Subventionspolitik
b Eigenständigkeit der Einzelstaaten innerhalb eines Bundesstaats
c Chancengleichheit nach dem Grundgesetz
d Demokratisches Grundprinzip

2 Wann wurden die Vereinten Nationen (UN) gegründet?

a 1919
b 1933
c 1945
d 1949

3 Was ist ein »Hammelsprung«?

a Rücktritt eines Ministers
b Abstimmungsverfahren im Deutschen Bundestag
c Debatte über einen Gesetzentwurf der Regierung im Deutschen Bundesrat
d Tarifverhandlungen zwischen Arbeitgebervertretern und Gewerkschaften

4 Wann fand der »Dreißigjährige Krieg« statt?

a 1618–1648
b 1861–1891
c 900–930
d 1241–1271

5 Wie heißen die drei Gewalten in der Bundesrepublik Deutschland?

a Gesetzgebung, Verwaltung, Rechtsprechung
b Parlament, Gericht, Polizei
c Bundeswehr, Bundesgrenzschutz, Verfassungsschutz
d Verfassung, Parlament, Gericht

6 Wann wurde von der ehemaligen DDR die Grenze zur Bundesrepublik geöffnet?

a 10.09.1989
b 09.11.1989
c 03.10.1990
d 02.12.1990

7 Von wem wird in der BRD der Bundeskanzler gewählt?

a Bundesversammlung
b Bundesrat
c Bundestag
d Bundespräsident

8 Wer war 2014 Generalsekretär der Vereinten Nationen?

a Sithu U Thant
b Kurt Waldheim
c Javier Pérez de Cuéllar
d Ban Ki-moon

9 Was versteht man unter einem Plebiszit?

a Volksabstimmung
b Vollversammlung
c Herrschaft des Volkes
d Verbindung kirchlicher und weltlicher Macht

10 Was ist ein »imperatives Mandat«?

a Abgeordnete sind während ihrer aktiven Zeit vor Strafverfolgung geschützt
b Abgeordnete sind in Bezug auf ihre Äußerungen oder Abstimmungen im Parlament vor Strafverfolgung geschützt
c Abgeordnete sind an Weisungen gebunden
d Abgeordnete sind nur ihrem Gewissen unterworfen

11 Wie heißt die Bundeshauptstadt Deutschlands?

a Bonn
b Frankfurt
c Hamburg
d Berlin

12 Was bedeutet Legislative?

a Rechtsprechung
b Verwaltung/ausführende Gewalt
c Gesetzgebung
d Regierung

13 Eine Partei erreicht bei den deutschen Bundestagswahlen nicht die Fünf-Prozent-Hürde. Was bedeutet das?

a Die Partei hat einen Anteil von weniger als fünf Prozent der abgegebenen gültigen Zweitstimmen.
b Die Partei hat weniger als fünf Prozent der Erststimmen auf sich vereinigen können.
c Die Partei hat weniger als fünf Prozent der Erst- und Zweitstimmen erreicht.
d Die Partei hat keinen Direktkandidaten ins Parlament bringen können.

14 Wie heißt die Landeshauptstadt von Hessen?

a Frankfurt
b Mainz
c Kassel
d Wiesbaden

15 Was versteht man in Deutschland unter der Erststimme?

a Wahl der Landesliste einer Partei
b Stimmabgabe für einen Kandidaten aus dem Wahlkreis
c Wahl von Kandidaten unterschiedlicher Parteien auf einem Stimmzettel
d Stimmabgabe bei einer Stichwahl

16 Wie viele Bundesländer gehören zur Bundesrepublik Deutschland?

a 10
b 18
c 16
d 12

17 Was ist eine Präambel?

a Kronleuchter
b Einleitung
c Blumenschale
d Fundort vorhistorischer Werkzeuge

18 Welches Regierungssystem hat Australien?

a Monarchie
b Demokratische Republik
c Parlamentarisch-demokratischer Bundesstaat
d Zentral regierter demokratischer Einheitsstaat

19 Was versteht man unter Fatalismus?

a Unglückswahn
b Schicksalsglaube
c Hetzerei
d Blindes Anhängertum

20 Wo ist der Regierungssitz der niederländischen Regierung?

a Rotterdam
b Amsterdam
c Ede
d Den Haag

21 Wann begann die Französische Revolution?

a 1789
b 1812
c 1756
d 1774

22 Wann regierte Karl der Große?

a 624–674
b 672–728
c 768–814
d 802–853

23 Was ist eine Drohne?

a Einsitziger Kampfjet
b Munitionsteil
c Unbemanntes Flugzeug
d Doppelagent

24 Wie heißt die Hauptstadt von Schottland?

a Glasgow
b Edinburgh
c Inverness
d Dundee

25 Was versteht man unter Reparationen?

a Kriegsentschädigungen
b Erneuerungen am Altbau
c Chirurgischer Eingriff
d Auswechseln alter Maschinenteile

26 Wann wurde der »Rückversicherungsvertrag« mit Russland geschlossen?

a 1798
b 1888
c 1887
d 1664

27 Wer wird bei deutschen Kommunalwahlen gewählt?

a Bundespräsident
b Mitglieder der Gemeinde- und Kreistage
c Mitglieder des Bundestags
d Mitglieder der Landtage

28 In welchem Jahr trat das Grundgesetz für die Bundesrepublik Deutschland in Kraft?

a 1948
b 1955
c 1949
d 1945

29 Wer bestimmt in Deutschland die Minister?

a Der Bundeskanzler
b Der Bundespräsident
c Der Bundestag
d Die Bundesverfassungsrichter

30 Wer wählt den deutschen Bundeskanzler?

a Das Volk
b Der Bundestag
c Das Bundeskabinett
d Der Bundesrat

31 Mit wie vielen Jahren erhält man in Deutschland das aktive Wahlrecht?

a 14
b 16
c 18
d 21

32 Wann war Helmut Kohl Bundeskanzler?

a 1998–2005
b 1980–1990
c 1974–1982
d 1982–1998

33 Welche Stadt ist keine Hansestadt?

a Lübeck
b Hamburg
c Rostock
d Berlin

34 In welcher Stadt wurde Angela Merkel geboren?

a Hamburg
b Berlin
c Güstrow
d Brandenburg an der Havel

35 Wann war der erste Weltkrieg?

a 1618–1648
b 1888–1894
c 1914–1918
d 1918–1924

36 Was geschah am 17. Juni 1953?

a Der Volksaufstand in der DDR
b Der Bau der Mauer
c Die Ermordung John F. Kennedys
d Der Tod Winston Churchills

37 Welche Staaten unterzeichneten die Zwei-plus-Vier-Verträge?

a Die Bundesrepublik Deutschland, die DDR, China, Großbritannien, Sowjetunion, USA
b Die Bundesrepublik Deutschland, die DDR, Frankreich, Großbritannien, Sowjetunion, USA
c Die Bundesrepublik Deutschland, die DDR, Frankreich, Großbritannien, Kanada, USA
d Die Bundesrepublik Deutschland, die DDR, Spanien, Großbritannien, Brasilien, USA

38 Was geschah am 8. Mai 1945?

a Die bedingungslose Kapitulation Deutschlands
b Der Einmarsch Deutschlands in Polen
c Die Bombardierung Dresden
d Die Machtergreifung Hitlers

39 Welche Wirtschaftsordnung hat die Bundesrepublik Deutschland?

a Freie Marktwirtschaft
b Soziale Marktwirtschaft
c Planwirtschaft
d Kommunismus

40 Wann war der erste Tag der Deutschen Einheit?

a 1. Juli 1949
b 9. November 1989
c 3. Oktober 1989
d 3. Oktober 1990

41 Wann fiel die Berliner Mauer?

a 9. November 1989
b 3. Oktober 1990
c 9. November 1990
d 1. Januar 1991

42 Wem wird eine Sonderstufe des Bundesverdienstkreuzes bei Amtsantritt verliehen?

a Dem Bundeskanzler
b Dem Bundestagspräsidenten
c Dem Bundespräsidenten
d Dem Präsidenten des Bundesverfassungsgerichts

43 Bis wann war Bonn der Regierungssitz Deutschlands?

a 1949
b 1979
c 1989
d 1999

44 Wo ist der Sitz des Internationalen Strafgerichtshofes?

a Den Haag
b Amsterdam
c Brüssel
d Luxemburg

45 Wo wurde John F. Kennedy ermordet?

a Boston, Massachusetts
b Dallas, Texas
c Washington, DC
d San Francisco, Kalifornien

46 Wann wurde Martin Luther King ermordet?

a 1. Januar 1961
b 22. November 1963
c 24. März 1964
d 4. April 1968

47 Wer schrieb den Text der deutschen Nationalhymne?

a Hoffmann von Fallersleben
b Heinrich von Kleist
c Gotthold Ephraim Lessing
d Johann Wolfgang von Goethe

48 Wer darf in Deutschland nicht streiken?

a Angestellte
b Beamte
c Selbstständige
d Freiberufler

49 Wer sagte den Satz »Ich bin ein Berliner«?

a John F. Kennedy
b François Mitterand
c Bill Clinton
d Margaret Thatcher

50 Wo ist der Sitz des deutschen Bundesverfassungsgerichts?

a Saarbrücken
b Erfurt
c Potsdam
d Karlsruhe

Lösungen

1 b 2 c 3 b 4 a 5 a 6 b 7 c 8 d 9 a 10 c 11 d 12 c 13 a 14 d
15 b 16 c 17 b 18 c 19 b 20 d 21 a 22 c 23 c 24 b 25 a 26 c
27 b 28 c 29 a 30 b 31 c 32 d 33 d 34 a 35 c 36 a 37 b 38 a
39 b 40 d 41 a 42 c 43 d 44 a 45 b 46 d 47 a 48 b 49 a 50 d

Wirtschaft

Sie haben 2 Minuten zur Verfügung.

1 Was ist der Dow-Jones-Index?

a Indikator der Lebenshaltungskosten
b Aktienindex
c Kenngröße der Zahlungsbilanz der USA
d Quotient aus Nettoneuverschuldung und Bruttoinlandsprodukt

2 Was ist ein Debitor?

a Gläubiger
b Schuldner
c Belastungsanzeige
d Kontenrahmen

3 Was versteht man unter Logistik?

a Die Lehre des folgerichtigen Denkens
b Mathematische Grundlagenforschung
c Der Verkauf von Forderungen aus Lieferungen und Leistungen
d Die Organisation und Steuerung von Warenflüssen und Abläufen

4 Bei welcher der nachfolgenden Gesellschaftsformen gibt es eine persönliche Vollhaftung?

a GmbH & Co. KG
b AG
c KG
d GmbH

5 In welchem Gesetzbuch findet man Regelungen des Kaufvertrags?

a Grundgesetz
b Steuergesetzbuch
c Handelsgesetzbuch
d Bürgerliches Gesetzbuch

6 Was versteht man unter dem Begriff Dividende?

a Einen Verlust am Aktienmarkt
b Den jährlich anfallenden Anteil vom Reingewinn einer Aktie
c Die Zinsen, die bei einem Girokonto anfallen
d Den Höchststeuersatz in Deutschland

7 Was versteht man unter dem Bruttosozialprodukt?

a Die Summe aller Beschäftigten
b Die Messgröße für das Steueraufkommen
c Den Etat des Bundeswirtschaftsministeriums
d Die Gesamtleistung einer Volkswirtschaft

8 Wie viel Mehrwertsteuer wird auf die meisten Güter in der Bundesrepublik erhoben?

a 7 Prozent
b 11 Prozent
c 19 Prozent
d 20 Prozent

9 Wie entsteht der Preis einer Ware in der Marktwirtschaft?

a Der reichste Kaufmann legt die Preise fest
b Per Gesetz
c Durch Angebot und Nachfrage
d Per Abstimmung

10 Was versteht man unter Subventionen?

a Teilhabe des Staates an Unternehmen
b Steuererlass für Verbraucher
c Staatliche Hilfe für Unternehmen
d Einen Kredit für junge Eltern

11 Der Preis welchen Rohstoffs war in Deutschland jahrzehntelang an den Ölpreis gekoppelt?

a Erdgas
b Diesel
c Strom
d Kohle

12 In welchem Jahr brachte der »Schwarze Freitag« die Börsen zum Absturz?

a 1964
b 1989
c 1848
d 1929

13 Seit wann ist der Euro alleiniges gesetzliches Zahlungsmittel in Deutschland?

a 1. Januar 1949
b 1. Juli 2002
c 1. Januar 2002
d 1. Juli 2005

14 Wo tagt das Weltwirtschaftsforum ein Mal im Jahr?

a Hamburg
b Davos
c München
d New York

15 Wer schrieb das Buch *Das Kapital*?

a Albert Einstein
b Karl Marx
c Friedrich Engels
d Milton Keynes

16 Was versteht man unter Deflation?

a Erdölaufbereitung
b Biologischer Naturkreislauf
c Chemische Alkalireaktion
d Geldaufwertung

17 Wie nennt man die Lehre der Volkswirtschaft?

a Mikroökonomie
b Nationalökonomie
c Haushaltsbudget
d Fiskalpolitik

18 Wie heißt der bekannteste Aktienindex Japans?

a Nikkei
b Hanseng
c Dow Jones
d Financial Times

19 Was versteht man unter einer Holding?

a Die im Ausland befindliche Tochtergesellschaft eines Unternehmens
b Die Vereinigung mehrerer ehemals eigenständiger Unternehmen zu einem Konzern
c Gesellschaft, die nicht selbst produzierend tätig ist, über den Besitz von Anteilen jedoch andere Gesellschaften beeinflusst oder beherrscht
d Zusammenschluss von Unternehmen, die rechtlich und wirtschaftlich selbständig bleiben, mit der Zielsetzung der Marktbeherrschung

20 Sie kaufen ein festverzinsliches Wertpapier mit einem Zinssatz von 7,5 Prozent und einer Restlaufzeit von zwei Jahren. Der Kaufkurs des Wertpapiers beträgt 102 Prozent. Welche Rendite erreichen Sie mit dem Wertpapier?

a 6 Prozent
b 7,5 Prozent
c 5,5 Prozent
d 6,5 Prozent

Lösungen

1 b 2 b 3 d 4 c 5 d 6 b 7 d 8 c 9 c 10 c 11 a 12 d 13 c 14 b 15 b 16 d 17 b 18 a 19 c 20 d

Naturwissenschaft, Technik, IT

Sie haben 5 Minuten zur Verfügung.

1 Wie nennt man den Vorgang, wenn sich an einem Eisenteil Rost bildet?

a Eruption
b Oxidation
c Legierung
d Emaillierung

2 Was versteht man unter pH-Wert?

a Den Säuregrad einer Lösung
b Den Nährwertgehalt eines Nahrungsmittels
c Ein Viskositätsmaß
d Maßzahl für die Wasserhärte

3 Woraus wird Porzellan hergestellt?

a Lackmusmasse, Gips, Kreide
b Gips, Gießharz, Lehm
c Kaolin, Quarz, Feldspat
d Ton, Kreide, Wasser

4 Was ist Hämoglobin?

a Hormon, das den Herzschlag beschleunigt, Darmbewegungen hemmt und Blutgefäße verengt
b Blutfarbstoff
c Hormon der Bauchspeicheldrüse
d Knotenförmige Erweiterung der Mastdarmnerven

5 Auf welchem Grundbaustoff baut die organische Chemie auf?

a Kohlenstoff
b Wasserstoff
c Sauerstoff
d Stickstoff

6 Welche der nachfolgenden Pflanzen gehört zur Familie der Korbblütler?

a Tulpe
b Veilchen
c Sonnenblume
d Glockenblume

7 Was sind Primaten?

a Die ersten im Frühjahr geernteten Tomaten
b Kristallformen
c Bezeichnung für Menschen und Affen
d Weihnachtsgebäck

8 Was bezeichnet man unter Epizentrum?

a Zentrum eines Epilogs
b Magma-Ansammlung in sehr großer Tiefe
c Lebensraum einer Tiergruppe
d Ort stärkster Bewegung an der Erdoberfläche bei einem Erdbeben

9 Was ist ein Zyklon?

a Luftwirbel
b Wirbelsturm
c Kaltfront
d Tiefdruckgebiet

10 Womit beschäftigt sich ein Ethnologe?

a Vergleichende Verhaltensforschung
b Völkerkunde
c Vogelkunde
d Wissenschaft der Vererbung

11 Wofür steht der Begriff MINT?

a Mathematik, Informatik, Naturwissenschaft, Technik
b Meteorologie, Italianistik, Neurowissenschaften, Tiermedizin
c Mathematik, Ingenieurwissenschaften, Nanotechnologie, Taxation
d Medizin, Informatik, Naturwissenschaft, Technik

12 Was ist eine Emulsion?

a Dünger
b Gemisch zweier Flüssigkeiten
c Abtrennung von Atomen aus einem Molekül
d Gesichtscreme

13 Was ist eine Pipette?

a Ein Rührwerkzeug
b Eine Saugröhre
c Eine Laborschale
d Ein Glasplättchen

14 Was entsteht bei der Fotosynthese?

a Wasserstoff
b Sauerstoff
c Kohlenstoff
d Stickstoff

15 Was ist kein Vermessungsinstrument?

a Theodolit
b Heliotrop
c Schmiege
d Jakobsstab

16 Wer war keine Physikerin?

a Lise Meitner
b Bessie Coleman
c Berta Karlik
d Marietta Blau

17 Welche Abkürzung trägt das Element Eisen?

a Ei
b Es
c Fd
d Fe

18 Was begründete Albert Einstein?

a Relativitätstheorie
b Chemotherapie
c Computertomographie
d Serumtherapie

19 Was ist ein Vogel?

a Touran
b Tukan
c Trevi
d Tango

20 Bei welcher Temperatur liegt der absolute Nullpunkt?

a bei etwa –273 °C
b bei etwa 237 °C
c bei 0 °C
d bei –32 °F

21 Was sind Ionen?

a Elektronen
b Teilchen, die keine Elektrizität leiten können
c Elektrisch geladene Atome oder Moleküle
d Gasförmige Atome

22 Was beinhalten viele Düngemittel?

a Sauerstoff
b Stickstoff
c Neon
d Helium

23 Wofür ist Charles Darwin berühmt?

a Erforschung der Fotosynthese
b Entdeckung der Radioaktivität
c Evolutionstheorie
d Erforschung der Erdanziehungskraft

24 Wer gilt gemeinhin als Erfinder der Glühbirne?

a Thomas Alva Edison
b Albert Einstein
c Isaac Newton
d Alexander Graham Bell

25 Was erforscht Stephen Hawking?

a Schwarze Löcher im Universum
b Binärphysik
c Den Mars
d Naturmedizin

26 Was ist eine Tangente?

a Gerade, die einen Kreis schneidet
b Winkelfunktion
c Grundseite eines Dreiecks
d Gerade, die einen Kreis in einem Punkt berührt

27 Welcher Planet ist in unserem Sonnensystem der Sonne am nächsten?

a Venus
b Jupiter
c Merkur
d Mars

28 Was versteht man unter Homöopathie?

a Naturheilkunde
b Hellseherei
c Wissenschaft über die Entstehungsgeschichte der Menschheit
d Gleichklang

29 Was ist eine Kathete?

a Seite eines rechtwinkligen Dreiecks
b Lehrpult
c Röhre zur Entleerung der Harnblase
d Blühender Kaktus

30 Wie lautet das »Ohmsche Gesetz«?

a U = R/I
b R/U = I
c I = U/R
d I + R = U

Lösungen

1 b 2 a 3 c 4 b 5 a 6 c 7 c 8 d 9 d 10 b 11 a 12 b 13 b
14 b 15 c 16 b 17 d 18 a 19 b 20 a 21 c 22 b 23 c 24 a 25 a
26 d 27 c 28 a 29 a 30 c

Sport

Sie haben 2 Minuten zur Verfügung.

1 Wie nennt sich bei den Damen das Pendant zum Davis Cup?

a Grand-Slam-Turnier
b Fed Cup
c Admiral's Cup
d Porsche Cup

2 Wie lange ist die Marathonstrecke?

a 49,65 km
b 51,23 km
c 42,195 km
d 46,375 km

3 Welche dieser Gewichtsklassen im Boxen ist am leichtesten?

a Bantam
b Welter
c Feder
d Leicht

4 Zu welcher Sportart gehört das Mächtigkeitsspringen?

a Skispringen
b Springreiten
c Fallschirmspringen
d Turmspringen

5 Welcher der nachfolgenden Tänze wird nicht der Gruppe der Standardtänze im Tanzsport zugeordnet?

a Quickstep
b Wiener Walzer
c Tango
d Jive

6 In welchem Jahr wurde Michael Schumacher nicht Formel-1-Weltmeister?

a 2005
b 2004
c 2003
d 2002

7 Welcher Tennisspielerin gelang als einzige der Gewinn des Golden Slam?

a Martina Navratilova
b Chris Evert
c Steffi Graf
d Serena Williams

8 Wofür steht die Abkürzung DHB?

a Deutscher Handballbund
b Deutscher Hallenfußballbund
c Deutscher Hammerwurfbund
d Deutscher Hürdenlaufbund

9 Wo fanden 1972 die Olympischen Sommerspiele statt?

a Berlin
b Tokio
c München
d New York

10 Wie viele Runden gibt es in der Regel bei WM-Kämpfen im Profiboxen?

a 8
b 10
c 12
d 14

11 Welcher Fußballverein ist deutscher Rekordmeister?

a FC Bayern München
b Borussia Dortmund
c Hamburger SV
d FC Schalke 04

12 In welcher Stadt steht die Veltins-Arena?

a Bochum
b Arnsberg
c Gelsenkirchen
d Düsseldorf

13 Bei welcher Sportart wird mit 15 roten und sechs andersfarbigen Bällen gespielt?

a Billard
b Snooker
c Tischtennis
d Wasserball

14 Welche Disziplinen braucht man beim Ironman?

a Laufen, Reiten, Klettern
b Schwimmen, Radfahren, Laufen
c Radfahren, Tauchen, Bergsteigen
d Schwimmen, Wandern, Inlineskaten

15 Was ist Capoeira?

a Kampftanz
b Ausdauersport
c Kraftsport
d Yogaart

Lösungen

1 b 2 c 3 a 4 b 5 d 6 a 7 c 8 a 9 c 10 c 11 a 12 c 13 b
14 b 15 a

Konzentration und Bearbeitungsgeschwindigkeit

Zahlen markieren

Der Einstellungstest ist auch und vor allem ein Konzentrationstest. Es gibt Testteile, die einen genauen Fokus auf das Gefragte verlangen. Dazu gehört dieser Test, den wir Ihnen mit den Zahlen 6 und 9 zeigen. Es gibt ihn auch mit den Buchstaben d, b und q. Bei dieser Aufgabe wird die Konzentrationsfähigkeit unter Zeitdruck bewertet. Dabei kommt es auf die Geschwindigkeit und die Genauigkeit der Bearbeitung an.

In einer langen Zahlenreihe sollen Sie alle Neunen durchstreichen, die genau zwei Striche haben. Die Striche können sowohl über als auch unter der Zahl sein.

Beispiel 6 9 6 6 9 9 9 6 9 9 6

Sie finden 15 Reihen voller Sechsen und Neunen. Für jede Reihe haben Sie zehn Sekunden Zeit. In der realen Testsituation wird Ihnen dann ein Zeichen gegeben, zur nächsten Reihe zu gehen – oder der Computer blendet Ihnen die nächste Reihe ein. Wenn Sie zuhause üben, bitten Sie jemanden, Ihnen nach zehn Sekunden ein Zeichen zu geben, oder stellen Sie die Stoppuhr an Ihrem Handy auf zehn Sekunden. Dann gehen Sie direkt weiter – auch wenn Sie die vorherige Reihe noch nicht ganz geschafft haben. Sie müssen bei diesem Test sehr genau, aber auch sehr zügig arbeiten. Benutzen Sie die unten stehende Zeile als Übungszeile.

Ein kleiner Tipp noch: Wenn die Zahlen anfangen, vor Ihren Augen zu verschwimmen, schließen Sie kurz die Augen oder schauen Sie einen Moment in die Ferne. Halten Sie sich nicht unnötig mit Kreuzen oder Kreisen auf: Ein leichter Strich in Leserichtung hält am wenigsten auf.

6 9 9 6 6 9 6 9 6 6 6 6 9 9 6 9 9 9 6 9 6 9 6 9

Nachdem Sie sich nun aufgewärmt haben, geht es richtig los!

Für die folgenden 15 Zeilen haben Sie pro Zeile 10 Sekunden Zeit.

9 6 9 6 6 6 9 6 6 9 9 9 9 6 6 6 6 9 9 6 6 9 6 6

6 9 6 6 6 9 9 9 6 9 6 9 6 9 9 9 9 6 6 9 6 9 9 6

6 9 9 6 6 9 6 9 6 6 6 6 9 9 6 9 9 9 6 9 6 9 6 9

9 6 9 6 9 6 9 6 9 6 9 9 9 9 6 9 6 6 6 9 6 9 6 9

9 9 9 6 6 9 6 9 6 9 6 6 9 9 6 6 9 9 9 9 6 9 9 9

9 9 9 6 6 9 6 9 6 6 6 6 6 9 6 9 6 9 6 9 6 9 6 9

6 9 9 6 6 9 6 9 6 6 6 6 9 9 6 9 9 9 6 9 6 9 6 9

9 9 9 6 6 9 9 9 6 6 6 6 9 9 9 9 9 9 6 9 6 9 6 6

6 9 9 9 6 6 9 9 6 6 6 6 9 6 6 9 9 9 6 9 6 9 6 9

6 9 9 6 6 9 6 9 6 6 6 6 9 9 6 9 9 9 6 9 6 9 6 9

6 9 6 6 6 9 6 9 9 6 6 6 9 9 6 9 6 9 6 9 6 9 6 9

6 9 9 6 6 9 6 9 6 6 6 6 9 9 6 9 9 9 6 9 6 9 6 9

6 9 9 9 6 9 6 9 6 6 9 6 9 9 6 9 9 9 6 9 6 9 6 9

6 9 9 6 6 9 6 9 6 6 6 6 9 9 6 9 9 9 6 9 6 9 6 9

6 9 6 6 9 9 6 9 6 6 6 6 9 9 6 9 9 6 6 9 6 9 6 9

Symbole zuordnen

Auch die folgende Aufgabe prüft Ihre Konzentrationsfähigkeit. Den Zahlen ist jeweils ein spezifisches Symbol zugeordnet. Ihre Aufgabe besteht darin, in den Zahlenreihen, in denen die Symbole fehlen, diese einzufügen. Sie dürfen nicht von der vorgegebenen Reihenfolge abweichen und arbeiten Zeile für Zeile von links nach rechts. Wie auch bei dem vorangegangenen Test arbeiten Sie so schnell wie möglich; auch hier werden Sie nicht alle Aufgaben bearbeiten können. Zunächst wieder eine Aufwärmübung:

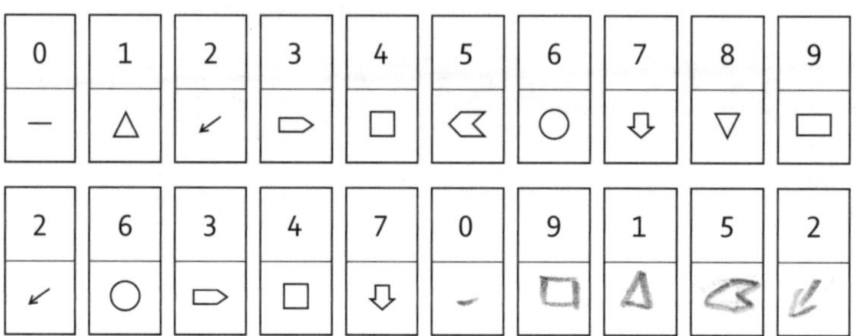

Beginnen Sie jetzt, Sie haben 1 Minute Zeit.

Buchstaben ergänzen

Wie der Name schon sagt, müssen Sie bei diesem Test die fehlenden Buchstaben ergänzen. Das sieht leicht aus und ist im Prinzip auch einfach. Aber natürlich gibt es einen Haken: Sie haben zur Bearbeitung von 60 Begriffen nur eine halbe Minute Zeit, also 30 Sekunden. Sie können die Übung nicht schaffen. Versuchen Sie, so weit zu kommen wie möglich.

Aufgabe

1 Kaff__etasse
2 Ma__s
3 Pfa__ne
4 Sch__eibtisch
5 Gara__e
6 Gri__f
7 Bei__telltisch
8 H__rd
9 To__ate
10 Kar__on
11 Me__ser
12 Pflaste__stein
13 Schüss__l
14 Garte__haus
15 Ana__as
16 Honi__
17 Tre__pe
18 Wasc__maschine
19 Pf__rd
20 Schwi__mbad
21 Am__el
22 Gu__ke
23 Bi__ne
24 Ho__e
25 T__r
26 Mil__h
27 Ka__ze
28 Fer__seher
29 Garten__aun
30 Essti__ch
31 Bilde__rahmen
32 Hu__d
33 U-B__hn
34 Mi__er
35 Prie__ter
36 Kell__r
37 Bü__eleisen
38 Gefrie__truhe
39 Haf__n
40 Blume__topf
41 Spo__t
42 Uh__

43 Mü__leimer
44 Rau__e
45 Fla__ge
46 Kir__he
47 An__ichte
48 Br__lle
49 S__ufen
50 Wasc__becken
51 M__sli
52 Reg__l
53 Sch__ff
54 Blockfl__te
55 Kisse__
56 Hand__asche
57 Bu__h
58 S__uhl
59 K__se
60 Gitar__e

Lösungen

Bei einigen Aufgaben gibt es mehrere richtige Lösungen.

1 Kaffeetasse 2 Maus 3 Pfanne 4 Schreibtisch 5 Garage 6 Griff 7 Beistelltisch 8 Herd 9 Tomate 10 Karton 11 Messer 12 Pflasterstein 13 Schüssel 14 Gartenhaus 15 Ananas 16 Honig 17 Treppe 18 Waschmaschine 19 Pferd 20 Schwimmbad 21 Ampel 22 Gurke 23 Biene 24 Hose 25 Tür 26 Milch 27 Katze 28 Fernseher 29 Gartenzaun 30 Esstisch 31 Bilderrahmen 32 Hund 33 U-Bahn 34 Mixer 35 Priester 36 Keller 37 Bügeleisen 38 Gefriertruhe 39 Hafen 40 Blumentopf 41 Sport 42 Uhr 43 Mülleimer 44 Raupe 45 Flagge 46 Kirche 47 Anrichte 48 Brille 49 Stufen 50 Waschbecken 51 Müsli 52 Regal 53 Schiff 54 Blockflöte 55 Kissen 56 Handtasche 57 Buch 58 Stuhl 59 Käse 60 Gitarre

Buchstaben zählen

Nachfolgend finden Sie Buchstabenreihen. Geben Sie an, wie viele der neben dem Antwortfeld vorgegebenen Buchstaben jeweils pro Reihe vorhanden sind. Achten Sie auf Groß- und Kleinschreibung.

Beispiel

	c	K	B	n
D c F G N I Z O w o E A l M n B z E e P k L j Y c W q	2	0	1	1

Der Buchstabe c ist zweimal in der Zeile enthalten, K ist nicht enthalten, B und n sind jeweils einmal enthalten.

Aufgaben

Für den folgenden Buchstabenblock haben Sie 4 Minuten Zeit.

		E	k	O	t
1	E D G b N H J K l q e T Z P A y p k S G H L u Z U				
2	S f G g H P L a w n g J M l v C x A W R T l o y A				
3	T t J k S S x A E k I Z w Q T l L M N b x Y P R e				
4	K l M f V C X W r Z I O K a k S F G O o L M S A				
5	Z Z I E d s f G H j K l A d Q w C V B M P L l k y				
6	W E T n m K l O P t a S q E R R H K m n Y a O k R				
7	K L I u Z f D s A R C C v c Y n M d F l E t E g Z				
8	H f d S A z I o T t P l K m D C b M O l A s u I k				
9	L D E T z I P L k j M b C X Y s A E O t k p L K I				
10	T O l K J b V c Q E r T Z F G h L J b N c t k T O				

Lösungen

1	1	1	0	0
2	0	0	0	0
3	1	2	0	1
4	0	1	2	0
5	1	1	0	0

6	2	1	2	1
7	2	0	0	1
8	0	1	1	1
9	2	2	1	1
10	1	1	2	1

Quadrate erkennen

Bei der folgenden Aufgabe stimmt jeweils eines der 16 Quadrate im Baukasten nicht mit der gezeichneten Figur überein. Suchen Sie jeweils das Feld heraus, in dem sich der Fehler befindet. Die Bedeutung der Quadrate sowie die Einteilung in Felder a bis e im Baukasten entnehmen Sie bitte dem aufgeführten Schema.

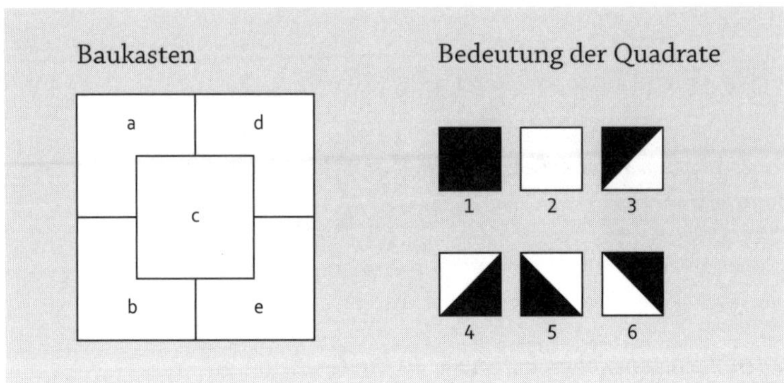

Beispiel

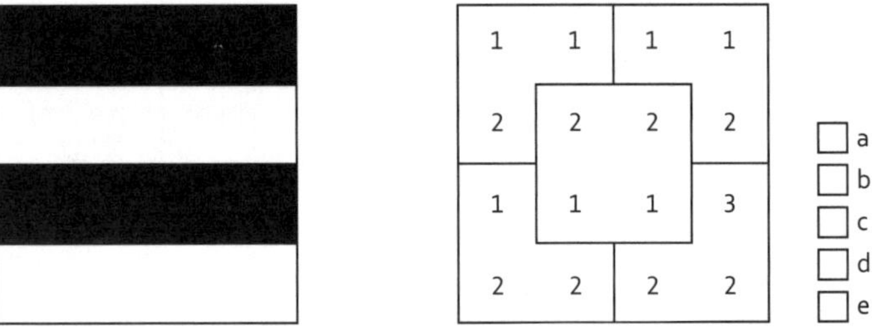

Die oberste Reihe besteht ausschließlich aus schwarzen Quadraten; diese haben die Kennzahl 1. Die zweite Reihe ist mit weißen Quadraten besetzt, die unter der Kennzahl 2 laufen. Diese Anordnung wiederholt sich in den folgenden beiden Reihen. Im Baukasten ist jedoch in der dritten Reihe einmal die Kennzahl 3 zu finden, die für ein Quadrat steht, das nicht in die Abbildung passt. Dieser Fehler steht im Feld e. Deshalb ist e als Lösung anzukreuzen.

Aufgaben

Für die folgenden 8 Aufgaben haben Sie 3 Minuten Zeit. Beginnen Sie jetzt.

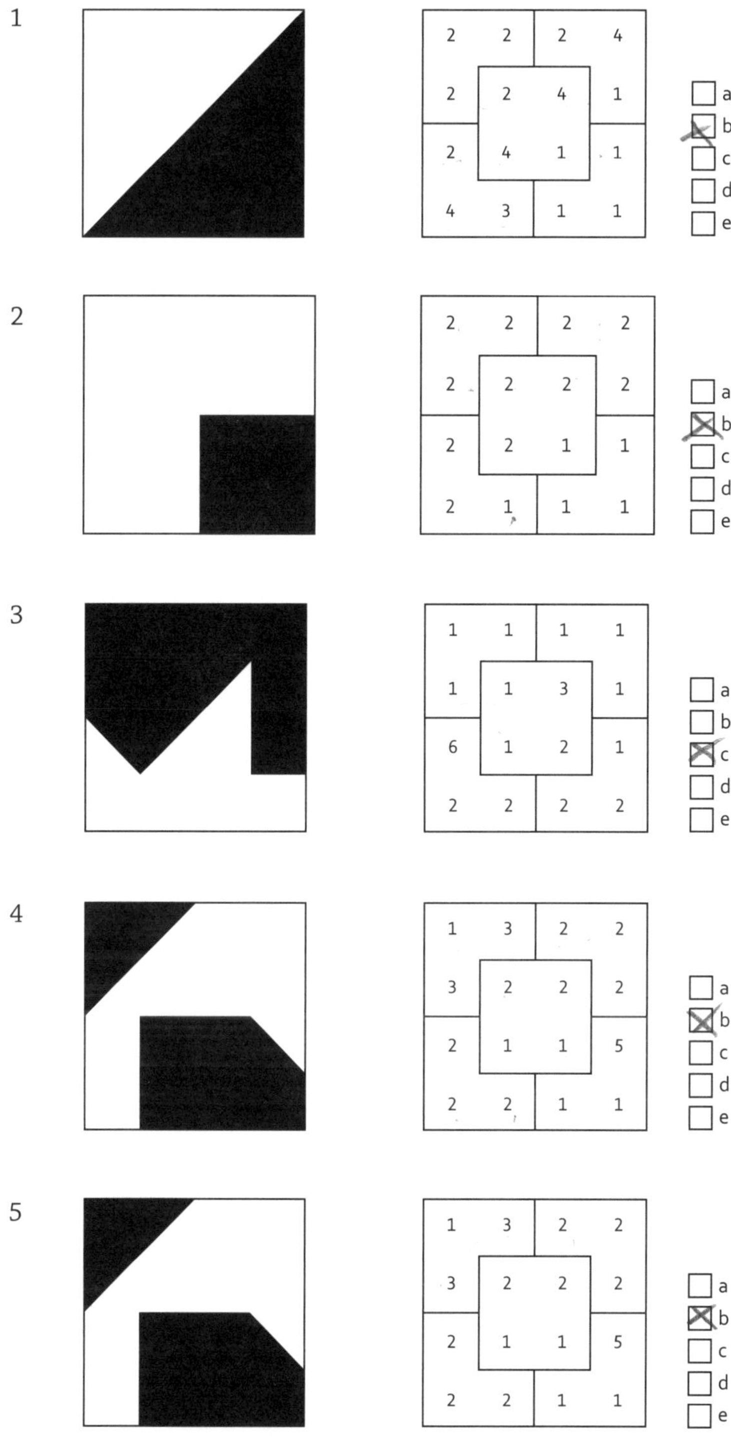

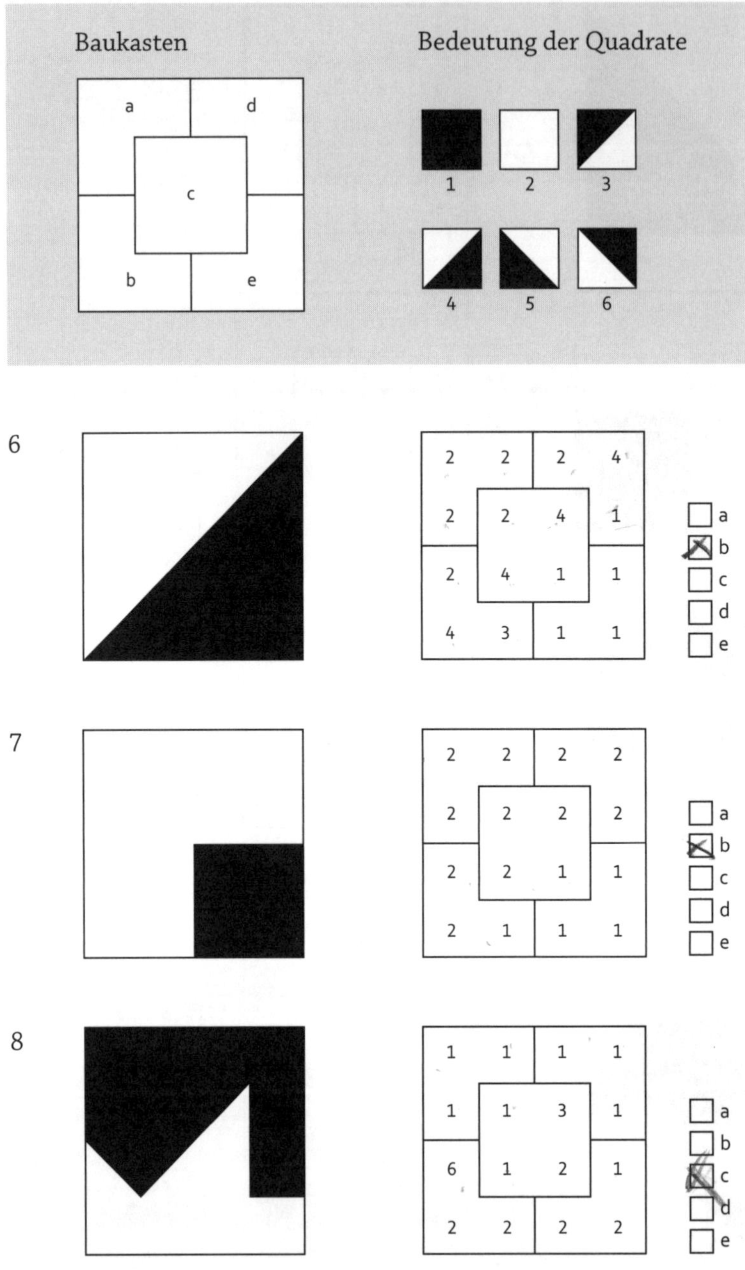

Lösungen

1b 2b 3c 4b 5b 6b 7b 8c

Abweichungen erkennen

Bei dieser Übung stimmt jeweils eine der zur Auswahl stehenden Abbildungen nicht mit dem Original auf der linken Seite überein. Finden Sie diese Abbildung heraus, und kreuzen Sie den entsprechenden Buchstaben an.

Beispiel

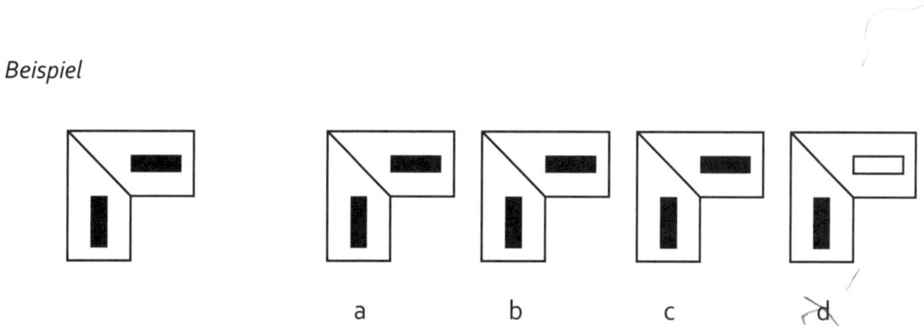

Bild d unterscheidet sich vom Original.

Aufgaben

Für die folgenden 15 Aufgaben haben Sie 4 Minuten Zeit. Beginnen Sie jetzt.

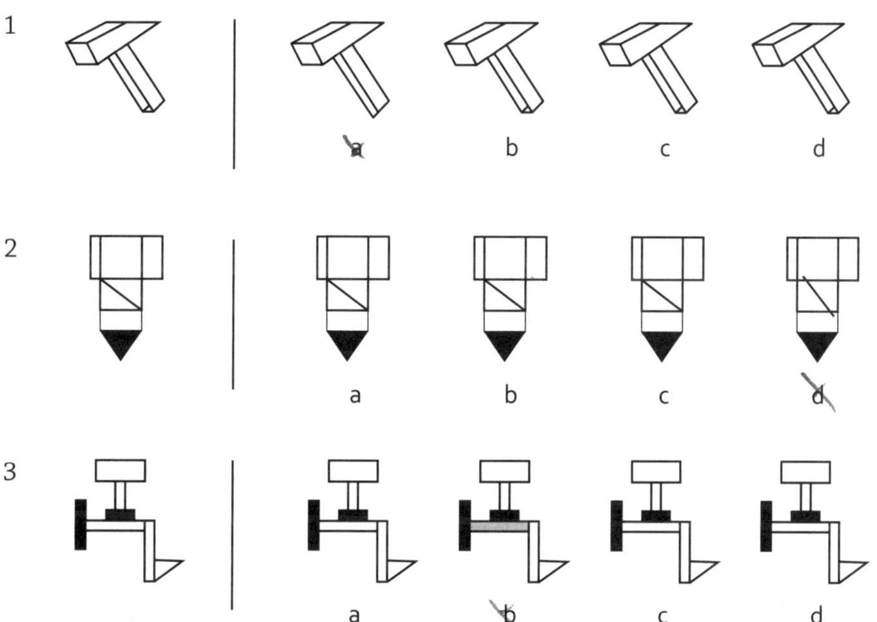

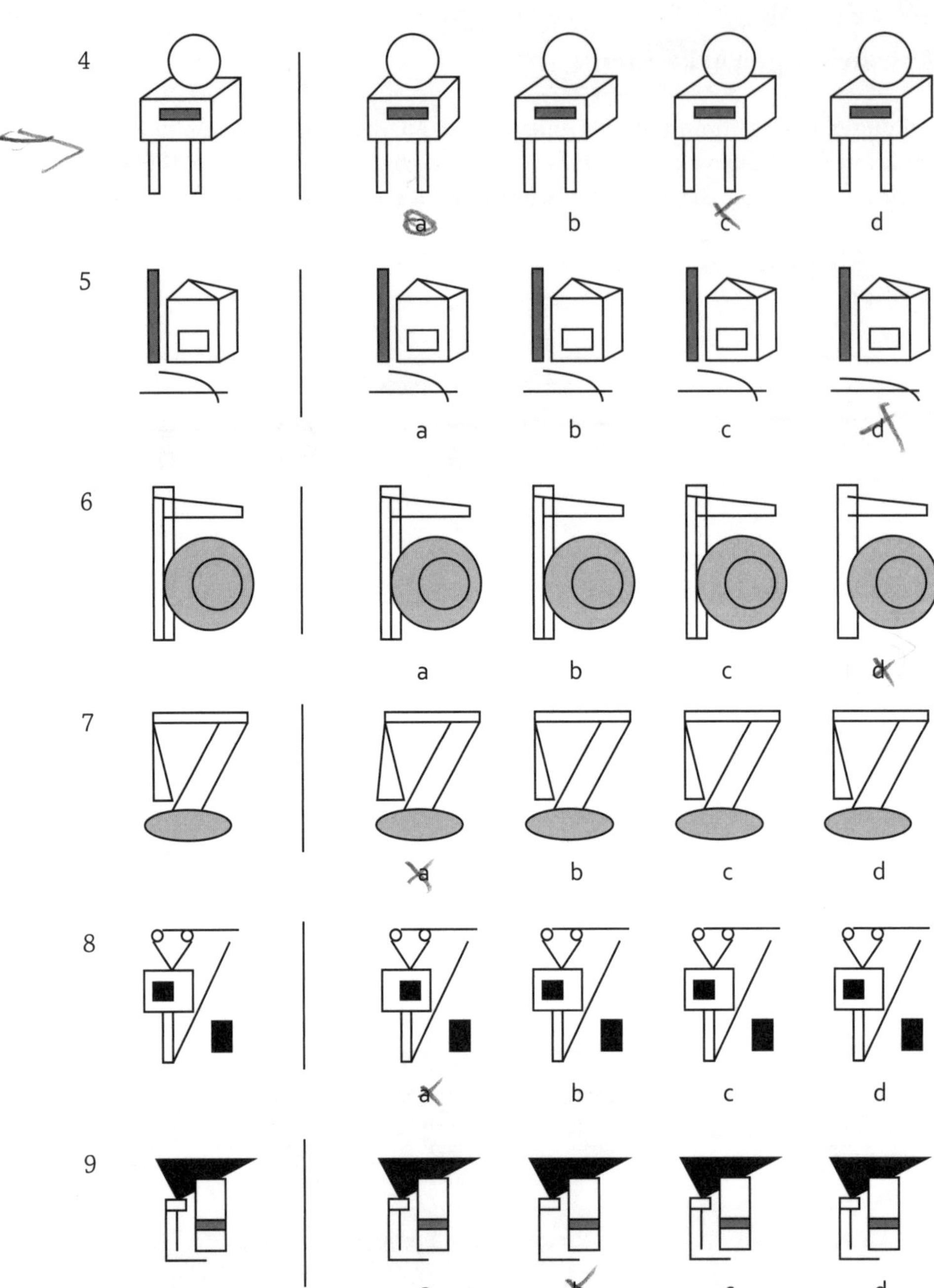
4
a b c d
5
a b c d
6
a b c d
7
a b c d
8
a b c d
9
a b c d

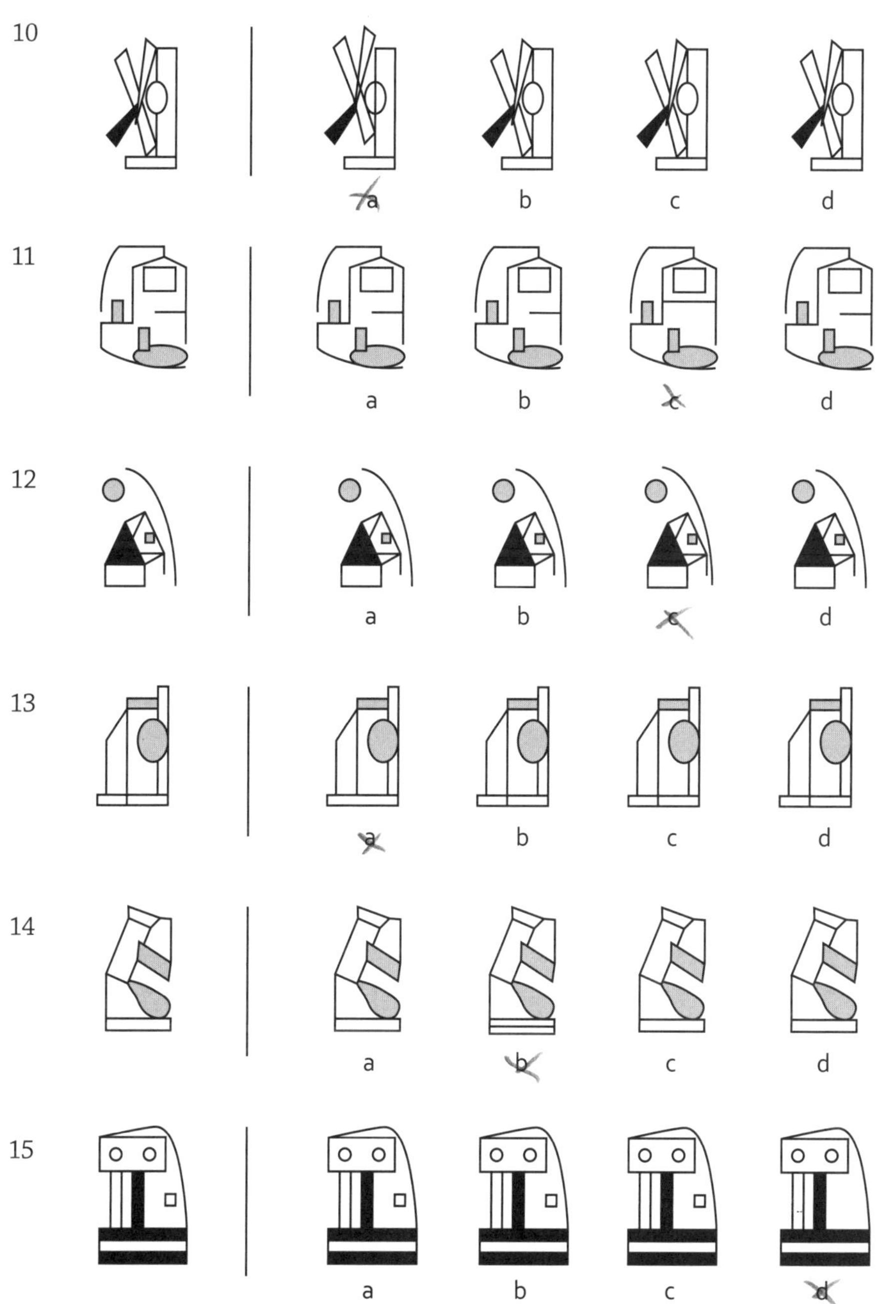

Lösungen

1a 2d 3b 4a 5d 6d 7a 8a 9b 10a 11c 12c 13a 14b 15d

Merkfähigkeit

Bei den folgenden Aufgaben wird geprüft, wie genau Sie arbeiten und wie gut Sie sich etwas einprägen können. Ihr Kurzzeitgedächtnis muss sich bewähren. Dazu gibt es die unterschiedlichsten Tests. Es kann sich um Bilder, Zahlen, Figuren oder Fakten handeln. Wir stellen Ihnen hier eine Auswahl vor.

Bildergeschichten

In vielen Einstellungstests kommt eine Bildergeschichte vor. Diese ist mit den Porträts der beschriebenen Personen illustriert. Sie lesen sich die Geschichte in einer bestimmten, vorgegebenen Zeit durch, später werden Ihnen zur Geschichte Fragen gestellt; ebenso sollen Sie die Porträtaufnahmen der Personen wiedererkennen. Geprüft wird Ihr Kurzzeitgedächtnis für Zahlen und Fakten sowie Ihr Erinnerungsvermögen für Bilder beziehungsweise Gesichter.

Beispiel

Die Maschinenbaufirma Scheib GmbH, Hirschstraße 5, 28816 Stuhr, Telefon 02421/88700 hat 1 200 Mitarbeiter, von denen wir Ihnen jetzt einige vorstellen:

Herr Jörg Fleißig, 34 Jahre, ist Diplom-Kaufmann. Ab 1. diesen Monats ist er bei der Firma Scheib als Gruppenleiter in der Abteilung Verkauf beschäftigt. Herr Fleißig ist verheiratet und hat drei Kinder.

Herr Dr. Rudolf Bensen, 42 Jahre, ledig, ist Abteilungsleiter im Bereich Vertrieb und für den Verkauf Inland verantwortlich. Er ist in der Funktion der direkte Vorgesetzte von Herrn Fleißig.

Frau Sonja Heim, 32, Industriekauffrau, arbeitet in der Einkaufsabteilung von Herrn Deiringer.

Frau Sophie Schmitz, 52 Jahre, ist die Abteilungssekretärin des Bereichs Einkauf.

Herr Hartmut Maier, 32 Jahre, ist Meister in der Prototypenfertigung.

1 *In welcher Stadt ist die Firma Scheib ansässig?*

a Steeden b Stuhr c Starnberg d Suhl?

2 *Welches Foto zeigt Herrn Dr. Rudolf Bensen?*

a

b

c

d

3 *Welche Funktion übt Herr Hartmut Maier aus?*

a Gruppenleiter in der Abteilung Verkauf
b Mitarbeiter der Einkaufsabteilung
c Meister in der Prototypenfertigung
d Kraftfahrer

Die Lösungen zu diesen Beispielaufgaben finden Sie oben in der Geschichte. Unser Tipp: Versuchen Sie sich immer das Foto in Verbindung mit dem Namen der Person einzuprägen. Hilfreich kann es auch sein, sich eine kleine Besonderheit oder ein Detail zu merken, das Ihnen bei der Person auffällt, zum Beispiel bei Herrn Dr. Rudolf Bensen die auffällige Brille. Das hilft dem Gedächtnis auf die Sprünge, wenn Sie aus mehreren Bildern die richtige Person erkennen sollen.

Aufgaben, Teil 1

Auf den folgenden Seiten finden Sie die Lebensläufe zweier Personen. Prägen Sie sich die Daten sowie die abgebildeten Personen ein. *Sie haben dafür 8 Minuten Zeit. Legen Sie dann das Buch 10 Minuten zur Seite und beantworten Sie erst dann die Fragen im zweiten Teil der Aufgabe.*

Emilie Canella
wohnhaft in Watthausen
Tel. 5463

Emilie Canella wurde am 4. Dezember 1971 in Kassandra geboren. Bis zu ihrem 20. Lebensjahr lebte sie bei ihren Eltern, Gustav und Christiane Walkon. 1991 zog sie zuhause aus, siedelte nach Waldstadt um und heiratete dort den Spirituosenhändler Alfred Prund, der als unsolide und launig bekannt war. Sie war von der Ehe enttäuscht und ließ sich nach zweijähriger Ehe scheiden. Bald darauf lernte sie den Werkzeugmacher Eberhard Canella kennen, den sie in Waldstadt heiratete. Heute lebt sie mit ihm in Watthausen. Ihre Hobbys sind Stricken und Häkeln.

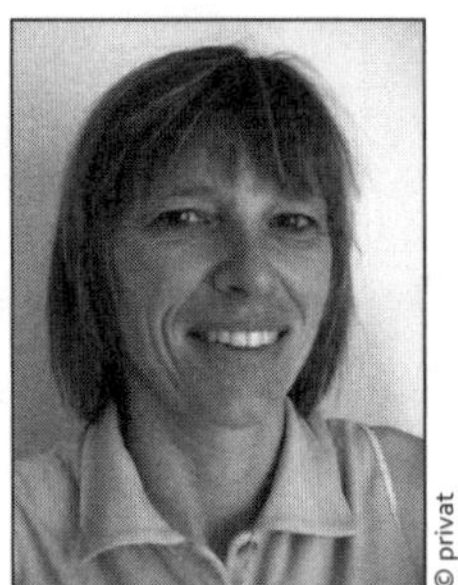

Emilie Canella

Gustav Walkon,
Vater von Emilie

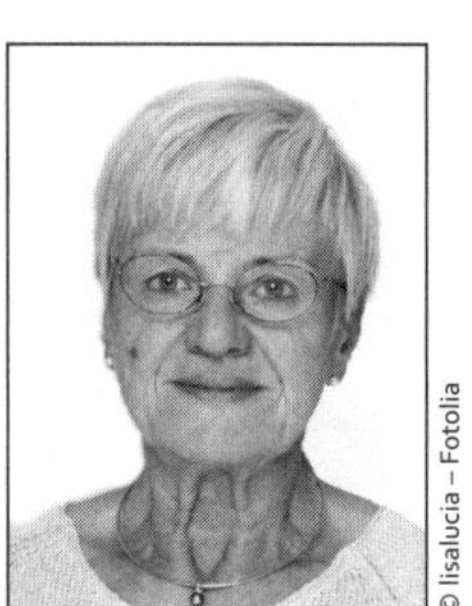

Christiane Walkon,
Mutter von Emilie

Alfred Prund

Eberhard Canella

Franz Kowalki
wohnhaft in Cameira
Tel. 31487

Franz Kowalki wurde am 18.07.1978 in Zamaro geboren. Sein Vater ist Tischlermeister. Eigentlich wollte auch er Handwerker werden, half auch in seiner frühen Jugend im väterlichen Betrieb. In der Grundschule interessierte er sich sehr für Mechanik und ging anschließend auf die Oberschule in der Kreisstadt Ladano. Heute arbeitet er dort in einer Maschinenfabrik und hat mit einer Geschäftskollegin, Hannelore Wandhardt, eine neue Schneidemaschine für Rasenmäher entwickelt. Seine Frau, Elisabeth Kowalki, heiratete er 2002. Er hat mit ihr zwei Kinder.

Franz Kowalki

Margarethe Kowalki,
Mutter von Franz

Heinz Kowalki,
Vater von Franz

Hannelore Wandhardt

Elisabeth Kowalki

Aufgaben, Teil 2

Im ersten Teil dieser Übung haben Sie zwei Lebensläufe gelesen. Beantworten Sie jetzt dazu die folgenden Fragen. Nicht schummeln!

Sie haben 12 Minuten Zeit.

1 Welches Bild zeigt Franz Kowalki?

2 Welches Bild zeigt Christiane Walkon?

3 Welches Bild zeigt Elisabeth Kowalki?

4 Welches Bild zeigt Margarethe Kowalki?

5 Welches Bild zeigt Eberhard Canella?

6 Welches Bild zeigt Gustav Walkon?

7 Welches Bild zeigt Emilie Canella?

8 Wo wohnt Emilie Canella?

a Cameira
b Waldstadt
c Zamaro
d Watthausen

9 Wann wurde Franz Kowalki geboren?

a 31.04.1962
b 05.04.1980
c 04.06.1973
d 18.07.1978

10 Wo wurde er geboren?

a Cameira
b Walkon
c Zamaro
d Cadano

11 Welchen Beruf übt sein Vater aus?

a Maschinenbauer
b Maler
c Werkzeugmacher
d Tischler

12 Wo wohnt Franz Kowalki jetzt?

a Kameira
b Cameira
c Cameiro
d Camaira

13 Was hat er mit seiner Geschäftskollegin entwickelt?

a Zapfhahn für Bierfässer
b Klinge für Rasenmäher
c Tischlermaschine
d Schneidemaschine

14 Wie heißt die Geschäftskollegin?

a Margarethe Walkon
b Emilie Wandhardt
c Franziska Wandhardt
d Hannelore Wandhardt

15 Wann wurde Emilie Canella geboren?

a 20.06.1968
b 04.12.1971
c 04.06.1961
d 18.07.1977

16 Wie hieß der erste Mann von Emilie Canella?

a Heinz Prund
b Alfred Prund
c Franz Prund
d Gustav Prund

17 Wo ging Herr Kowalki auf die Oberschule?

a Ladano
b Laudano
c Ladauno
d Ladanu

18 Wann heiratete er seine jetzige Frau?

a 2002
b 1990
c 2003
d 1985

19 Welchen Beruf hat der jetzige Mann von Emilie Canella?

a Spirituosenhändler
b Tischler
c Mechaniker
d Werkzeugmacher

20 Wie ist die Telefonnummer von Franz Kowalki?

a 5463
b 180719
c 31487
d 41219

21 Wann zog Emilie Canella zu Hause aus?

a 1988
b 1991
c 1990
d 1985

22 Nach wie viel Jahren ließ sich Emilie Canella von ihrem ersten Mann scheiden?

a 2
b 20
c 5
d 7

23 Welchen Beruf hat der zweite Mann von Emilie Canella?

a Spirituosenhändler
b Werkzeugmacher
c Tischler
d Mechaniker

24 Wo heiratete Emilie Canella ihren jetzigen Mann?

a Waldhausen
b Walkonstadt
c Waldstadt
d Wattstadt

25 Wie heißen die Eltern von Emilie Canella?

Gustav + Christiane Walkon

26 Welche Hobbys hat Emilie Canella?

stricken, Häkeln

27 Wie heißen die Eltern von Franz Kowalki?

x Heinz und Margarethe

28 Für welches Fach interessierte sich Franz Kowalki in der Grundschule besonders?

Mechanik

Lösungen

1 f 2 f 3 f 4 a 5 b 6 b 7 e 8 d 9 d 10 c 11d 12 b 13 d
14 d 15 b 16 b 17 a 18 a 19 d 20 c 21 b 22 a 23 b 24 c
25 Gustav und Christiane Walkon 26 Stricken, Häkeln 27 Heinz und Margarethe 28 Mechanik

Flächenaufgaben

Bei diesem Aufgabentyp wird überprüft, wie gut Sie graphische Einzelheiten und Details aufnehmen, sich merken und später wiedergeben können. Sie sollen sich bei den Ihnen gezeigten Zeichnungen die grau unterlegten Flächen einprägen. Später sollen Sie angeben, welche Flächen grau waren.

Beispiel

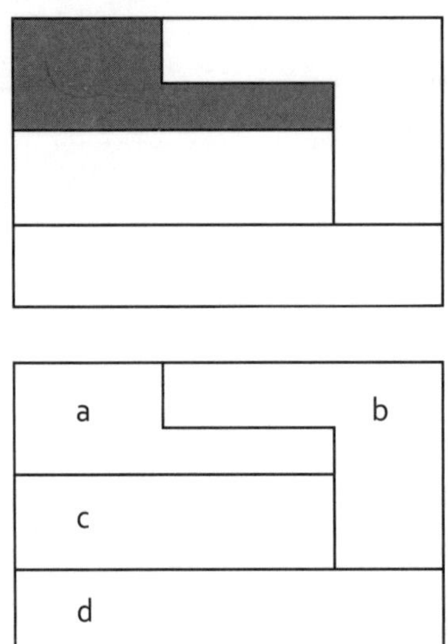

Lösung: Feld a war grau unterlegt.

Nutzen Sie die Ihnen zur Verfügung stehende Zeit, indem Sie sich die Form der grauen Flächen sowie ihre Lage innerhalb des Bildes einprägen. Welche markanten Merkmale weist die graue Fläche auf? Ist es die kleinste oder die größte Fläche im Bild? Ist es der einzige Kreis, das einzige Rechteck? Grenzt die Fläche an den Rand des Bildes? Wenn ja, an welcher Seite? Prägen Sie sich jede Zeichnung getrennt ein; versuchen Sie nicht, Beziehungen herzustellen, die auf der Anordnung der einzelnen Bilder beruhen. Dies würde Sie später eher verwirren, da die Anordnung der Zeichnungen nicht beibehalten wird.

Aufgaben

Prägen Sie sich bei den folgenden Zeichnungen die Lage des grau unterlegten Feldes ein. Sie sollen später bestimmen, welches Feld der Zeichnung grau unterlegt war. Für das Einprägen der nachfolgenden Zeichnungen haben Sie 2 Minuten zur Verfügung.

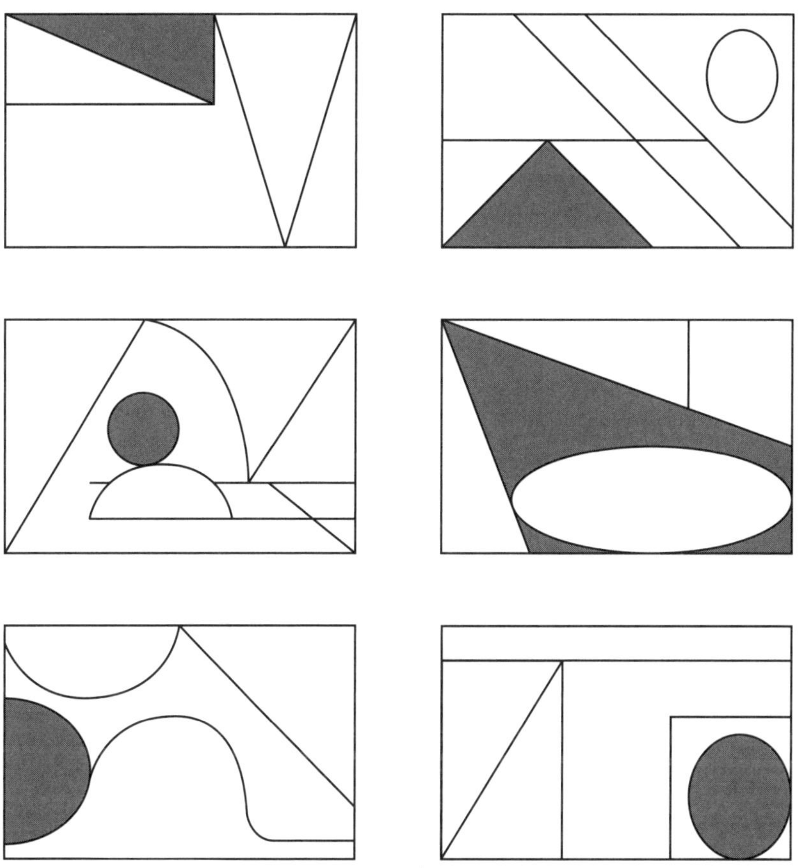

Legen Sie das Buch 5 Minuten zur Seite und lösen Sie dann die Aufgabe auf der folgenden Seite.

Ihnen wurden sechs Zeichnungen mit jeweils einem grau unterlegten Feld vorgestellt. Kreuzen Sie jetzt (ohne zurückzublättern!) an, welches Feld grau war.

Beginnen Sie jetzt, Sie haben 5 Minuten Zeit.

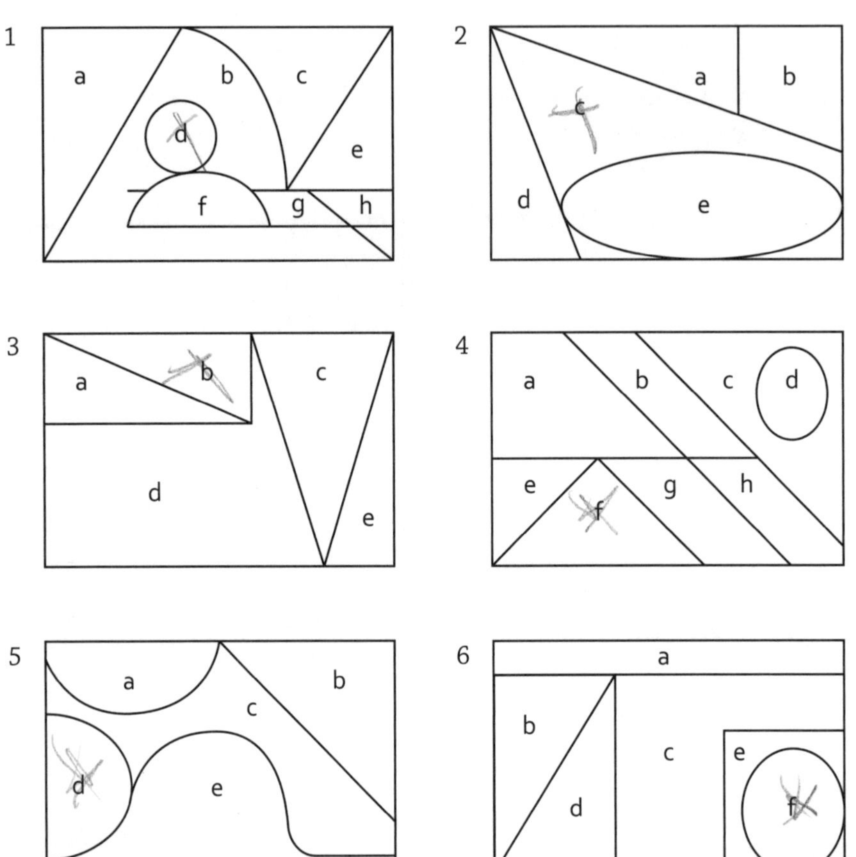

Lösungen

1 d 2 c 3 b 4 f 5 d 6 f

Wortgruppen merken

In diesem Aufgabenblock geht es wieder um Ihre Merkfähigkeit. Sie bekommen beispielsweise fünf Wortgruppen mit je fünf Wörtern vorgelegt, die Sie sich innerhalb einer vorgegebenen Zeit merken sollen.

Beispiel

Sportart	***Stadt***	***Tierart***	***Gebäude***	***Nahrungsmittel***
Leichtathletik	*Quebec*	*Wolf*	*Hütte*	*Bier*
Volleyball	*Amsterdam*	*Ratte*	*Einliegerwohnung*	*Dosenmilch*
Fußball	*Madrid*	*Igel*	*Chalet*	*Nuss*
Turnen	*Uppsala*	*Rabe*	*Einfamilienhaus*	*Käse*
Schwimmen	*Zagreb*	*Rotkehlchen*	*Hochhaus*	*Joghurt*

Haben Sie sich die fünf Wortgruppen eingeprägt? Nun lösen Sie die folgende Aufgabe aus dem Gedächtnis. Kreuzen Sie in der Tabelle an, in welcher Wortgruppe das Wort mit dem jeweils gefragten Anfangsbuchstaben stand.
In welcher Wortgruppe findet sich das Wort mit dem Anfangsbuchstaben »B«?

Das Wort mit diesem Anfangsbuchstaben war in der Wortgruppe	*B*	*C*	*F*	*H*	*Z*	*N*	*A*	*V*	*R*	*U*	*K*	*Q*	*E*	*T*	*J*	*S*	*M*	*W*
Sportart																		
Stadt																		
Tierart																		
Gebäude																		
Nahrungsmittel	×																	

Das Wort mit dem Anfangsbuchstaben »B« war in der Wortgruppe »Nahrungsmittel«, es war »Bier«.

In den Einstellungstests werden Sie allerdings nicht nur nach einem einzelnen Buchstaben beziehungsweise Wort gefragt, sondern Sie sollten so viele Wörter wie möglich der richtigen Gruppe zuordnen können.

Diese Aufgabe kann in Tabellenform gestellt werden, sie kann auch als Text abgefragt werden. Das sieht dann so aus:

Beispiel

Bitte prägen Sie sich die nachfolgenden Wörter ein. Ihnen stehen 3 Minuten zur Verfügung:

Bäume:	*Weide, Kiefer, Birke, Ulme, Buche*
Wortarten:	*Substantive, Adjektive, Verben, Pronomen, Artikel*
Städte:	*Quedlinburg, Xanten, Cham, Überlingen, Gummersbach*
Tiere:	*Dachs, Fledermaus, Murmeltier, Zebra, Fuchs,*
Emotionen:	*Hoffnung, Jähzorn, Neid, Irritation, Liebe*
Werte:	*Ordnungssinn, Einsatzbereitschaft, Redlichkeit, Treue, Ehrlichkeit*

In welche Wortgruppe gehört das Wort mit dem Anfangsbuchstaben »C«?

- *a Bäume*
- *b Wortarten*
- *c Städte*
- *d Tiere*
- *e Emotionen*
- *f Werte*

Lösung: c. Das Wort mit dem Anfangsbuchstaben »C« ist die Stadt Cham, daher gehört es in die Wortgruppe »Städte«.

Aufgaben Teil 1

Bei der folgenden Übung haben Sie 2 Minuten Zeit, sich die 5 Wortgruppen einzuprägen. Decken Sie nach Ablauf dieser 2 Minuten die Wörter ab.

Sportart	**Stadt**	**Tierart**	**Gebäude**	**Nahrungsmittel**
Leichtathletik	Quebec	Wolf	Hütte	Bier
Volleyball	Amsterdam	Ratte	Einliegerwohnung	Dosenmilch
Fußball	Madrid	Igel	Chalet	Nuss
Turnen	Upsala	Rabe	Einfamilienhaus	Käse
Schwimmen	Zagreb	Rotkehlchen	Hochhaus	Joghurt

Füllen Sie die folgende Tabelle aus. Manchmal müssen Sie auch mehrere Kreuzchen machen!

Beginnen Sie jetzt, Sie haben 4 Minuten Zeit.

Das Wort mit diesem Anfangsbuchstaben war in der Wortgruppe	B	C	F	H	Z	N	A	V	R	U	K	Q	E	T	J	S	M	W
Sportart																		
Stadt																		
Tierart																		
Gebäude																		
Nahrungsmittel																		

Aufgaben Teil 2

Bitte prägen Sie sich die nachfolgenden Wörter ein.
Ihnen stehen 3 Minuten zur Verfügung:

Bäume: Weide, Kiefer, Birke, Ulme, Buche
Wortarten: Substantive, Adjektive, Verben, Pronomen, Artikel
Städte: Quedlinburg, Xanten, Cham, Überlingen, Gummersbach
Tiere: Dachs, Fledermaus, Murmeltier, Zebra, Fuchs,
Emotionen: Hoffnung, Jähzorn, Neid, Irritation, Liebe
Werte: Ordnungssinn, Einsatzbereitschaft, Redlichkeit, Treue, Ehrlichkeit

Nun decken Sie die Wörter ab!

Ordnen Sie die Wörter entsprechend ihrem Anfangsbuchstaben der richtigen Gruppe zu.

Sie haben für die drei Aufgaben 30 Sekunden Zeit:

1 In welche Gruppe gehört das Wort mit dem Anfangsbuchstaben Z?

a Bäume
b Wortarten
c Städte
d Tiere
e Emotionen
f Werte

2 In welche Gruppe gehört das Wort mit dem Anfangsbuchstaben X?

a Bäume
b Wortarten
c Städte
d Tiere
e Emotionen
f Werte

3 In welche Gruppe gehört das Wort mit dem Anfangsbuchstaben W?

a Bäume
b Wortarten
c Städte
d Tiere
e Emotionen
f Werte

Bitte bearbeiten Sie in gleicher Form die nachfolgenden Aufgaben für die folgenden Anfangsbuchstaben.

Sie haben 4 Minuten Zeit

4 V gehört in a Bäume b Wortarten c Städte d Tiere e Emotionen f Werte

5 U gehört in a Bäume b Wortarten c Städte d Tiere e Emotionen f Werte

6 T gehört in a Bäume b Wortarten c Städte d Tiere e Emotionen f Werte

7 S gehört in a Bäume b Wortarten c Städte d Tiere e Emotionen f Werte

8 R gehört in a Bäume b Wortarten c Städte d Tiere e Emotionen f Werte

9 Q gehört in a Bäume b Wortarten c Städte d Tiere e Emotionen f Werte

10 P gehört in a Bäume b Wortarten c Städte d Tiere e Emotionen f Werte

11 O gehört in a Bäume b Wortarten c Städte d Tiere e Emotionen f Werte

12 N gehört in a Bäume b Wortarten c Städte d Tiere e Emotionen f Werte

13 M gehört in a Bäume b Wortarten c Städte d Tiere e Emotionen f Werte

14 L gehört in a Bäume b Wortarten c Städte d Tiere e Emotionen f Werte

15 K gehört in a Bäume b Wortarten c Städte d Tiere e Emotionen f Werte

16 J gehört in a Bäume b Wortarten c Städte d Tiere
e Emotionen f Werte

17 I gehört in a Bäume b Wortarten c Städte d Tiere
e Emotionen f Werte

18 H gehört in a Bäume b Wortarten c Städte d Tiere
e Emotionen f Werte

19 G gehört in a Bäume b Wortarten c Städte d Tiere
e Emotionen f Werte

20 F gehört in a Bäume b Wortarten c Städte d Tiere
e Emotionen f Werte

21 E gehört in a Bäume b Wortarten c Städte d Tiere
e Emotionen f Werte

22 D gehört in a Bäume b Wortarten c Städte d Tiere
e Emotionen f Werte

23 B gehört in a Bäume b Wortarten c Städte d Tiere
e Emotionen f Werte

24 A gehört in a Bäume b Wortarten c Städte d Tiere
e Emotionen f Werte

25 Ü gehört in a Bäume b Wortarten c Städte d Tiere
e Emotionen f Werte

Lösungen Teil 1

Das Wort mit diesem Anfangsbuchstaben war in der Wortgruppe	B	C	F	H	Z	N	A	V	R	U	K	Q	E	T	J	S	M	W
Sportart			×					×						×		×		
Stadt					×		×			×		×					×	
Tierart									×××									×
Gebäude		×		××									××					
Nahrungsmittel	×					×					×				×			

Lösungen Teil 2

1d 2c 3a 4b 5a 6f 7b 8f 9c 10b 11f 12e 13d 14e
15a 16e 17e 18e 19c 20d 21f 22d 23a 24b 25c

Wörter merken

Sie haben 1 Minute Zeit, um sich die folgenden 22 Wörter einzuprägen. Wenn die 60 Sekunden vorbei sind, decken Sie die Liste bitte ab.

Dreieck	Ampel
Sonnenschirm	Schule
Garten	Skihelm
Straße	Fahrrad
Schienbein	Linienbus
Computer	Taschenrechner
Wanduhr	Landkarte
Handtasche	Mütze
Smartphone	Eierkocher
Wasserflasche	Laufschuhe
Geldbeutel	Bild

Schreiben Sie jetzt die Wörter auf, die Sie sich gemerkt haben.

Dafür haben Sie 2 Minuten Zeit.

1 Ampel

2 Straße

3 Garten

4 Sonnenschirm

5 Drück

6 Geldbeutel

7 Taschenrechner

8 Wanduhr

9 Bild

10 Wasserflasche

11 Mütze

12 Handtasche

13 Schienbein

14 Computer

15 Schule

16 Skihelm

17 __________

18 __________

19 __________

20 __________

21 __________

22 __________

Zahlen merken

Dies ist die numerische Variante des Wörtermerkens. Sie müssen sich zum Beispiel zweistellige Zahlen merken. Als Beispiel sind hier 16 Zahlen vorgegeben, von denen sie sich bitte in 1 Minute möglichst viele einprägen. Nach den 60 Sekunden decken Sie bitte die Zahlen ab.

22 75 38 16 10 53 76 40

89 17 29 68 94 36 81 57

Das gleiche Spiel: Tragen Sie nun die Zahlen, die Sie sich gemerkt haben, in die Felder ein. Die Reihenfolge spielt keine Rolle.

Sie haben 1 Minute Zeit dafür.

1	______	7	______	13	______
2	______	8	______	14	______
3	______	9	______	15	______
4	______	10	______	16	______
5	______	11	______		
6	______	12	______		

Musterausschnitte erkennen

Suchen Sie aus den vorgegebenen Musterausschnitten denjenigen heraus, der an irgendeiner beliebigen Stelle deckungsgleich ist und vollständig auf das Muster gelegt werden kann. Vier der Abschnitte passen nicht in das vorgegebene Bild. Beachten Sie bitte, dass die Ausschnitte dem Original an jeder beliebigen Stelle entnommen sein können, jedoch weder gedreht oder gekippt wurden.

Beispiel

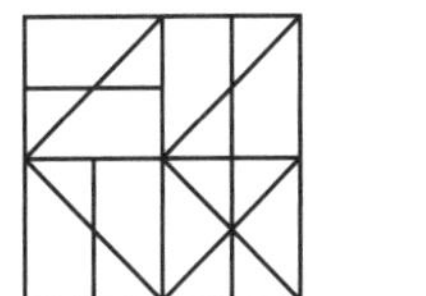
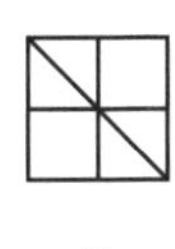
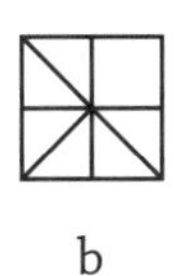
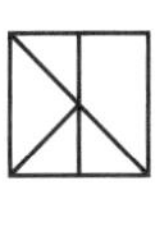
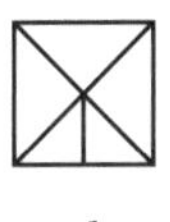
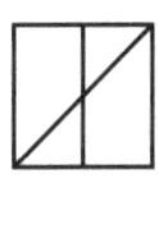

a b c d e

Lösung: e

Aufgaben

Beginnen Sie jetzt, Sie haben 5 Minuten Zeit.

1

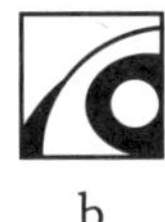

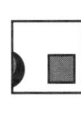

a b c d e

2

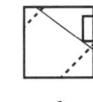

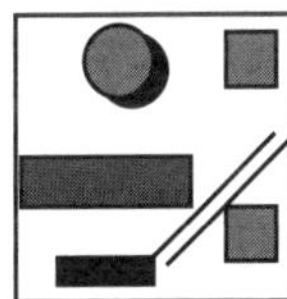

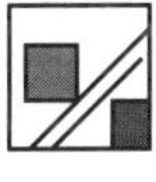
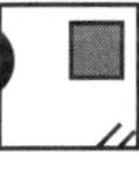

a b c d e

3

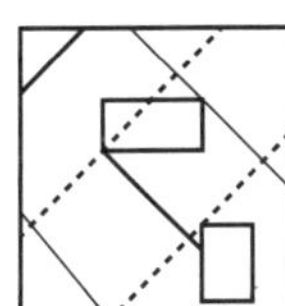

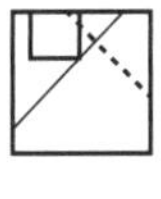

a b c d e

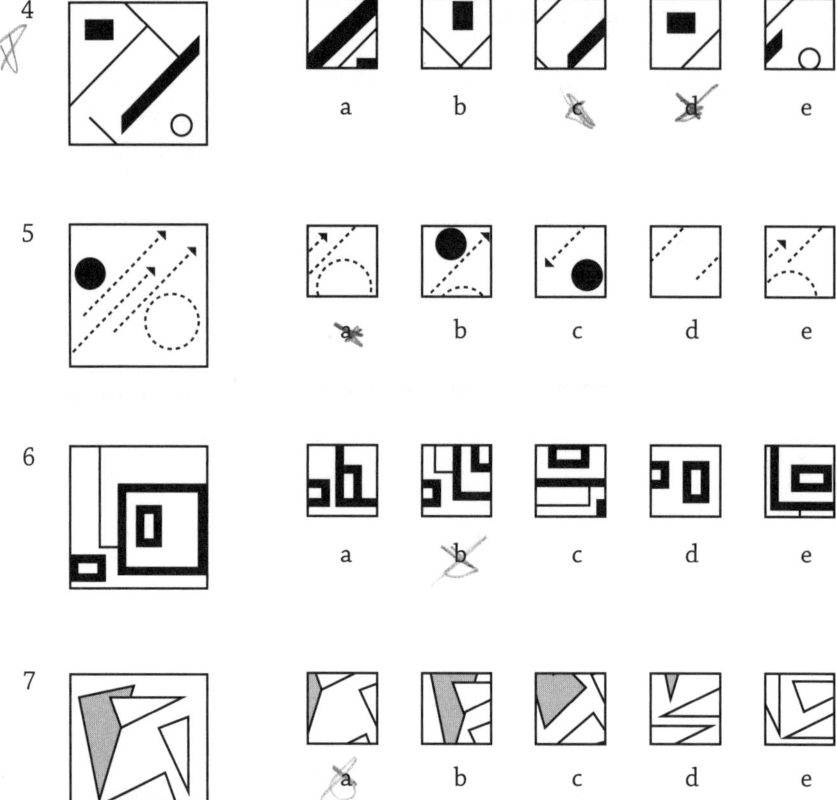

Lösungen

1d 2e 3b 4c 5a 6b 7a

Figuren merken

Prägen Sie sich die nachfolgenden 6 Figuren gut ein.

Sie haben 1 Minute Zeit.

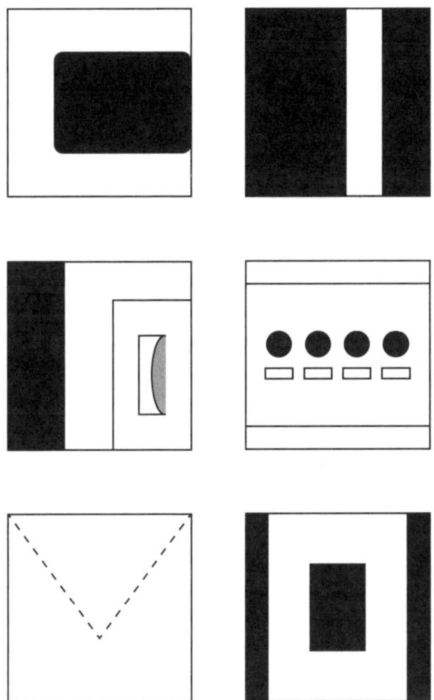

Suchen Sie nun aus den nachfolgenden 16 Figuren die 6 Figuren heraus, die Sie sich vorher eingeprägt hatten. Blättern Sie jedoch nicht zurück und decken Sie die Lösung ab. Kreuzen Sie die richtigen Figuren an.

Sie haben 1 Minute Zeit.

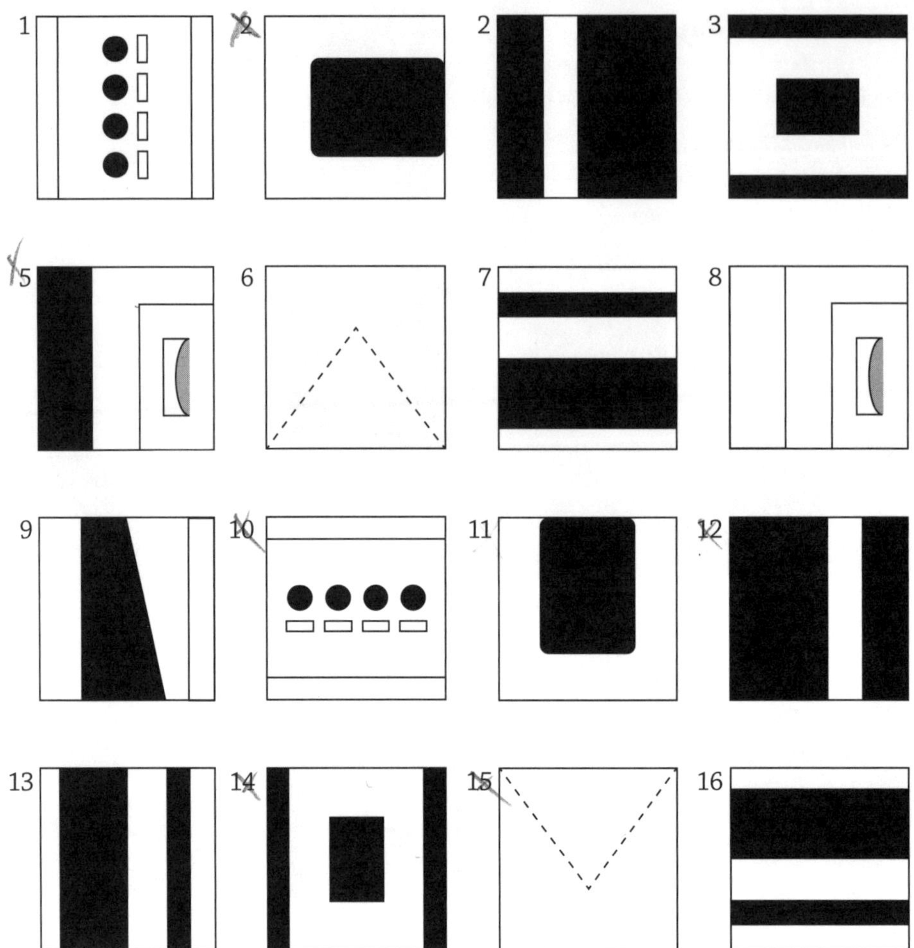

Lösungen

2 5 10 12 14 15

Stadtplan-Aufgabe

Auch bei der Stadtplan-Aufgabe geht es um Ihre Merkfähigkeit. In einem Stadtplan ist eine Route von A nach B eingezeichnet, die Sie sich einprägen sollen.

Sie haben 1 Minute Zeit.

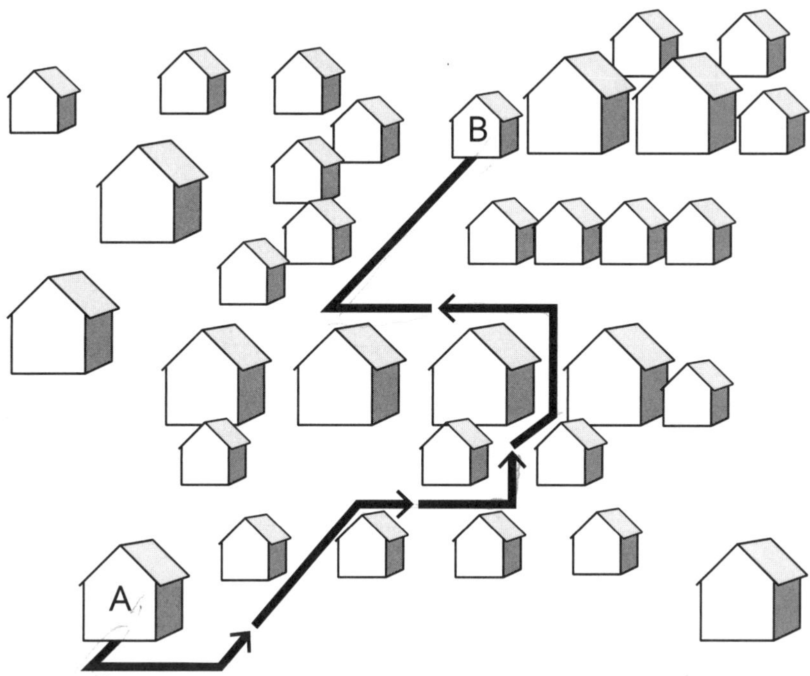

Auf der nächsten Seite wird Ihnen wieder der Stadtplan gezeigt und Sie sollen die Route, die Sie sich eingeprägt hatten, einzeichnen.

Zeichnen Sie nun die Route ein.

Sie haben wieder 1 Minute Zeit.

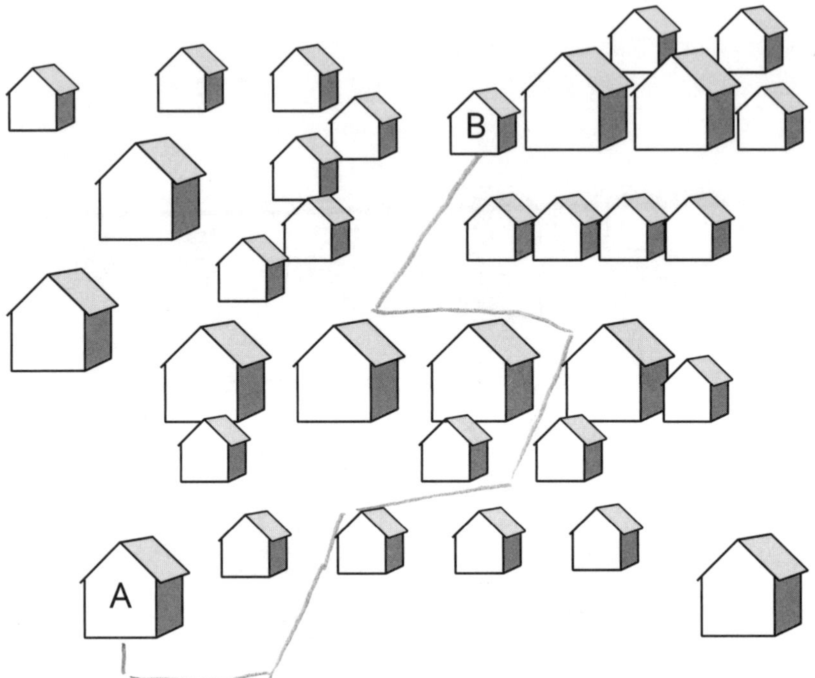

Logik

In der Kategorie Logik geht es darum, Ihr analytisches Denkvermögen und Ihre Kombinationsfähigkeit zu testen. Besonders beliebt sind dabei Zahlenreihen.

Zahlenreihen

In dieser Aufgabengruppe finden Sie eine Folge von Zahlen, die nach einer bestimmten Gesetzmäßigkeit aufgebaut ist. Ersetzen Sie das Fragezeichen durch die Zahl, die die Zahlenreihe logisch fortsetzt.

a	3	9	15	21	27	?	
b	4	6	9	13	18	24	?
c	3	6	18	72	360	?	
d	1	2	7	20	61	?	
e	2	4	25	75	95	380	?
f	56	112	110	55	57	114	?
g	523	477	430	382	?		

Es gibt verschiedene Methoden, um diese Aufgaben zu knacken. Die Differenz- oder die Multiplikationsmethode sind die gängigsten.

Differenzmethode

Die ersten Reihen einer solchen Aufgabengruppe sind meist sehr leicht dadurch zu ergänzen, dass man immer die Differenz der nebeneinander liegenden Zahlen verfolgt.

a *3* **+6** *9* **+6** *15* **+6** *21* **+6** *27* **+6** *?*

Die Differenz der nebeneinander liegenden Zahlen ist jeweils 6, somit muss die gesuchte Zahl 33 (27 + 6 = 33) sein.

Bei dieser Methode sowie der später beschriebenen Multiplikationsmethode ist es zweckmäßig, die verbindenden Zahlen und die zugehörigen Rechenoperationen zu vermerken, um auf die Gesetzmäßigkeit schließen zu können (wie in unserem Beispiel die Differenz +6).

b *4 +2 6 +3 9 +4 13 +5 18 +6 24 +7 ?*

In diesem Fall steigert sich die Differenz jeweils um einen Punkt. Die Differenz zwischen der zuletzt vorgegebenen Zahl 24 und der gesuchten Zahl x muss 7 betragen. Damit ist ? = 31.

Multiplikationsmethode

Führt die Anwendung der Differenzmethode zu keiner Lösung, und steigert sich der Wert der aufeinander folgenden Zahlen schnell, so liegt in der Regel eine Multiplikation vor.

c *3 ×2 6 ×3 18 ×4 72 ×5 360 ×6 ?*

Die Zahl ? ist 2160.

Divisionsmethode

Verringert sich der Wert der aufeinander folgenden Zahlen schnell, so wird die Divisionsmethode analog angewandt.

Sie können nahezu alle Ergebnisse mithilfe der vier Grundrechenarten im Kopf berechnen. Die Differenzmethode und die Multiplikations- beziehungsweise Divisionsmethode können natürlich auch kombiniert werden.

d *1 ×3−1 2 ×3+1 7 ×3−1 20 ×3+1 61 ×3−1 ?*

Der größte Schwierigkeitsgrad bei Zahlenreihen dürfte wohl in Aufgaben vorkommen, bei denen zwei völlig verschiedene, voneinander unabhängige Zahlenreihen miteinander verknüpft wurden, auch unter Verwendung der oben beschriebenen Methoden.

e *2 ×2 4 +21 25 ×3 75 +20 95 ×4 380 +19 ?*

Damit Sie bei der Fortführung von Zahlenreihen weitere Übung bekommen, folgen nun noch zusätzliche Aufgaben zur Bearbeitung.

Aufgaben

Beginnen Sie jetzt, Sie haben für die folgenden 20 Aufgaben 5 Minuten Zeit.

a	5	7	4	6	3	?		
b	72	61	48	?				
c	7	14	12	24	?			
d	75	15	25	5	15	?		
e	5	35	28	4	11	77	70	?
f	8	5	15	18	6	3	9	?
g	3	8	5	14	9	22	15	?
h	1	2	4	2	4	8	6	?
i	64	48	40	36	34	?		
j	3	6	18	36	108	216	?	
k	15	6	18	10	30	23	69	?
l	6	7	9	13	21	?		
m	71	68	77	50	?			
n	256	16	25	5	16	4	?	
o	3	7	13	27	53	?		
p	72	56	48	44	42	?		
q	–56	–33	–21,5	–15,75	?			
r	523	477	430	382	?			
s	56	112	110	55	57	114	?	
t	8,5	4,25	6,25	12,5	10,5	5,25	?	

Lösungen

a 5 b 33 c 22 d 3 e 10 f 12 g 32 h 12 i 33 j 648 k 63 l 37
m 131 n 17 o 107 p 41 q –12,875 r 333 s 112 t 7,25

Variante 1

Nicht immer müssen die Zahlenreihen in einer Linie aufgestellt sein. Sie können ebenso in Figuren untergebracht werden. Die Zahlenreihe beginnt an dem dicken Balken.

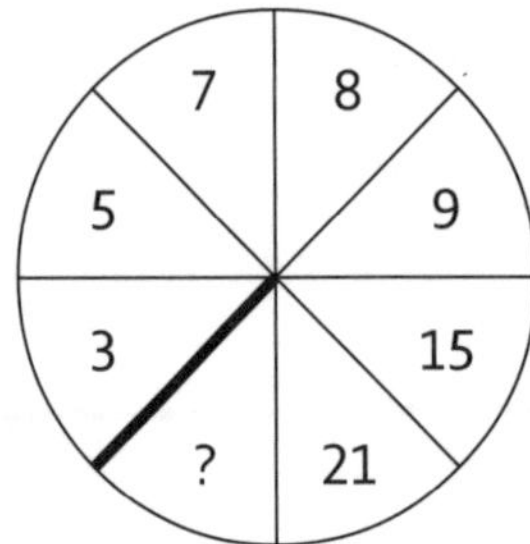

Die Zahlen multipliziert mit 3 ergeben jeweils die gegenüberliegenden Zahlen. Lösung: 24. Und hier noch ein weiteres Beispiel.

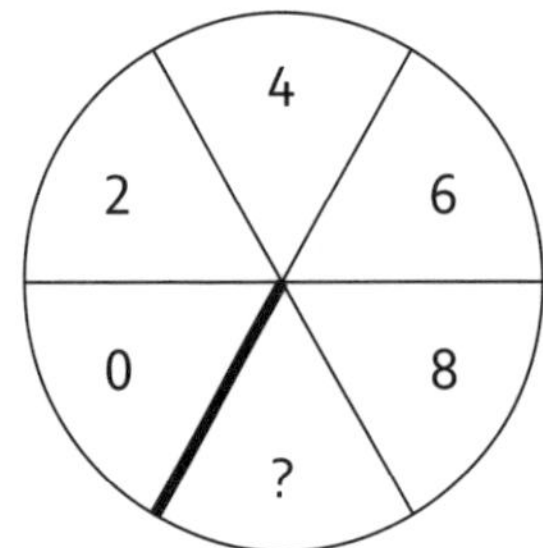

Lösung: 10. Die Zahlen addiert um 6 ergeben die gegenüberliegenden Zahlen.

Aufgaben

Führen Sie die nachfolgenden Zahlenreihen sinnvoll weiter. Beginnen Sie links unten am dicken Strich und gehen Sie im Uhrzeigersinn vor. Tragen Sie die gesuchte Zahl in die Aufgabe ein.

Beginnen Sie jetzt, Sie haben 4 Minuten Zeit.

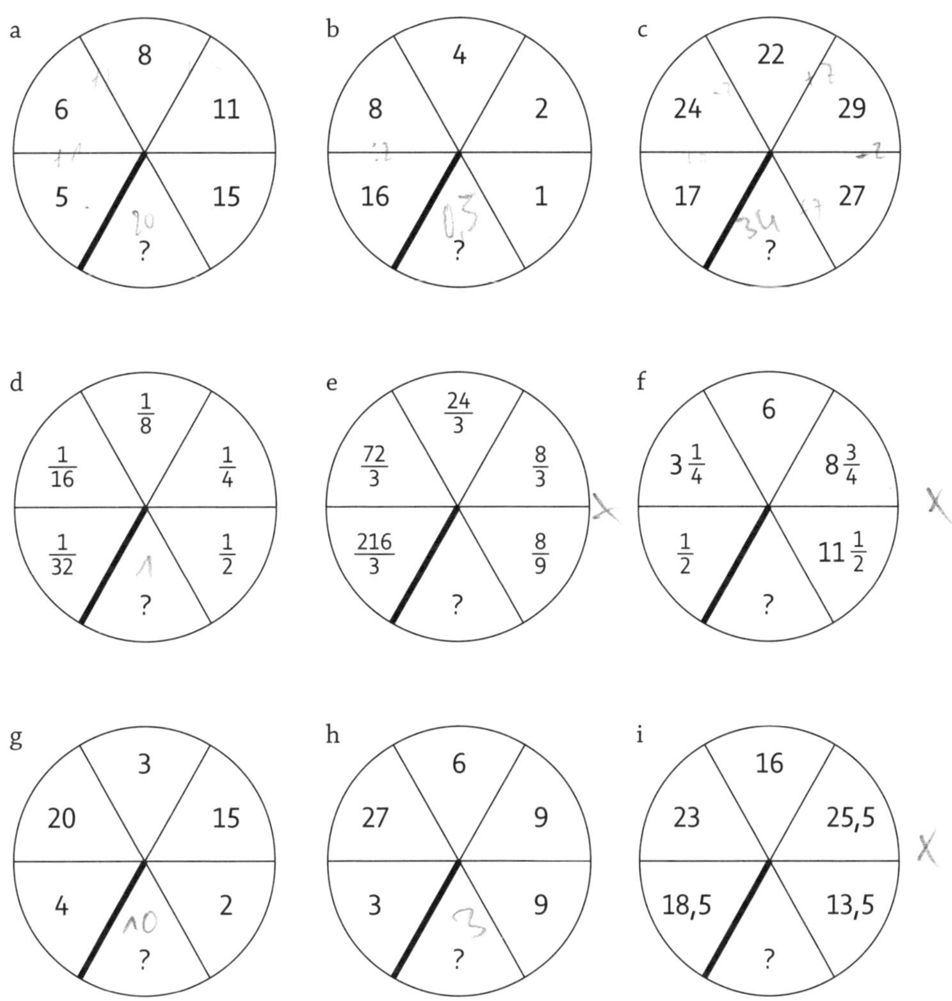

Lösungen

a 20 b 0,5 c 34 d 1 e $^{8}/_{27}$ f 14¼ g 10 h 3 i 28

Variante 2

Auch in diesem Test wird Ihr logisches Denkvermögen geprüft. Sie sollen diesmal selbst verschiedene Zahlenreihen erstellen, die nach unterschiedlichen Rechenregeln aufgebaut sind:

Beispiel

1	2	3	4
2			3
3			2
4	3	2	1

3	5	7	9
5			7
7			5
9	7	5	3

Lösungen
Bei dem ersten Zahlenmuster ist immer 1 addiert, beziehungsweise subtrahiert worden.
Bei dem zweiten Zahlenmuster sind immer 2 addiert, beziehungsweise subtrahiert worden.

Sie sollen möglichst viele unterschiedliche Zahlenreihen erstellen. Dabei kommt es nicht darauf an, möglichst komplizierte Zahlenreihen und Rechenregeln zu ersinnen. Vielmehr geht es darum, möglichst viele und möglichst unterschiedliche Zahlenreihen aufgeschrieben zu haben. Daher sollten die Zahlenreihen möglichst einfach aufgebaut sein.

Erstellen Sie nun eigene Zahlenmuster in den beiden folgenden Figuren. *Sie haben 2 Minuten Zeit.*

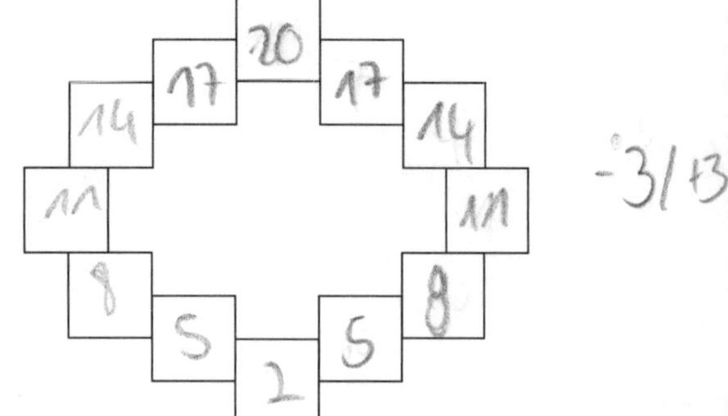

Eine andere Variante der bisher erläuterten Zahlenreihen finden Sie in der folgenden Aufgabe:

Beispiel

22	19	14	11	7	6

Bei dieser Aufgabe muss die Zahlenreihe nicht logisch fortgesetzt werden. Vielmehr sollen Sie die Zahl herausfinden, die in die Zahlenreihe eingeschoben wurde und nicht passt. Um diese Zahl zu finden, müssen Sie zuerst den Aufbau der Zahlenreihe erkannt haben. Hierzu dienen Ihnen die in diesem Kapitel beschriebenen Methoden. In dem oben aufgeführten Beispiel ist die Differenz der nebeneinander liegenden Zahlen 3 und 5. Somit passt die 7 nicht in die Reihe.

Aufgaben

Hier nochmals ein paar Aufgaben zum Üben:

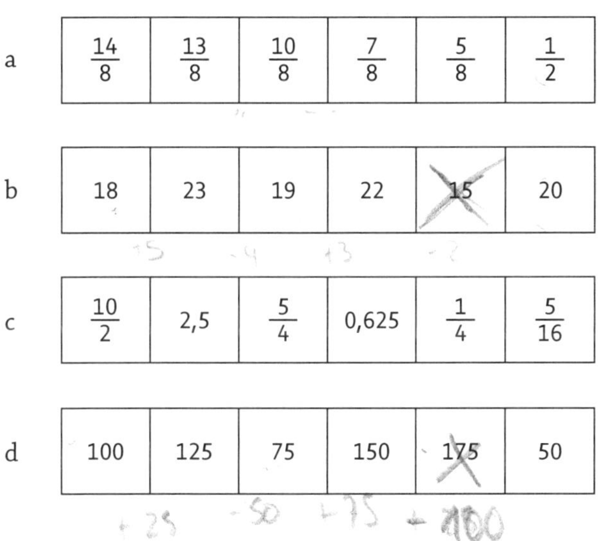

a	$\frac{14}{8}$	$\frac{13}{8}$	$\frac{10}{8}$	$\frac{7}{8}$	$\frac{5}{8}$	$\frac{1}{2}$
b	18	23	19	22	15	20
c	$\frac{10}{2}$	2,5	$\frac{5}{4}$	0,625	$\frac{1}{4}$	$\frac{5}{16}$
d	100	125	75	150	175	50

Lösungen

a $^{13}/_{8}$ b 15 c $^{1}/_{4}$ d 175

Hier nun noch weitere Aufgaben zum Üben.

Beginnen Sie jetzt, Sie haben 10 Minuten Zeit.

a	3	5	7	8	9	11
b	2	4	8	16	32	48
c	56	28	14	7	13,5	1,91
d	23	19	16	14	13	12
e	15,5	12,0	8,5	6,75	5,0	1,5
f	1,5	3	6	9	12	24
g	30	29	27	24	20	17
h	31	48	65	72	82	99
i	1,3	2,1	2,9	3,7	4,5	5,2
j	$\frac{1}{2}$	$\frac{1}{4}$	$\frac{1}{8}$	$\frac{1}{12}$	$\frac{1}{16}$	$\frac{1}{32}$
k	5050	4890	4730	4570	4490	4410
l	0,8	1,5	1,85	2,2	2,9	3,8
m	17	14	10	5	0	–1
n	30	22,5	15	7,5	3,75	1,875
o	17,5	16,9	16,3	15,1	13,9	12,7
p	1	3	5	6	10	15
q	19	18	15	12	10	9
r	625	125	50	25	5	1
s	18	13	9	6	4	4
t	$\frac{1}{4}$	$\frac{31}{4}$	$\frac{61}{4}$	$\frac{91}{4}$	10,25	$\frac{49}{4}$
u	0,5	$\frac{3}{2}$	4,5	$\frac{27}{2}$	$8\frac{1}{2}$	$\frac{81}{2}$

Lösungen

a 8 b 48 c 1,9 d 12 e 6,75 f 9 g 17 h 72 i 5,2 j $\frac{1}{12}$ k 4490
l 1,85 m 0 n 22,5 o 16,9 p 5 q 18 r 50 s 4 t 10,25 u $8\frac{1}{2}$

Buchstabenreihen

Statt mit Zahlen kann diese Art Aufgaben auch mit Buchstaben gestellt werden. Achten Sie darauf, ob das Alphabet in diesem Fall vorwärts oder rückwärts aufgeschrieben ist.

Beispiel 1

A C E G I K M __

Hier wird immer der übernächste Buchstabe aufgeführt. Die Lösung ist also O.

Beispiel 2

Z W T Q N __

Hier wird jeder dritte Buchstabe aufgeführt, allerdings von hinten nach vorne.
Die Lösung hier: K.

Rechnen Sie bei diesem Test immer mit Abwandlungen. Es kann sein, dass Sie die Buchstabenreihe um zwei, drei oder sogar mehr Buchstaben ergänzen sollen. Es ist auch denkbar, dass Sie innerhalb einer Buchstabenreihe ergänzen sollen.

Aufgaben

Ergänzen Sie die folgenden Buchstabenreihen um je zwei Buchstaben.

Sie haben 4 Minuten Zeit.

1 M K I G E __ __

2 F L H F L H __ __

3 A D G J M P __ __

4 E J H M K P __ __

5 H D F L H J __ __

6 T R W U S X __ __

7 P N R P N R P __ __

8 M T W V G N Q __ __

9 H C A G J E C I __ __

10 D G A C I L E G __ __

11 A C F J O V __ D G K

12 C D B __ F D G H F I

13 K F B L G C M __ D N

14 L __ H K M I K E H J

15 __ S M O K F Z B X S

16 E F H K O E F H K __

17 G D I C __ G L F M J

18 B F K A G K P F __ P

19 __ E B H F C I G D J

20 G H C E H __ M H J M

Lösungen

1 C, A 2 F, L 3 S, V 4 N, S 5 P, L 6 V, T 7 N, R 8 P, A 9 L, G
10 M, P 11 B 12 E 13 H 14 N 15 X 16 O 17 J 18 L 19 G 20 L

Figuren ergänzen

Bei den folgenden Figuren soll die Reihe der drei Figuren sinnvoll fortgeführt werden. Wählen Sie dazu aus den vier Möglichkeiten die richtige Figur aus.

Hier sollen, wie bei den Zahlenreihen, logische Zusammenhänge und Entwicklungen erkannt und fortgeführt werden.

a Die Figuren verändern sich, indem sie um Bestandteile erweitert oder verringert werden.

Beispiel

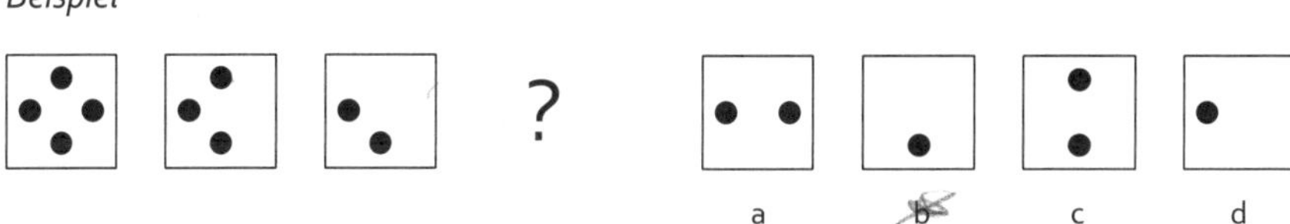

Da von Figur zu Figur jeweils ein Punkt wegfällt (bitte beachten Sie, dass dies gegen den Uhrzeigersinn erfolgt), ist die Figurenvorgabe b die richtige Lösung.

b Bei schwierigen Aufgaben dieses Typs kann auch eine Kombination verschiedener Entwicklungen vorkommen.

Beispiele

Von den vier gleich großen Dreiecken in jeder Figur werden abwechselnd ein und zwei Dreiecke schwarz gefärbt. Die ausgemalten Dreiecke schließen im Uhrzeigersinn aneinander an. Daher muss in der gesuchten Figur das obere und das rechte Dreieck ausgemalt sein. Somit kommen die Lösungen a und d in die nähere Auswahl. Jeweils gegenüber des ausgemalten Dreiecks befindet sich der schwarze Punkt. Auch dies wurde bei Lösung a und d berücksichtigt. Die Aufteilung der Figur in jeweils vier gleich große Dreiecke wurde jedoch bei Lösung a nicht berücksichtigt. Damit ist d als die richtige Lösung anzukreuzen.

Die kurzen Enden der Figuren öffnen sich immer weiter, daher ist Lösung c die richtige Antwort.

c Die Figuren behalten ihre Bestandteile bei. Die Veränderung kann sowohl auf Drehungen als auch auf Verschiebungen beruhen. In vielen Fällen handelt es sich um eine Kombination dieser beiden Veränderungen.

Beispiel

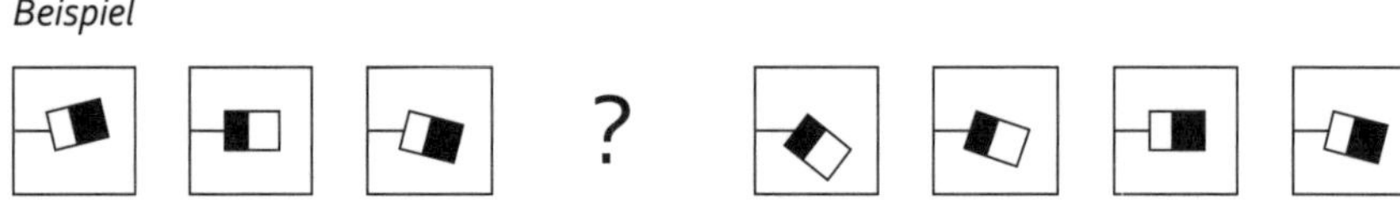

Die Figur dreht sich von oben nach unten. Die Fläche, die sich am Stiel anschließt, ist abwechselnd weiß oder schwarz. Damit ist a die Lösung.

Aufgaben

Sie haben 6 Minuten zur Verfügung.

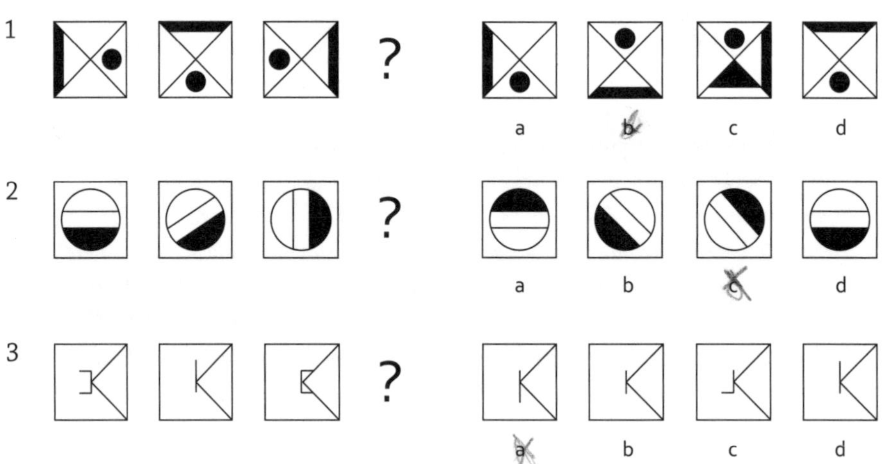

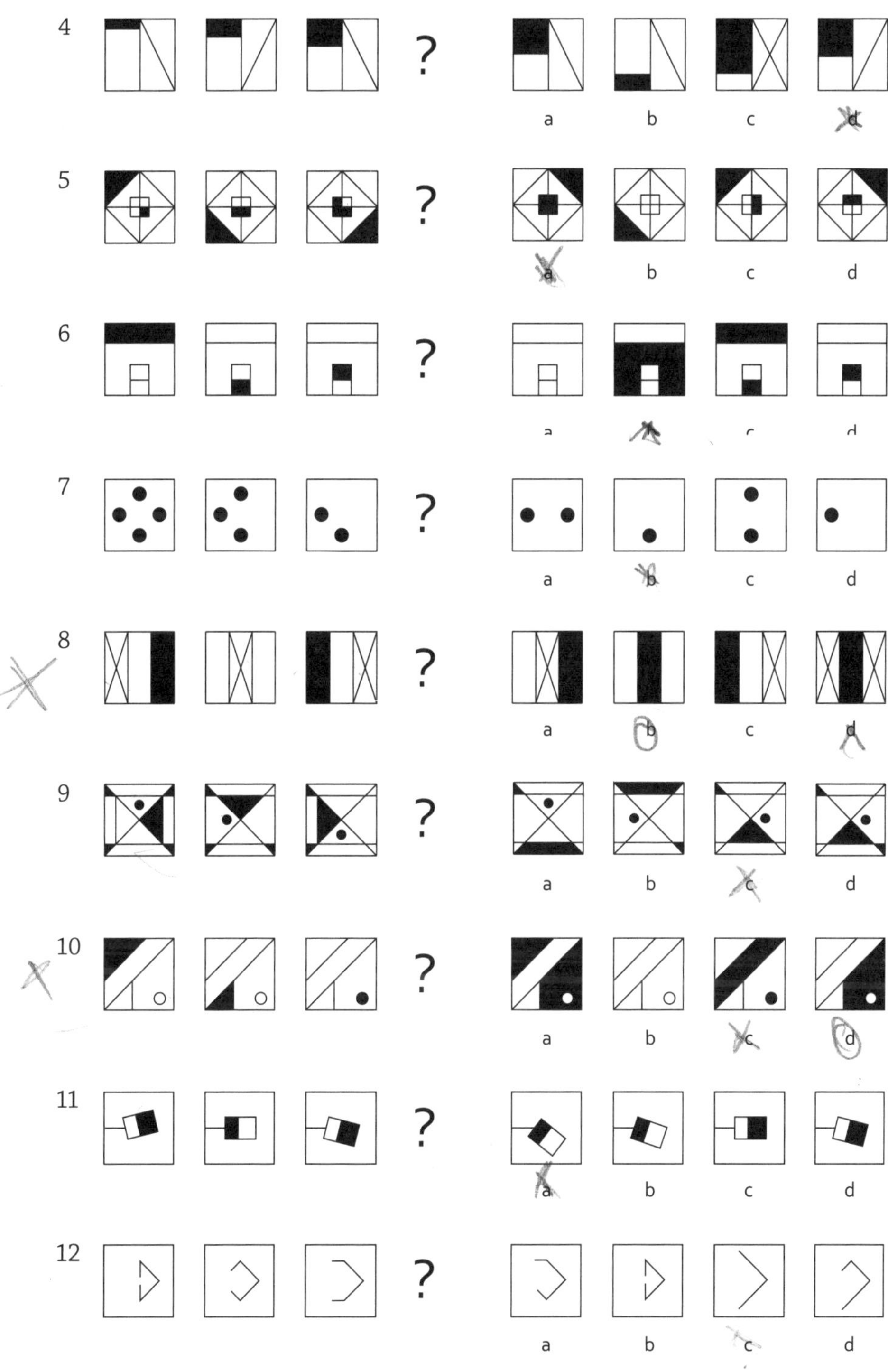
4
?
a
b
c
d
5
?
a
b
c
d
6
?
a
b
c
d
7
?
a
b
c
d
8
?
a
b
c
d
9
?
a
b
c
d
10
?
a
b
c
d
11
?
a
b
c
d
12
?
a
b
c
d

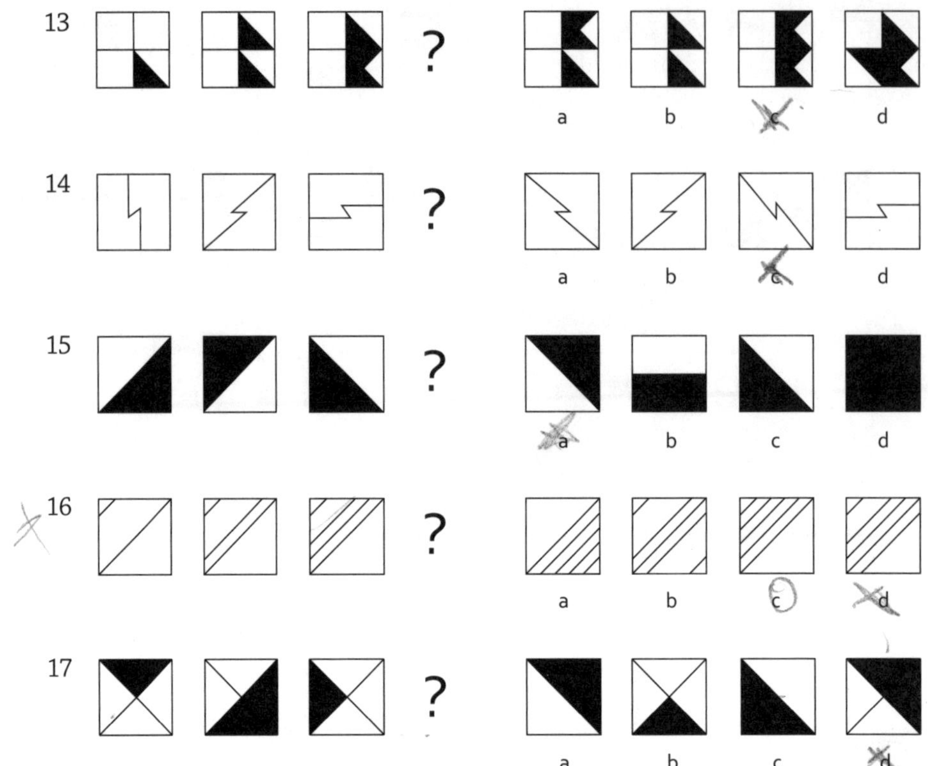

Lösungen

1b 2c 3a 4d 5a 6b 7b 8b 9c 10d 11a 12c 13c 14c 15a 16c 17d

Figurenzeilen

Bei dem folgenden Figurentest sollen Sie die Gesetzmäßigkeit herausfinden, mit der die Figurenzeilen aufgebaut sind. Jede Aufgabe besteht aus 3 Figurenzeilen, die wiederum aus 3 Figuren bestehen. In der dritten Zeile ist die letzte Figur einzufügen. Zur Auswahl stehen 6 Lösungsmöglichkeiten. Nur eine davon ist aber richtig.

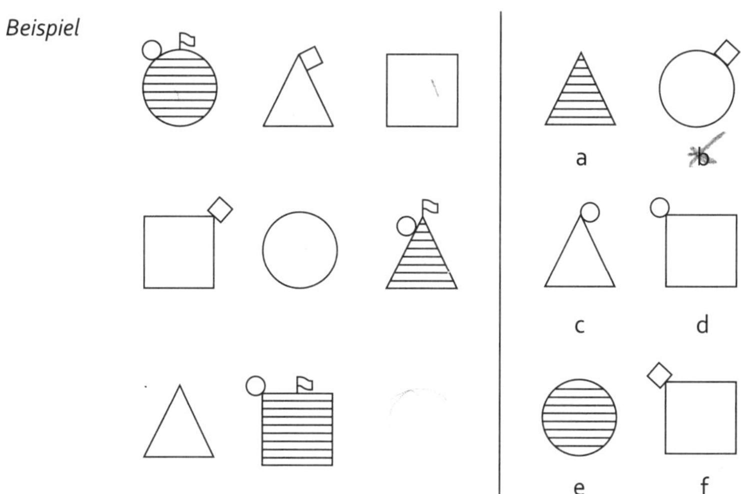

Im Beispiel setzt sich jede Figurenzeile aus einem Kreis, einem Dreieck und einem Viereck zusammen. Um diese Gesetzmäßigkeit auch in der dritten Figurenzeile zu erreichen, muss ein Kreis eingefügt werden. Somit kommen die Lösungsvorschläge b und e in die engere Wahl.

In jeder Zeile sind außerdem ein Fähnchen, ein links oben angesetzter Kreis und ein rechts oben angesetztes Viereck vorhanden. In der dritten Zeile fehlt bisher das rechts oben angesetzte Viereck. Damit kommt nur Lösung b in Betracht.

Aufgaben

Beginnen Sie jetzt mit den nachfolgenden Aufgaben. Sie haben 4 Minuten Zeit.

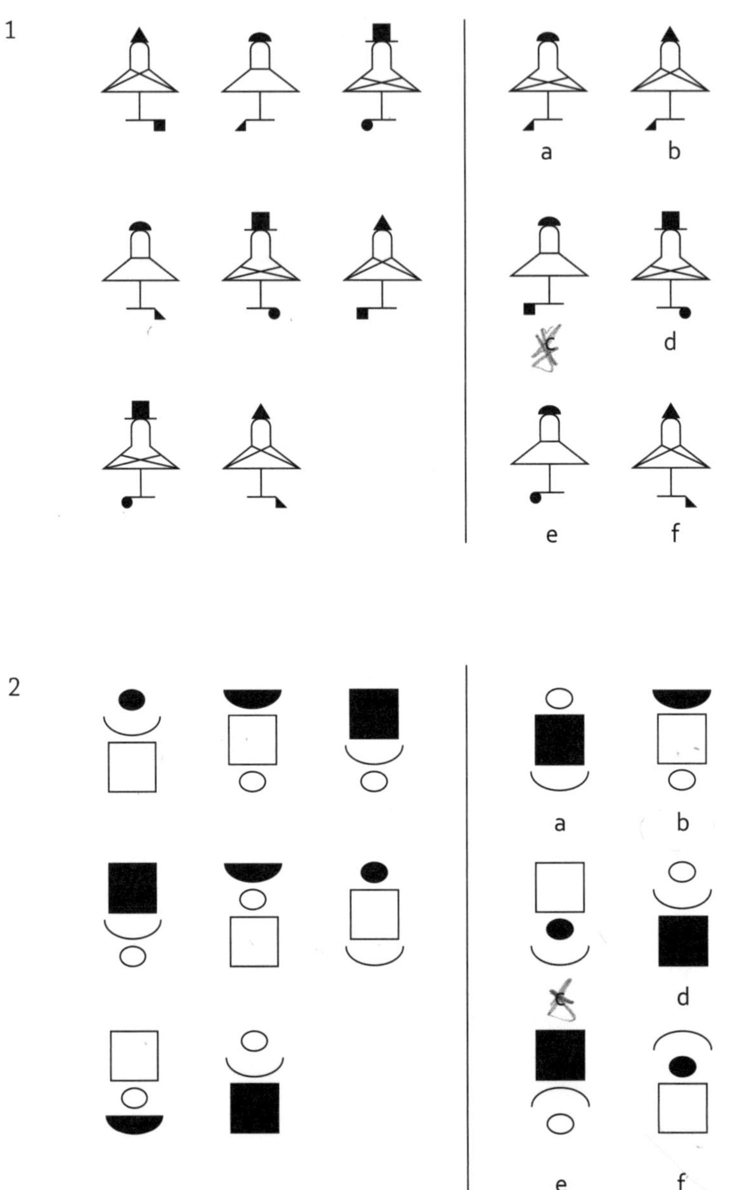

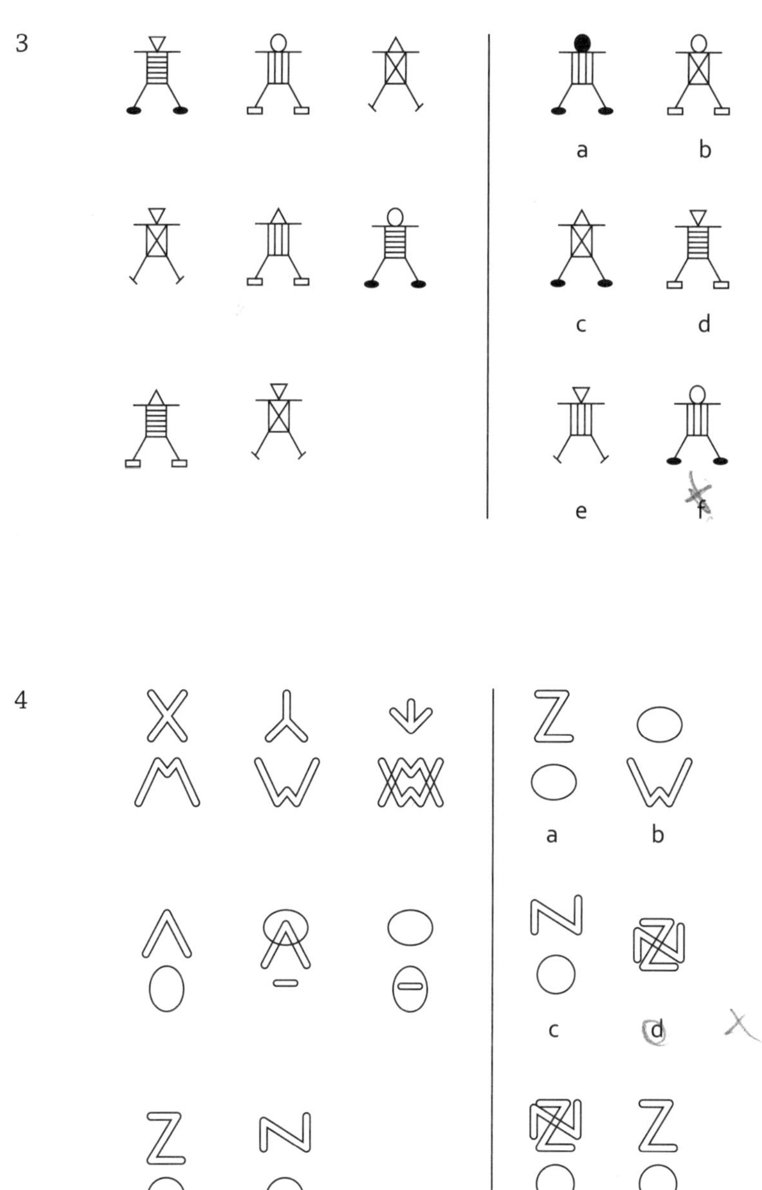

Lösungen

1c 2c 3f 4d

Weitere Aufgaben

Eine weitere Variante der Logikaufgaben sind die Dominosteine-Aufgaben. Auch hier sollen Sie die Reihe der Dominosteine logisch fortführen.

Beispiel

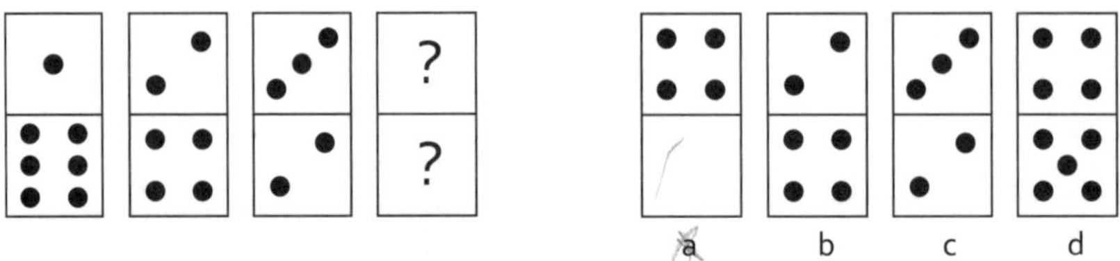

Die obere Dominoreihe wächst jeweils um plus 1, die untere verringert sich um 2. Dies bedeutet, dass in der Lösung oben 4 Dominopunkte enthalten sein müssen, unten keine. Lösung a ist anzukreuzen.

Beginnen Sie jetzt, Sie haben 2 Minuten zur Verfügung.

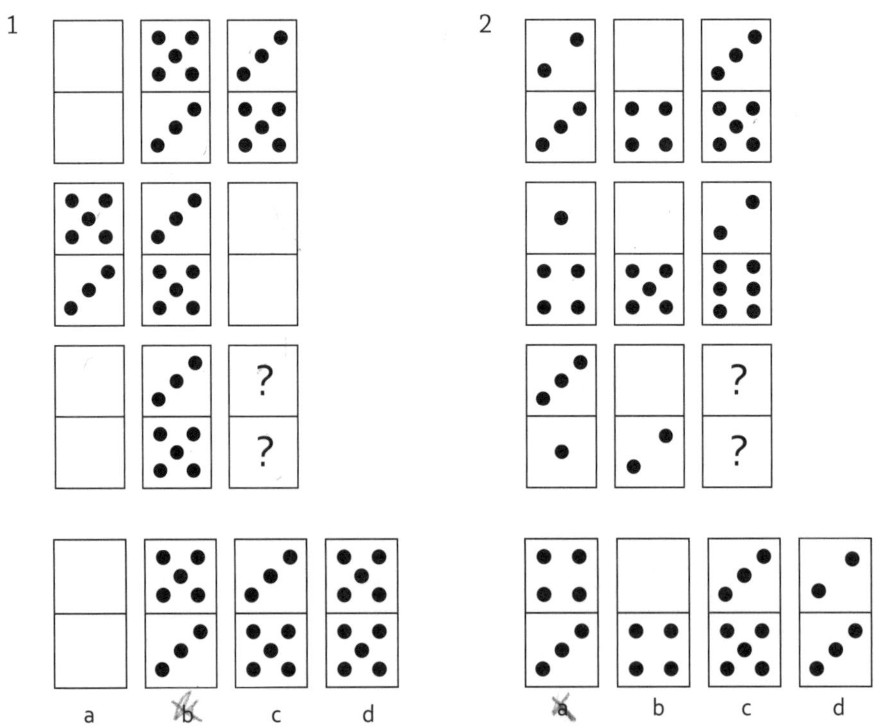

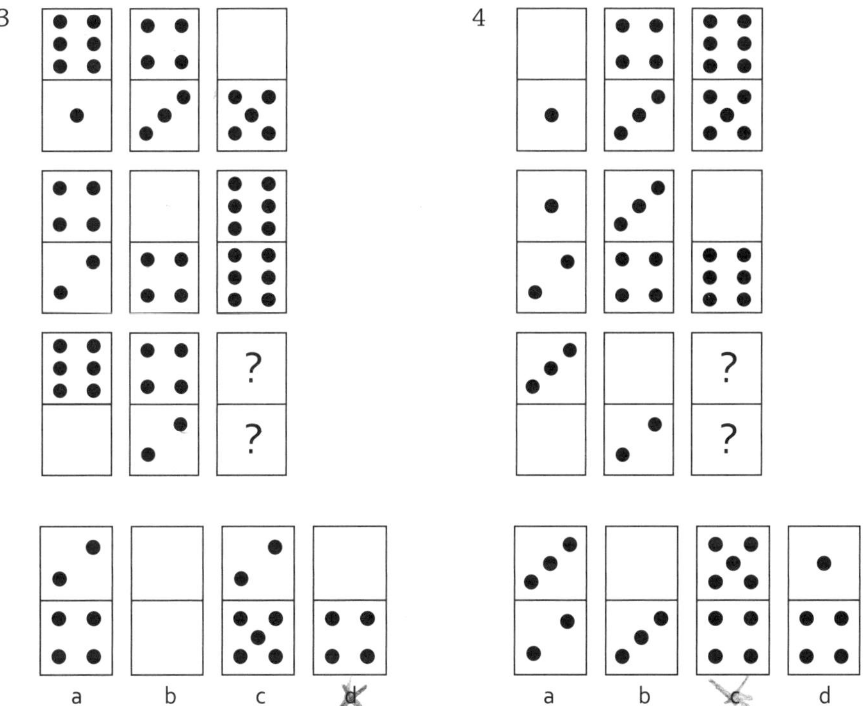

Lösung

1b 2a 3d 4c

Figurengruppen

Bei den folgenden Figuren passt jeweils eine (oder auch mehrere) nicht zu den anderen. Finden Sie diese Figur(en) heraus.

Ein Tipp: Meistens handelt es sich um eine seitenverkehrte Darstellung der Figur.

Beispiel

In unserem Beispiel sind die Figuren unter a, c, e und f deckungsgleich, was durch entsprechende Drehung festgestellt werden kann. Die Figuren unter b und d unterscheiden sich von den anderen Figuren, da sie im Spiegelbild dargestellt sind. Beachten Sie, dass die Figuren untereinander gedreht, jedoch nicht gekippt werden dürfen.

Nachfolgend finden Sie weitere Aufgaben dieser Art zum Üben:

Aufgaben

Beginnen Sie jetzt. Sie haben 7 Minuten Zeit.

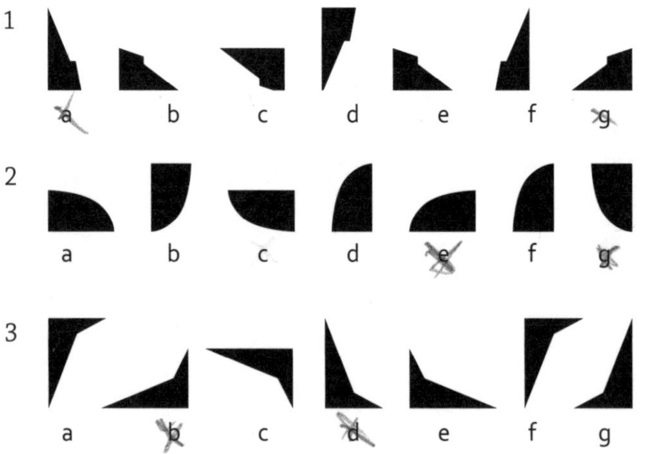

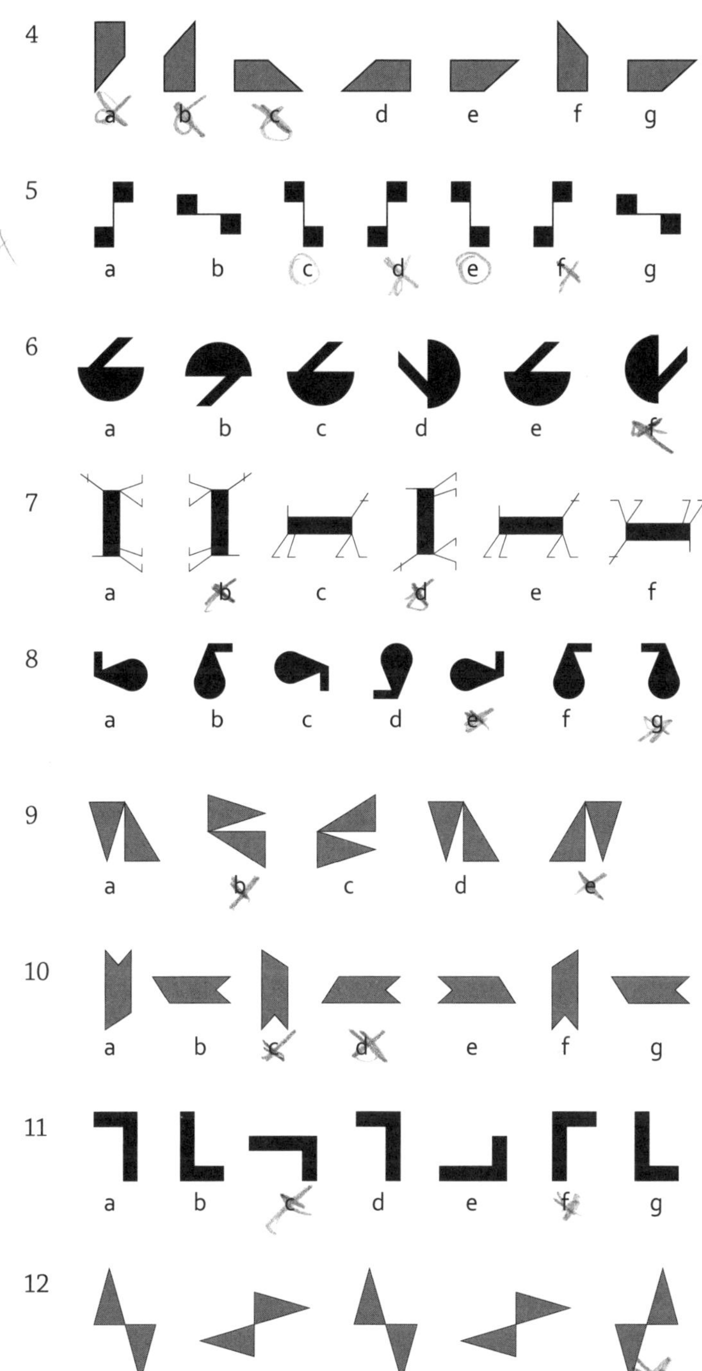
4
a b c d e f g
5
a b c d e f g
6
a b c d e f
7
a b c d e f
8
a b c d e f g
9
a b c d e
10
a b c d e f g
11
a b c d e f g
12
a b c d e

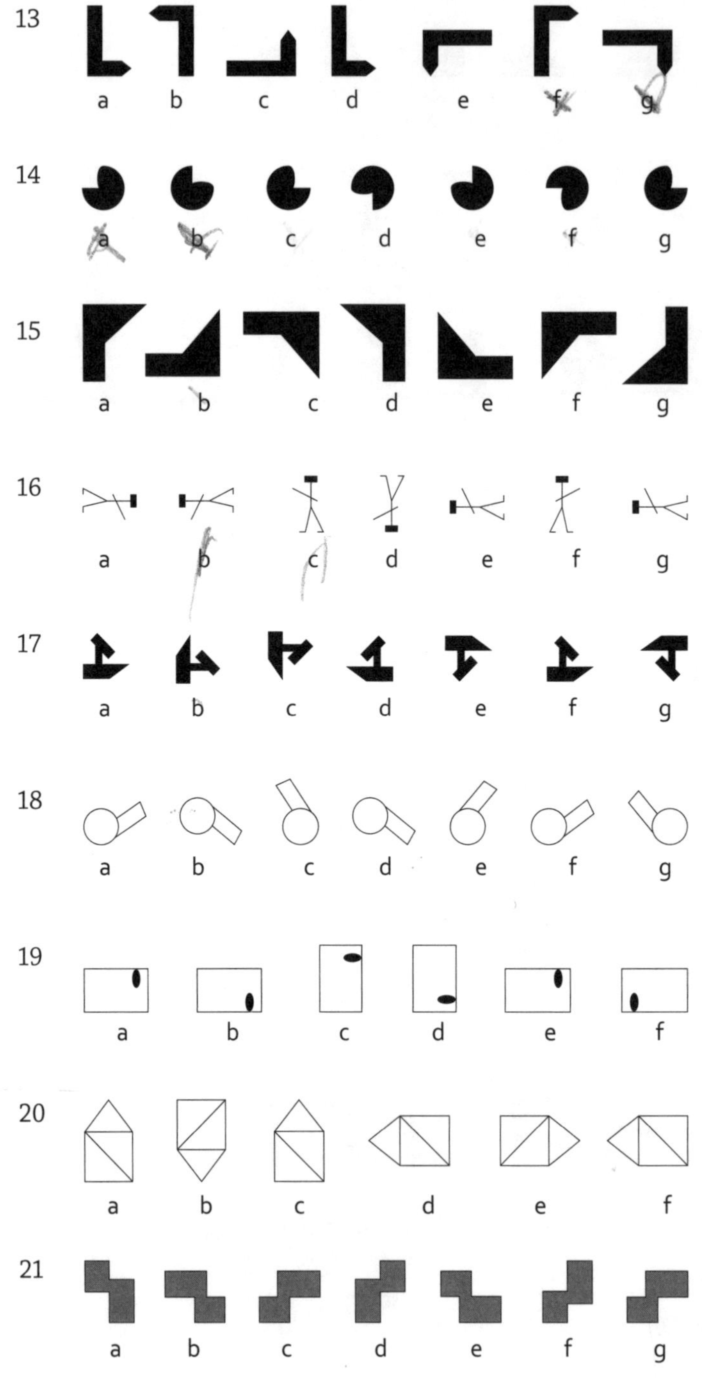
13
a b c d e f g
14
a b c d e f g
15
a b c d e f g
16
a b c d e f g
17
a b c d e f g
18
a b c d e f g
19
a b c d e f
20
a b c d e f
21
a b c d e f g

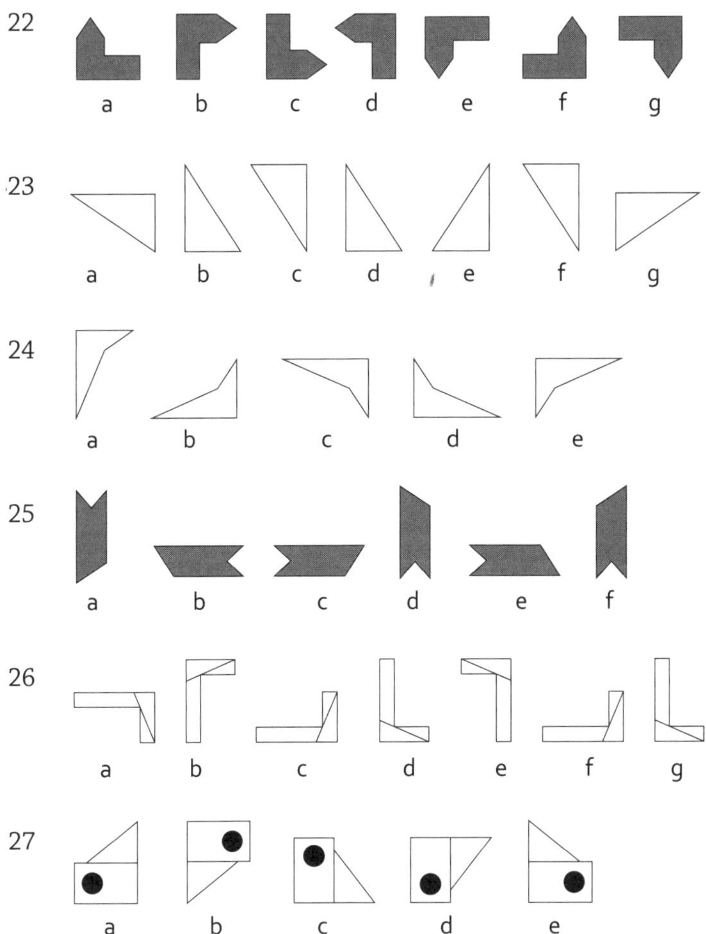

Lösungen

1 a, g 2 e, g 3 b, d 4 a, b, c 5 c, e 6 f 7 b, d 8 e, g 9 b, e 10 c, d
11 c, f 12 e 13 f, g 14 a, b 15 b, d, f 16 b, c 17 b, d, e 18 a, c, f 19 b, c
20 b, f 21 a, c, g 22 a, b, g 23 a, e 24 b, e 25 c, d 26 a, b 27 a, b, c

Ablaufdiagramme

Bei Übungen mit Ablaufdiagrammen besteht Ihre Aufgabe darin, die dargestellte Problemstellung zu begreifen. Zur Lösung des Problems gelangen Sie, indem Sie der Problemstellung im Ablaufdiagramm Schritt für Schritt entlang der Pfeile folgen.

Sie gelangen dann an sogenannte ovale Felder, die mit einer Zahl gekennzeichnet sind. Ihre Aufgabe besteht darin, diese ovalen Felder inhaltlich logisch zu füllen. Dafür werden Ihnen verschiedene Lösungsmöglichkeiten angeboten. Für diese Felder sollen Sie eine der möglichen Lösungen auswählen. Nur eine Lösung ist richtig, um das Ablaufdiagramm stimmig zu vervollständigen.

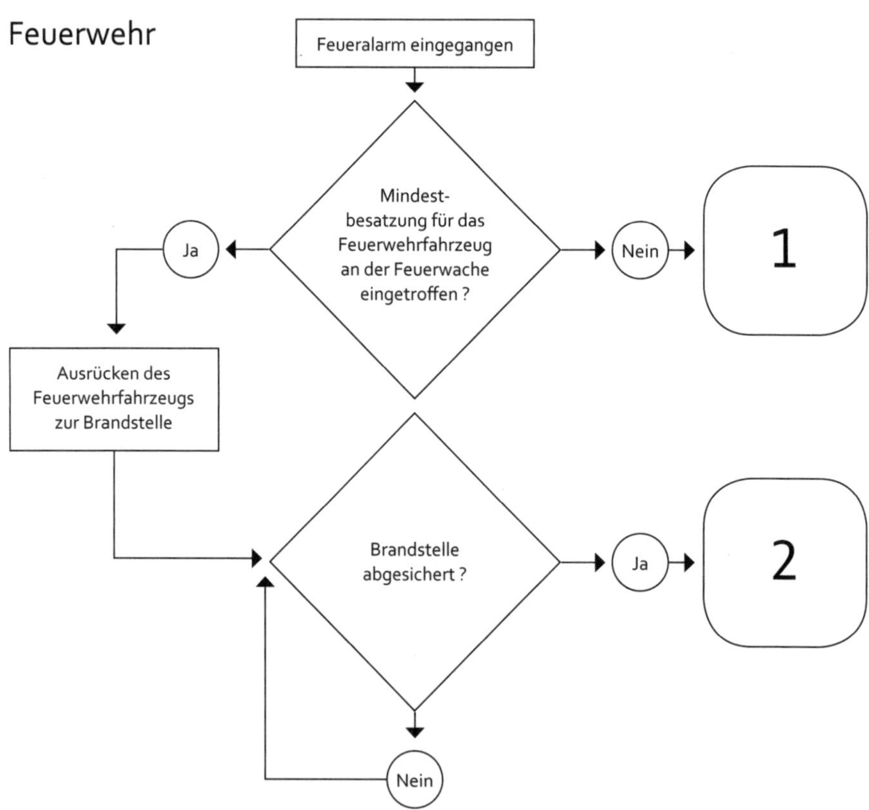

Beispiel

Sie interessieren sich für eine Arbeit bei der Polizei und Feuerwehr. Bei Auslösung eines Brandalarms in einer kleinen Ortschaft wird die Freiwillige Feuerwehr alarmiert.
Um ausrücken zu können, muss die Mindestbesatzung des Feuerwehrwagens am Feuerwehrhaus eingetroffen sein.
Zur logisch richtigen Vervollständigung des Ablaufdiagramms sollen Sie für das Feld 1 nun eine der folgenden Lösungen auswählen:

a *Warten bis Mindestbesatzung des Feuerwehrfahrzeugs an der Feuerwache eingetroffen ist.*
b *Beginn der Feuerlöscharbeiten an der Brandstelle*
c *Ausrücken des Feuerwehrfahrzeugs zur Brandstelle*
d *Alarmierung der Freiwilligen Feuerwehr*
e *Absicherung der Brandstelle*

Die Lösung ist a, man muss mit dem Ausrücken warten, bis die Mindestbesatzung eingetroffen ist. Ist dies der Fall, rückt das Feuerwehrfahrzeug zur Brandstelle aus. Dort angekommen ist die Brandstelle abzusichern. Wenn dies der Fall ist, sollen Sie nun wiederum eine der folgenden Lösungsmöglichkeiten im Feld 2 auswählen:

a *Warten bis Mindestbesatzung des Feuerwehrfahrzeugs an der Feuerwache eingetroffen ist.*
b *Beginn der Feuerlöscharbeiten an der Brandstelle*
c *Ausrücken des Feuerwehrfahrzeugs zur Brandstelle*
d *Alarmierung der Freiwilligen Feuerwehr*
e *Absicherung der Brandstelle*

Lösung b ist richtig, nun beginnen die Feuerlöscharbeiten an der Brandstelle.

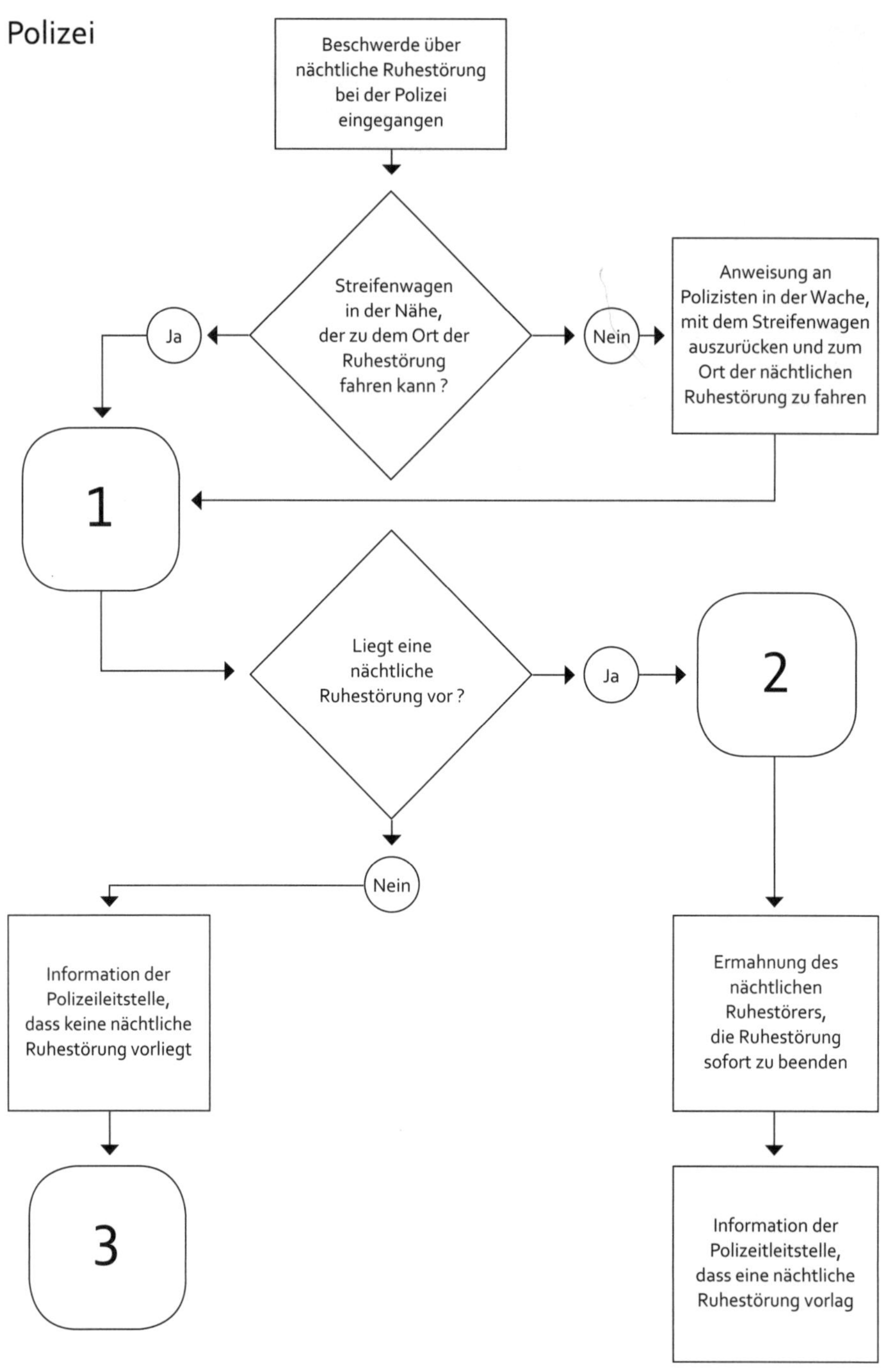
Polizei
Beschwerde über nächtliche Ruhestörung bei der Polizei eingegangen
Streifenwagen in der Nähe, der zu dem Ort der Ruhestörung fahren kann ?
Ja
Nein
Anweisung an Polizisten in der Wache, mit dem Streifenwagen auszurücken und zum Ort der nächtlichen Ruhestörung zu fahren
1
Liegt eine nächtliche Ruhestörung vor ?
Ja
2
Nein
Information der Polizeileitstelle, dass keine nächtliche Ruhestörung vorliegt
3
Ermahnung des nächtlichen Ruhestörers, die Ruhestörung sofort zu beenden
Information der Polizeitleitstelle, dass eine nächtliche Ruhestörung vorlag

Aufgaben »Polizei«

Hier nun zwei weitere Aufgaben, bei denen Sie für die Felder mit den Ziffern eine der angebotenen Lösungsalternativen auswählen müssen, um das Ablaufdiagramm sinnvoll zu ergänzen. Es handelt sich um eine Beschwerde über eine nächtliche Ruhestörung bei der Polizei.

Ihnen stehen für jede Aufgabe jeweils 3 Minuten zur Verfügung.

1 Welcher Text gehört in das Feld 1?

a Anweisung an Polizisten in der Wache, mit dem Streifenwagen auszurücken und zum Ort der nächtlichen Ruhestörung zu fahren

b Aufnahme der Details der Beschwerde über die nächtliche Ruhestörung

c Anweisung an Polizisten im Streifenwagen, zum Ort der nächtlichen Ruhestörung zu fahren

d Bitte an Beschwerdeführer sich wieder telefonisch zu melden, sollte die nächtliche Ruhestörung nicht aufhören

e Anweisung an Polizisten, die nächtliche Ruhestörung zu unterbinden

2 Welcher Text gehört in das Feld 2?

a Klingeln beim nächtlichen Ruhestörer und Hinweis auf die nächtliche Ruhestörung

b Klingeln beim Beschwerdeführer und Information, dass die nächtliche Ruhestörung beendet wurde

c Klingeln beim Beschwerdeführer und Bitte, sich wieder telefonisch zu melden, sollte die nächtliche Ruhestörung nicht aufhören

d Information der Polizeileitstelle über die nächtliche Ruhestörung

e Fahrt zurück zur Polizeidienststelle

3 Welcher Text gehört in das Feld 3?

a Information der Polizeileitstelle über die nächtliche Ruhestörung

b Klingeln beim nächtlichen Ruhestörer und Hinweis auf die nächtliche Ruhestörung

c Fahrt zurück zur Polizeidienststelle oder Fortsetzung der Streifenfahrt

d Mitnahme des nächtlichen Ruhestörers auf die Polizeidienststelle

e Aufnahme der Details der Beschwerde über die nächtliche Ruhestörung

Lager

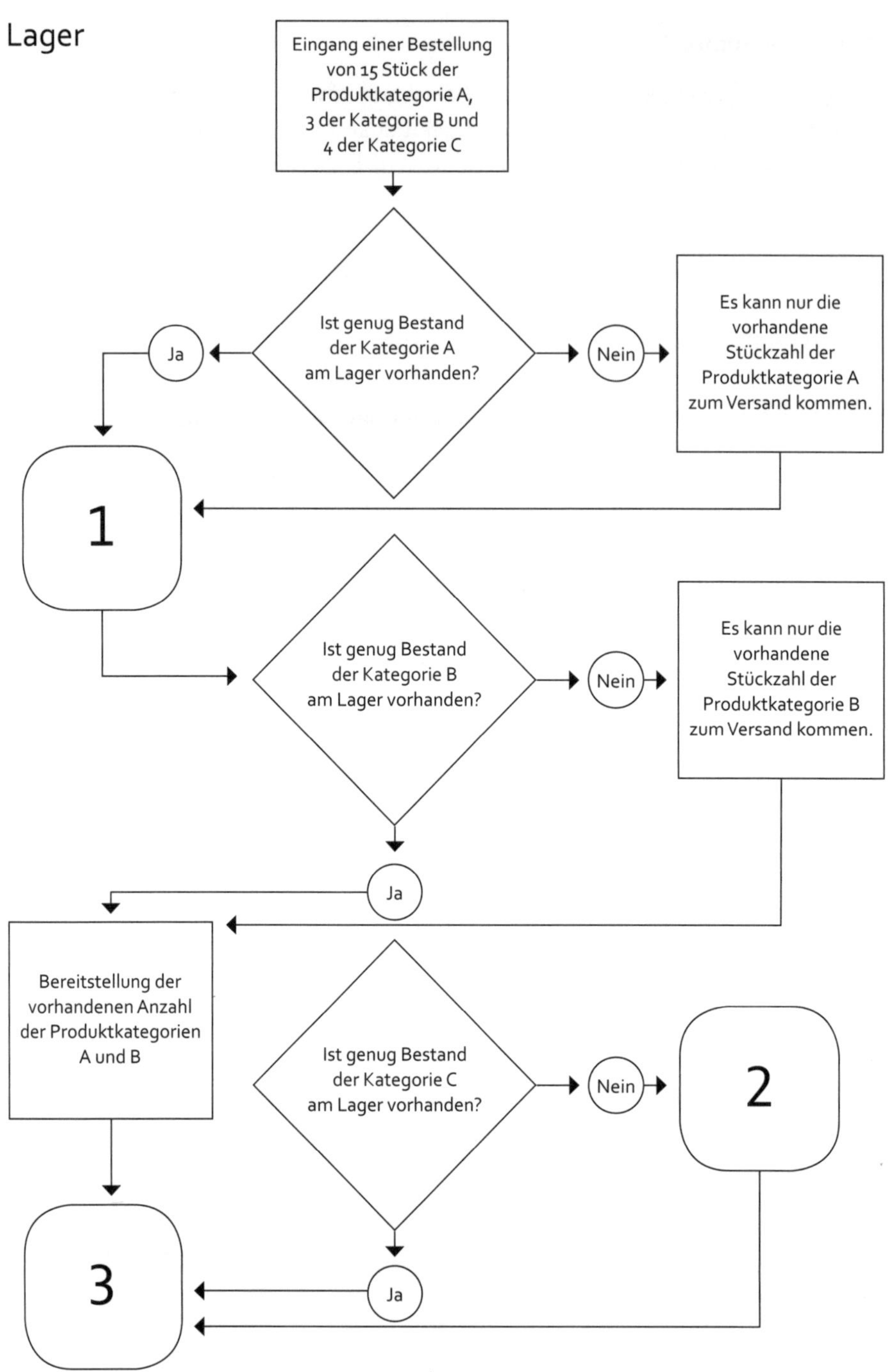
Eingang einer Bestellung von 15 Stück der Produktkategorie A, 3 der Kategorie B und 4 der Kategorie C
Ist genug Bestand der Kategorie A am Lager vorhanden?
Ja
Nein
Es kann nur die vorhandene Stückzahl der Produktkategorie A zum Versand kommen.
1
Ist genug Bestand der Kategorie B am Lager vorhanden?
Nein
Es kann nur die vorhandene Stückzahl der Produktkategorie B zum Versand kommen.
Ja
Bereitstellung der vorhandenen Anzahl der Produktkategorien A und B
Ist genug Bestand der Kategorie C am Lager vorhanden?
Nein
2
3
Ja

Aufgaben »Lager«

In der nachfolgenden Übung müssen Sie den Ablauf der Zusammenstellung einer Warenlieferung und des anschließenden Versands aus einem Lager sinnvoll vervollständigen. Im Lager sind Produkte der Produktkategorien A, B und C gelagert. Es geht eine Bestellung von 15 Stück der Produktkategorie A, 3 der Kategorie B und 4 der Kategorie C ein. Im Lager sind jedoch nur 12 Stück der Produktkategorie A vorhanden, 15 der Kategorie B und 3 der Kategorie C. Das vorhandene Material soll sofort zum Versand gebracht werden. Dabei können die unterschiedlichen Produkte gemeinsam mit bis zu 10 Stück pro Paket verpackt werden.

1 Welcher Text gehört in das Feld 1?

a Die Bestellung kann ausgeführt werden.

b Für die Bestellung benötigt man 2 Pakete.

c Es fehlen 3 Produkte der Kategorie A.

d Es wird die entsprechende Stückzahl der Produktkategorie A zum Versand gebracht.

e Für die Bestellung benötigt man 3 Pakete.

2 Welcher Text gehört in das Feld 2?

a Es wird die gesamte im Lager vorhandene Anzahl der Produktkategorie A und B für den Versand bereitgestellt.

b Es wird die gesamte im Lager vorhandene Anzahl der Produktkategorie A und B und C für den Versand bereitgestellt.

c Es kann nur die vorhandene Stückzahl der Produktkategorie C zum Versand kommen.

d Die Bestellung kann ausgeführt werden.

e Für die Bestellung benötigt man 3 Pakete.

3 Welcher Text gehört in das Feld 3?

a Versand von 2 Paketen mit 10 der Produktkategorie A in einem Paket und im zweiten Paket 2 der Produktkategorie A, 3 der Produktkategorie B und 4 der Produktkategorie C.

b Versand von 2 Paketen mit 12 der Produktkategorie A, 4 der Produktkategorie B und 4 der Produktkategorie C.

c Versand von 3 Paketen mit 15 der Produktkategorie A, 3 der Produktkategorie B und 4 der Produktkategorie C.

d Versand von 3 Paketen mit 12 der Produktkategorie A, 15 der Produktkategorie B und 3 der Produktkategorie C.

e Versand von 2 Paketen mit 10 der Produktkategorie A in einem Paket und im zweiten Paket 2 der Produktkategorie A, 3 der Produktkategorie B und 3 der Produktkategorie C.

Lösungen »Polizei«

Nachdem eine Beschwerde über eine nächtliche Ruhestörung bei der Polizei eingegangen ist, wurde geprüft, ob ein Streifenwagen in der Nähe ist, der zu dem Ort der Ruhestörung fahren kann. Dies war der Fall, daher wurde Anweisung an die Polizisten im Streifenwagen gegeben, zum Ort der nächtlichen Ruhestörung zu fahren. Lösung 1 c.

Die Polizisten haben festgestellt, dass eine nächtliche Ruhestörung vorliegt, haben daher beim nächtlichen Ruhestörer geklingelt und diesen auf die nächtliche Ruhestörung hingewiesen. Lösung 2 a.

Nach der Ermahnung des nächtlichen Ruhestörers, die Ruhestörung sofort zu beenden, wurde die Information an die Polizeileitstelle gegeben, dass eine nächtliche Ruhestörung vorlag. Anschließend wurde die Fahrt zurück zur Polizeidienststelle angetreten oder die Streifenfahrt fortgesetzt: Lösung 3 c.

Lösungen »Lager«

1 d 2 c 3 e

Schlussfolgerungen

Bei dieser Aufgabengruppe geht es um das logische Denken und die Kombinationsfähigkeit. Lösen Sie die nachfolgenden kurzen Aufgaben. Die Lösungsmenge kann aus einem oder keinem Namen bestehen. Sie besteht dann aus keinem Namen, wenn die Aufgabe in sich widersprüchlich ist.

Beispiel

Wer ist der Größte?

Heinz ist größer als Marion.
Marion ist kleiner als Dietmar.
Dietmar ist kleiner als Heinz.

Lösung: Heinz ist der Größte.

Buchstabenmethode

Zu diesem Aufgabentyp gibt es zwei Lösungswege. Der eine besteht in der Buchstabenmethode: Ordnen Sie die einzelnen Aussagen (= Sätze) in eine Buchstabenreihe, die, der Übersichtlichkeit wegen, nur aus den Anfangsbuchstaben der Namen besteht, wie folgt:

Aussage 1: Heinz ist größer als Marion. Sie schreiben das H von Heinz über das M von Marion, da Heinz größer ist.
H
M

Aussage 2: Marion ist kleiner als Dietmar. Das D wird über das M gesetzt. Über die Beziehung von Heinz zu Dietmar ist bisher noch nichts bekannt.
D
M

Aussage 3: Dietmar ist kleiner als Heinz. Damit ist auch diese Beziehung bekannt. Heinz ist der Größte, was aus der Buchstabenreihe auch leicht ablesbar ist.
H
D
M

Sicherlich kommt Ihnen die Buchstabenmethode für eine solch einfache Aufgabe zu aufwändig vor, aber bei schwierigeren Aufgaben hilft sie, die einzelnen Beziehungen überschaubarer zu machen. Um Zeit zu sparen, werden Sie natürlich nicht für jede Aussage eine neue Buchstabenreihe aufstellen. Vielmehr werden Sie die mit Aussage 1 angefangene Buchstabenreihe durch die folgenden Aussagen ergänzen, um am Ende eine Lösung zu erhalten. Vielfach werden verschiedene Beziehungen in der Aufgabe genannt, die zuerst nichts miteinander zu tun haben und somit auch nicht miteinander zu verbinden sind.

Beispiel

Wer ist der Klügste?

Gabi ist klüger als Michael.
Doris ist dümmer als Rainer.
Doris ist klüger als Gabi.

Die in Satz 1 und 2 genannten Beziehungen stehen vorerst nicht in einem Zusammenhang. Es empfiehlt sich, zwei parallele Buchstabenreihen aufzustellen.

G R
M D Doris ist dümmer als Rainer; im Umkehrschluss ist Rainer klüger als Doris.

Im Satz 3 klärt sich die Beziehung auf; die Buchstabenreihe sieht dann folgendermaßen aus:

R
D
G
M

Lösung: Rainer ist der Klügste.

Manche dieser Aufgaben sind, wie bereits in der Erläuterung zu der Aufgabe angegeben, nicht lösbar. Auch solche Fälle sind durch die Buchstabenreihe leicht feststellbar.

Beispiel

Wer ist der Älteste?

Jürgen ist älter als Klaus.
Beate ist jünger als Klaus.
Jürgen ist jünger als Beate.

Buchstabenreihe zu Aussage 1:
J
K

Buchstabenreihe zu Aussage 2:
K
B

Buchstabenreihe zu Aussage 3 (die Beziehung klärt sich auf):
J
K
B

Diese Beziehung lässt sich nicht in die aufgestellte Buchstabenreihe eingliedern, die Aufgabe ist damit auch nicht lösbar.

Gleichungsmethode

Mit der Gleichungsmethode wird mathematisch über Gleichungen beziehungsweise Ungleichungen versucht, die Aufgabe zu lösen.

Beispiel

Wer ist der Älteste?

Alfred ist älter als Berta.
Berta ist älter als Charlotte, aber jünger als Dorothea.
Dorothea ist älter als Alfred.

Zu jeder dieser Beziehungen können Sie eine Ungleichung aufstellen. Verwenden Sie dabei die Zeichen für größer als (>) beziehungsweise kleiner als (<) je nach der Aufgabenstellung. In unserem Beispiel bedeutet > älter als.

Aussage 1: A > B
Aussage 2: D > B > C
Aussage 3: D > A

Aus dem mathematischen Ungleichungssystem lassen sich folgende Schlüsse ziehen: Da A älter als B (aus Aussage 1), aber B älter als C (aus Aussage 2) ist, folgt, dass A älter als C ist. Jetzt ist nur noch die Frage, ob A oder D älter ist. Die Antwort gibt die Ungleichung 3 (aus Aussage 3).

Lösung: D ist somit die Älteste.

Probieren Sie an den folgenden Beispielen aus, welche Methode Ihnen mehr liegt.

Lösen Sie die nachfolgenden Aufgaben. Die Lösungsmenge besteht generell aus einem Namen. Es kann jedoch auch Aufgaben geben, bei denen keine eindeutige Lösung festgelegt werden kann. Tragen Sie den gefundenen Namen in den freigelassenen Raum ein oder machen Sie, falls keine eindeutige Lösung feststellbar ist, einen Strich.

Beispiel

Wer ist der Kleinste?

Gustav ist kleiner als Peter.
Peter ist kleiner als Michael.

Lösung: Gustav ist der Kleinste. Der Name »Gustav« ist einzutragen.

Aufgaben

Beginnen Sie jetzt. Sie haben 7 Minuten Zeit.

1 Wer ist der Größte? ________________

Charly ist größer als Alfred.
Alfred ist kleiner als Bibo
Charly ist kleiner als Bibo

2 Wer ist die Dickste? ________________

Nine ist dicker als Claudia.
Karin ist dünner als Stephanie.
Stephanie ist genauso dick wie Nine.
Rose ist dicker als Stephanie.

3 Wer ist der Ärmste?

Albert ist ärmer als Bert.
Jürgen ist reicher als Albert.
Bert ist genauso reich wie Jürgen.

4 Wer ist der Stärkste?

Jochen ist stärker als Christian.
Fritz ist schwächer als Reiner.
Reiner ist schwächer als Christian.

5 Wer hat das kleinste Auto?

Christophers Auto ist größer als Alberts Auto.
Christinas Auto ist kleiner als Konrads Auto.
Alberts Auto ist kleiner als Christinas Auto.

6 Welches ist die hellste Farbe?

Weiß ist heller als Gelb.
Blau ist dunkler als Schwarz.
Schwarz ist heller als Gelb.
Weiß ist dunkler als Gelb.

7 Wer ist der Kleinste?

Oliver ist so groß wie Otto.
Bert ist kleiner als Bernhard.
Bernhard ist größer als Otto.
Oliver ist kleiner als Bert.

8 Wer ist der Schwerste?

Achim ist leichter als Fabienne.
Norbert ist schwerer als Achim.
Ulrich ist schwerer als Fabienne.
Norbert ist schwerer als Ulrich.

9 Wer ist der Schwächste?

Jochen ist so stark wie Joachim.
Christoph ist schwächer als Ludwig.
Joachim ist stärker als Christoph.
Jochen ist schwächer als Herbert.

10 Wer ist der Klügste?

Doris ist klüger als Achim.
Dietmar ist dümmer als Adelheid.
Dieter ist klüger als Edeltraud.
Frank ist dümmer als Adelheid.

11 Wer ist der Reichste?

Alfred ist reicher als Christian.
Fritz ist ärmer als Jürgen.
Jürgen ist ärmer als Christian.

12 Wer hat das kleinste Haus?

Martinas Haus ist größer als Alberts Haus.
Christinas Haus ist kleiner als Konrads Haus.
Alberts Haus ist kleiner als Christinas Haus.

13 Wer ist der Stärkste?

Charly ist stärker als Michael.
Michael ist schwächer als Bibo.
Charly ist schwächer als Bibo.

14 Wer ist der Dünnste?

Otto ist so dick wie Oliver.
Bert ist dünner als Bernhard.
Otto ist dünner als Bert.
Bernhard ist dicker als Oliver.

15 Wer ist der Größte?

Christina ist so groß wie Joachim.
Herbert ist größer als Udo.
Christoph ist kleiner als Ludwig.
Joachim ist größer als Christoph.
Christina ist so groß wie Udo.
Herbert ist größer als Ludwig.

16 Wer ist der Schwächste?

Albert ist schwächer als Bert.
Jürgen ist stärker als Albert.
Bert ist genau so stark wie Jürgen.
Frank ist stärker als Albert.

17 Wer ist der Beste?

Oskar ist schlechter als Frank.
Norbert ist besser als Oskar.
Ulrich ist besser als Frank.
Norbert ist besser als Martin.
Ulrich ist schlechter als Martin.

18 Wer ist der Sportlichste?

Hannelore ist sportlicher als Doris.
Sonja ist nicht so sportlich wie Adelheid.
Bettina ist sportlicher als Doris.
Adelheid ist sportlicher als Hannelore.
Olaf ist nicht so sportlich wie Bettina.
Rainer ist sportlicher als Adelheid.
Hannelore ist sportlicher als Bettina.

Lösungen

1 Bibo 2 Rose 3 Albert 4 Jochen 5 Albert 6 keine Lösung
7 keine Lösung 8 Norbert 9 Christoph 10 keine Lösung 11 Alfred
12 Albert 13 Bibo 14 keine Lösung 15 Herbert 16 Albert
17 Norbert 18 Rainer

Absurde Schlussfolgerungen

In der folgenden Übung sollen Sie überprüfen, ob die gezogenen Schlussfolgerungen richtig oder falsch sind. Dabei ist es unerheblich, ob die Aussagen der Realität entsprechen oder absurd sind. Wichtig ist nur, ob die Schlussfolgerungen sich logisch aus den Aussagen ableiten lassen.

Beispiel

Jeder Mann hat ein Auto. Jedes Kind ist ein Mann (Aussagen).
Jedes Kind hat ein Auto (Schlussfolgerung).

a stimmt *b stimmt nicht*

Lösung: a. Da gemäß der Aussagen alle Kinder Männer sind und alle Männer ein Auto haben, haben auch alle Kinder ein Auto.

Aufgaben

Für die nachfolgenden Aufgaben stehen Ihnen insgesamt 7 Minuten zur Verfügung.

1 Alle Häuser haben Flügel. Einige Boote sind Flügel. Deshalb haben alle Häuser Boote.

a stimmt b stimmt nicht

2 Keine zwei Blumenarten sehen gleich aus. Rosen und Tulpen sehen genau gleich aus. Deshalb sind Rosen und Tulpen keine zwei Blumenarten

a stimmt b stimmt nicht

3 Niemand mit einer Warze auf der Nase mag Bananen. Alle Menschen haben eine Warze auf der Nase. Deshalb mag kein Mensch Bananen.

a stimmt b stimmt nicht

4 Manche Quadrate sind rund. Alle Quadrate sind schwarz. Deshalb sind alle schwarzen Quadrate rund.

a stimmt   b stimmt nicht

5 Manche Frösche bellen lauter als Ameisen. Alle Kühe sind Ameisen. Deshalb bellen alle Frösche lauter als Kühe.

a stimmt   b stimmt nicht

6 Einige Tiere können lachen. Alle Ungeheuer sind Tiere. Deshalb können alle Ungeheuer lachen.

a stimmt   b stimmt nicht

7 Autos sind blaue Pflanzen. Autos malen Hauswände an. Deshalb malen alle blauen Pflanzen Hauswände an.

a stimmt   b stimmt nicht

8 Alle Diebe sind Astronauten. Alle Astronauten schreiben Bücher. Deshalb gibt es Diebe, die Bücher schreiben.

a stimmt   b stimmt nicht

9 Alle Rollerblades haben gelbe Reifen. Alles was gelb ist, ist blöd. Kein Fahrrad, das blöd ist, hat grüne Reifen. Deshalb sind alle Rollerblades und alle Fahrräder mit gelben Reifen blöd.

a stimmt   b stimmt nicht

10 Alle guten Lehrer haben kleine Füße. Wer kleine Füße hat, trinkt gern Bier. Jedem, dem Bier schmeckt, schmeckt auch Apfelsaft. Gute Lehrer trinken gern Bier. Deshalb trinken Lehrer mit kleinen Füßen gerne Apfelsaft.

a stimmt   b stimmt nicht

Lösungen

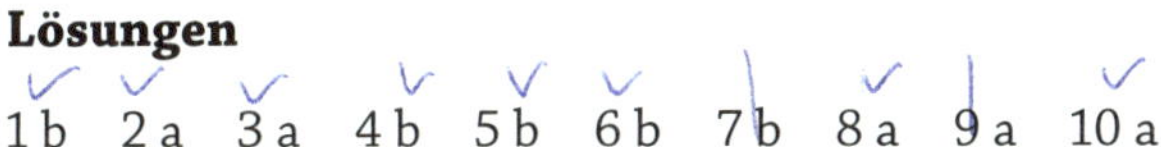

1 b   2 a   3 a   4 b   5 b   6 b   7 b   8 a   9 a   10 a

Diese Aufgabe hat noch eine Steigerung. Statt stimmt/stimmt nicht kann es verschiedene Antwortmöglichkeiten geben. Bei der folgenden Übung finden Sie jeweils eine Aussage und dazu 5 Schlussfolgerungen zur Auswahl. Suchen Sie diejenige Schlussfolgerung heraus, die aus der Aussage gezogen werden kann, ohne irgendwelche zusätzliche Informationen zu benötigen.

Beispiel

Max, ein Dackel, ist 30 cm hoch und wiegt 5 kg. Ein Blindenhund muss mindestens 40 cm hoch sein.

a Dackel wiegen verhältnismäßig wenig.
b Max ist kleiner als der Durchschnitt.
c Max ist kein Blindenhund.
d Blindenhunde sind größer als andere Hunde.
e Dackel werden selten als Blindenhunde verwendet

Lösung: Nur die Schlussfolgerung c beinhaltet nicht mehr Information, als im Text enthalten ist: c ist die richtige Antwort.

Aufgaben

Beginnen Sie jetzt, Ihnen stehen 8 Minuten zur Verfügung.

1 Strahlflugzeuge sind die schnellsten Verkehrsmittel.

   a Strahlflugzeuge halten den Geschwindigkeitsweltrekord.
   b Wer schnell von A nach B kommen möchte, benutzt das Luftfahrzeug.
   c Es gibt kein schnelleres Verkehrsmittel als das Strahlflugzeug.
   d Strahlflugzeuge garantieren eine schnellstmögliche Beförderung.
   e Das schnellste Verkehrsmittel ist das Luftfahrzeug.

2 Formel-1-Rennfahrer leben gefährlich.

   a Es passieren in keinem anderen Sport so viele Unfälle wie in der Formel 1.
   b Die Lebenserwartung von Formel-1-Piloten liegt niedriger als die des Bevölkerungsdurchschnitts.

c Im Durchschnitt kommt es in jedem zweiten Formel-1-Rennen zu einem Unfall.

d Bei Formel-1-Rennen passieren häufig Unfälle, bei denen die Rennfahrer zu Schaden kommen.

e Formel-1- Rennfahrer fahren im Kampf um den Sieg zu riskant.

3 Bei mehr körperlicher Betätigung muss auch die Kalorienzufuhr gesteigert werden, damit der Körper leistungsfähig bleibt.

a Wer viel isst, bewegt sich viel.

b Außerordentliche Bewegung fordert mehr Kalorien.

c Vor jeder körperlichen Betätigung muss man viel essen.

d Sportler sind umso besser, je mehr kalorienreiche Nahrung sie zu sich nehmen.

e Ein leistungsfähiger Körper verbraucht am Tag zirka 8000 Joule.

4 Vor 30 Jahren brauchte ein Arbeiter 5 Stunden zur Fertigung eines Stuhls, heute braucht er mit modernen Maschinen 30 Minuten.

a Der Mensch ist fleißiger geworden.

b Aus Angst vor Arbeitslosigkeit wächst die Leistungsbereitschaft.

c Stühle haben heute eine geringere Lebensdauer.

d Arbeiter verfügen über mehr Freizeit.

e Moderne technische Hilfsmittel verkürzen die Herstellungszeit von Stühlen.

5 Alkohol am Steuer ist die Ursache für viele Verkehrsunfälle.

a Die Deutschen trinken zu viel.

b Mit mehr als 0,8 Promille sollte man nicht mehr fahren.

c Die Wahrscheinlichkeit, nach Alkoholgenuss einen Unfall zu verursachen, liegt bei 70 Promille.

d Alkohol beeinträchtigt die Fahrfähigkeit.

e Die Polizei sollte mehr Alkoholkontrollen durchführen.

6 In den Sommermonaten kommt es auf der Strecke München – Salzburg oft zu Verkehrsstaus.

a In den Sommermonaten ist die Strecke überlastet.
b Die Autobahn hat zu wenige Fahrspuren.
c Während der Sommermonate wird der Straßenbelag oftmals ausgebessert.
d Urlauber, womöglich mit viel Gepäck oder Wohnwagen, fahren zu langsam.
e Salzburg ist ein beliebtes Urlaubsziel.

7 In der Vorweihnachtszeit erhöht sich der Umsatz der Spielwarengeschäfte.

a In der Vorweihnachtszeit spielen Kinder gern im Haus.
b Die Hälfte aller Geschenke für Kinder sind Spielwaren.
c Zu Weihnachten wird viel Spielzeug verschenkt.
d Kinder wünschen sich gern Spielwaren zu Weihnachten.
e Spiele für Erwachsene werden immer beliebter.

8 Bei gleichbleibenden Fixkosten sinken die Stückkosten bei steigender Produktionszahl.

a Die Rentabilität der Produktion steigert sich.
b Der Unternehmer macht einen größeren Gewinn.
c Die Produktivität wird gesteigert.
d Das einzelne Erzeugnis wird billiger verkauft.
e Die Herstellungskosten der Einzelerzeugnisse sinken.

Lösungen

1 c 2 d 3 b 4 e 5 d 6 a 7 c 8 e

Fakt oder Meinung

Bei dieser Übung sollen Sie entscheiden, ob es sich bei der Aussage um eine Tatsache oder nur um eine Meinung – sprich, eine Einschätzung – handelt.

Beispiel 1

Kinder sind kleiner als Erwachsene.

Lösung: Meinung
Da es Kinder gibt, die sogar größer als Erwachsene sind, ist die Aussage keine allgemein gültige Tatsache.

Beispiel 2

In der Bundesrepublik wird derzeit niemand zum Wehrdienst eingezogen.

Lösung: Fakt
Die Wehrpflicht wurde zwar nicht abgeschafft, sie ist jedoch ausgesetzt, und es wird derzeit niemand eingezogen.

Beispiel 3

Ohne das Ehepaar Curie wäre die Radioaktivität nie entdeckt worden.

Lösung: Meinung
Das Ehepaar Curie hat zwar die Radioaktivität entdeckt, es ist jedoch nicht beweisbar, dass nicht zu einem späteren Zeitpunkt andere Wissenschaftler den Nachweis der Radioaktivität erbracht hätten.

Lösungstipps: Zunächst ist es sinnvoll, sich zu überlegen, ob die Aussage leicht beweisbar ist, ob es also ein »Richtig« oder »Falsch« gibt. Wenn dies der Fall ist, stellt dies einen ersten Hinweis für einen Fakt dar. Dann ist zu überlegen, ob die Aussage inhaltlich richtig oder falsch ist. Überlegen Sie ferner, ob es zu der Aussage mögliche Ausnahmen gibt. Achten Sie dabei besonders auf Formulierungen wie »generell«, »immer«, »nie«. Alle Aussagen, die Einschätzungen beinhalten wie »am schönsten«, »am besten«, »am bedeutendsten«, weisen darauf hin, dass es sich um eine Einschätzung handelt.

Aufgaben

Üben Sie mit diesen 30 Aufgaben. Ihnen stehen 3 Minuten zur Verfügung.

1 Der Mount Everest ist der höchste Berg der Erde.

2 Jeder Mensch ist zu sportlichen Höchstleistungen fähig.

3 Gegensätze ziehen sich an.

4 Intelligente Menschen sind beruflich erfolgreich.

5 Fronleichnam wird in Deutschland immer an einem Donnerstag gefeiert.

6 Goethe war für Schiller die wichtigste literarische Inspiration.

7 Die kleinste Primzahl ist die Zahl 2.

8 Viele Menschen glauben an Gott.

9 Ohne Thomas A. Edison wäre die Glühlampe nie erfunden worden.

10 Thomas ist ein schöner Name.

11 Frauen sind im Durchschnitt kleiner als Männer.

12 Ein Jahr hat in der Regel 365 Tage.

13 Die neuen Technologien machen das Leben schöner und leichter.

14 Väter sind die besseren Mütter.

15 Wer anderen eine Grube gräbt, fällt selbst hinein.

16 Chișinau ist die Hauptstadt von Moldawien.

17 Ferrari baut die schönsten Autos.

18 Wer viel liest, hat ein deutlich besseres Gedächtnis.

19 Wenn Fritz größer ist als Hans und Hans größer als Peter, dann ist auch Fritz größer als Peter.

20 Nur Models können Nachrichtensprecherinnen werden.

21 Eine Wohnung mit Bergblick ist am begehrtesten.

22 Alle Wege führen nach Rom.

23 Es gibt einen Gott.

24 Der erste Weltkrieg begann 1914.

25 Zu zweit ist es am schönsten.

26 Bergbahnen führen immer zum Gipfelkreuz.

27 In Deutschland ist das Leben am schönsten.

28 Die durchschnittliche Lebenserwartung in Europa ist höher als in Afrika.

29 Eine Gerade ist die kürzeste Verbindung zwischen zwei Punkten.

30 Die Schuhgröße eines Menschen ist proportional zur Körpergröße.

Lösungen

1 Fakt 2 Meinung 3 Meinung 4 Meinung 5 Fakt 6 Meinung
7 Fakt 8 Fakt 9 Meinung 10 Meinung 11 Fakt 12 Fakt 13 Meinung
14 Meinung 15 Meinung 16 Fakt 17 Meinung 18 Meinung
19 Fakt 20 Meinung 21 Meinung 22 Meinung 23 Meinung 24 Fakt
25 Meinung 26 Meinung 27 Meinung 28 Fakt 29 Fakt 30 Meinung

Wortgruppen

Bei den folgenden Viererwortgruppen passt jeweils ein Begriff nicht zu den anderen drei Begriffen.

Beispiel 1

a Quadrat   b Würfel   c Dreieck   d Rechteck

Bei diesem Aufgabentyp kommt es darauf an, einen möglichst eng gefassten Oberbegriff zu finden, unter den sich lediglich drei der vier vorgegebenen Begriffe bringen lassen.

Stellen Sie sich bei diesen Aufgaben immer die Frage: Was haben die Begriffe gemeinsam, worin unterscheiden Sie sich?

Bei allen vier Begriffen handelt es sich um Begriffe aus der Geometrie. Jedoch nur Quadrat, Dreieck und Rechteck sind (zweidimensionale) Flächen. Der Würfel (b) fällt als dreidimensionaler Körper aus der Reihe heraus.

Beispiel 2

a Fluss   b Bach   c Strom   d See

Bei allen vier Begriffen handelt es sich um Wasser, jedoch nur drei Begriffe lassen sich unter dem Oberbegriff »Fließendes Wasser« zusammenfassen. Somit fällt der Begriff »See« aus der Reihe heraus.

Aufgaben

Suchen Sie aus den Begriffen – es können vier oder fünf sein – jeweils das Wort heraus, das nicht zu den anderen passt.

Ihnen stehen 2 Minuten zur Verfügung.

1 a einkaufen b verkaufen c annektieren d stehlen
e in Verwahrung nehmen

2 a Zuckerrüben b Zwiebeln c Mohrrüben d Radieschen e Erbsen

3 a Zigarren b Opium c Alkohol d Marihuana e Zigarillo

4 a Koffer b Tasche c Eimer d Truhe e Rucksack

5 a Leber b Niere c Lunge d Herz e Hals

6 a Schnee b Regen c Hagel d Graupel e Schneeschauer

7 a Seeteufel b Delfin c Hai d Barsch e Forelle

8 a Habicht b Adler c Geier d Drossel e Bussard

9 a Tinte b Bote c Federhalter d Briefpapier e Umschlag

10 a alarmierend b informierend c bestürzend d erschreckend
e aufrüttelnd

Lösungen

1 b 2 e 3 c 4 d 5 e 6 b 7 b 8 d 9 b 10 b

Begriffspaare

Suchen Sie bei den folgenden Begriffspaaren jeweils das passende Wort.

Beispiel

1 Blume – Veilchen
? – Löwe

a Tier b Fleisch c Löwenzahn d Zirkus

2 Jahr – Monat
Kilometer – ?

a Meter b Tag c Straße d Einheit

Bei dieser Aufgabe stehen zwei Begriffe in einem bestimmten Verhältnis zueinander und bilden ein Begriffspaar (Wortpaar). Ihre Aufgabe ist es, ein zweites Wortpaar zu bilden, das das gleiche Verhältnis zueinander hat.

Ein Tipp: Fragen Sie sich immer: Welche Beziehung besteht zwischen den beiden Begriffen des ersten Wortpaares? Ist der eine ein Oberbegriff zum anderen, wie zum Beispiel Blume – Veilchen? Sind es Gegensätze, wie zum Beispiel heiß – kalt?

Haben Sie das richtige Kriterium gefunden, ist es nicht schwer, ein neues Wortpaar zu bilden. Eine der vorgegebenen »Multiple-Choice-Lösungen« muss natürlich Verwendung finden.

Im Beispiel 1 ist »Blume« der Ober-, »Veilchen« der Unterbegriff. Entsprechend richtig ist Lösung a, da »Tier« der Oberbegriff zu »Löwe« ist.

Im Beispiel 2 ist »Jahr« die größere, »Monat« die kleinere Einheit. Also ist Lösung a richtig, da »Meter« die kleinere Einheit im Vergleich zum »Kilometer« ist.

Aufgaben

Beginnen Sie nun, Sie haben 5 Minuten Zeit.

1 Fußboden – Decke
Erde – ?

a Zimmer b Stein c Gras d Himmel

2 lieben – Freunde
hassen – ?

a verachten b Freunde c Bekannte d Feinde

3 Arbeit – Reichtum
Müßiggang – ?

a Armut b Faulheit c Laster d Gold

4 Eiche – Blatt
Tanne – ?

a Baum b Fichte c Nadel d Weihnachten

5 weiß – schwarz
gut – ?

a besser b schlecht c grau d Farbe

6 Festplatte – Computer
SIM-Karte – ?

a Handy b Fernseher c CD d Beamer

7 Rohöl – Benzin
? – Aluminium

a Stahl b Eisenerz c Bauxit d Wolfram

8 Vorwort – Buch
? – Vertrag

a Einleitung b Präambel c Legende d Prämisse

9 Bern – Schweiz
? – USA

a New York b Las Vegas c Washington, D.C. d Chicago

10 Geschirr -Teller
? – Limonade

a Apfelsaft b Zitrone c Wasser d Getränk

11 dunkel – hell
? – nass

a Regen b feucht c Wind d trocken

12 Dackel – Windhund
Verbrennung – ?

a Feuerwehr b Explosion c Streichholz d Waldbrand

13 Zorn – Affekt
Trauer – ?

a Stimmung b Wut c Wehmut d Freude

14 Zisterne – Wasser
? – Wertsachen

a Schmuck b Safe c Millionär d Schlüssel

15 Meteorologie – Wetterkunde
Quantität – ?

a Menge b Volumen c Güte d Preis

16 Krücke – Fortbewegung
? – Sicht

a Nebel b Blende c Licht d Brille

17 mischen – panschen
berichten – ?

a erzählen b verleumden c sagen d tun

18 Papier – schneiden
Knoten – ?

a lösen b zerschneiden c zerreißen d zerschlagen

19 Tulpe – Rose
Schrank – ?

a Einrichtung b Stuhl c Gardine d Möbel

20 Leben – Jugend
Jahr – ?

a April b Zeit c Frühling d Schaltjahr

21 Gras – Wiese
Blatt – ?

a Laub b Baum c Busch d Laus

22 Schiff – Leuchtturm
Flugzeug – ?

a Flughafen b Lotse c Kompass d Funkfeuer

23 Chirurg – Skalpell
? – Kelle

a Kellner b Maurer c Schlosser d Installateur

24 Konto – Bilanz
Temperatur – ?

a Klima b Atmosphäre c Hitze d Eis

Lösungen

1 d 2 d 3 a 4 c 5 b 6 a 7 c 8 b 9 c 10 d 11 d 12 b 13 a 14 b
15 a 16 d 17 b 18 a 19 b 20 c 21 a 22 d 23 b 24 a

Räumliches Denken

Aufgaben, bei denen die Seiten eines auf dem Papier dargestellten Körpers gezählt werden oder Körper den entsprechenden Grundrissen zugeordnet werden müssen, fehlen in kaum einem Einstellungstest.

Beispiel

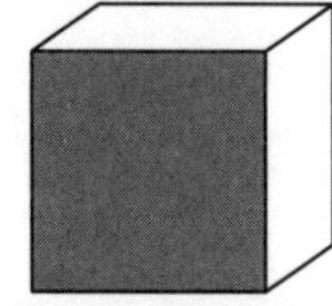

Stellen Sie sich den abgebildeten Raumkörper, hier Würfel, in Ihrer Hand vor, zählen Sie die Seiten. Ein wichtiger Tipp: Vergessen Sie nicht, die Rückseiten mitzuzählen.

Zur Bearbeitung der Aufgabe stellen wir Ihnen zwei Lösungstechniken vor.

1 Zählen der Seiten bei der Umrundung des Körpers: Dabei zählen Sie die jeweils aneinander liegenden Seiten des Körpers, die Oberseite (hier beim Würfel) Seite 1, die vorn liegende Seite 2, die rechts nach hinten führende Seite 3, die nicht zu erkennende Seite auf der Rückseite 4, die links nach vorn führende Seite 5 sowie die Unterseite 6.

2 Zählen der jeweils gegenüberliegenden Seiten: Bei der zweiten Lösungstechnik beginnen Sie mit einer Fläche und zählen sofort die nicht sichtbare gegenüberliegende Fläche (soweit vorhanden) hinzu.

Bei unserem Würfel: Vorderseite und die nicht sichtbare Seite: 2; rechtes und nicht sichtbares linkes Seitenteil: 2; Decke und nicht sichtbarer Boden: 2; die Summe ergibt 6 Seiten.

Aufgaben Teil 1

Wie viele Seiten haben die Körper? Beachten Sie, dass Seiten, die aufeinander liegen nur ein Mal zählen. *Ihnen stehen 10 Minuten für alle 12 Aufgaben zur Verfügung.*

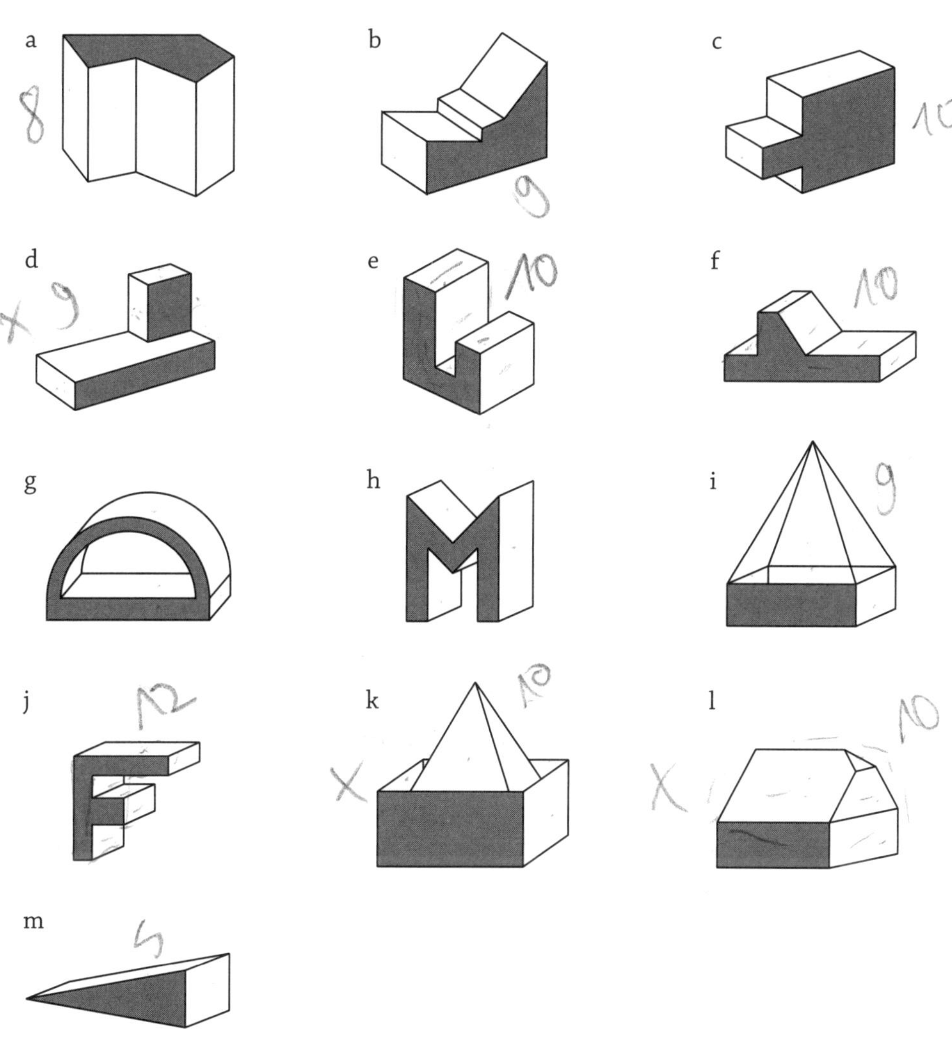

Lösungen

a 8 b 9 c 10 d 9 e 10 f 10 g 8 h 12 i 9 j 12 k 10 l 10 m 5

Aufgaben Teil 2

Auch bei diesen Aufgaben geht es ums räumliche Denken – auch wenn die Figuren etwas anders aussehen als die klassischen Würfel. Zählen Sie die Rechts- und Linksknicke, die der Pfeil vollzieht. Sind es mehr Rechtsknicke als Linksknicke, kreuzen Sie R an, sind es mehr Linksknicke, kreuzen Sie L an.

Beispiel

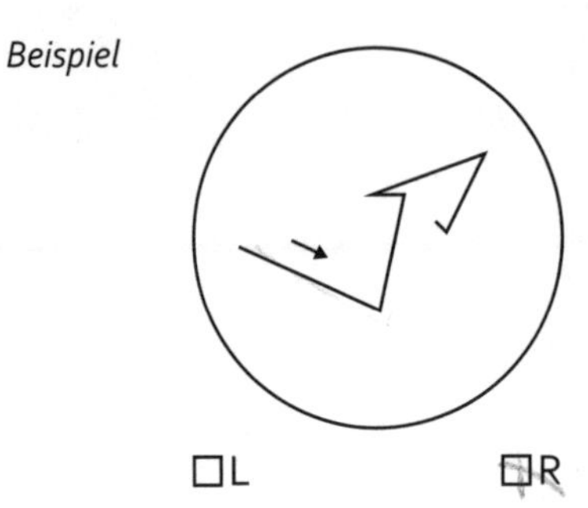

Lösung: Es sind 2 Linksknicke und 3 Rechtsknicke in der Zeichnung, also ist das R anzukreuzen.

Aufgaben

Beginnen Sie nun, Ihnen stehen 3 Minuten zur Verfügung.

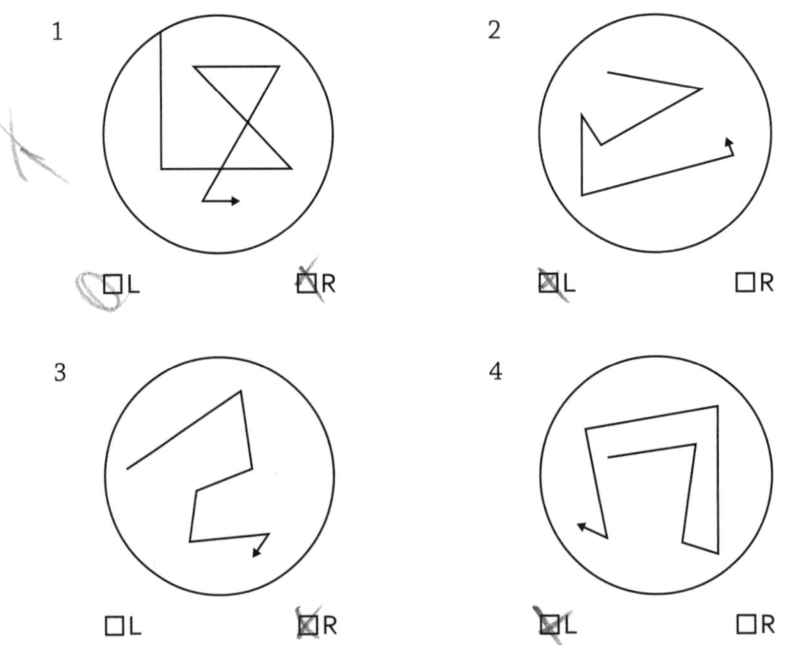

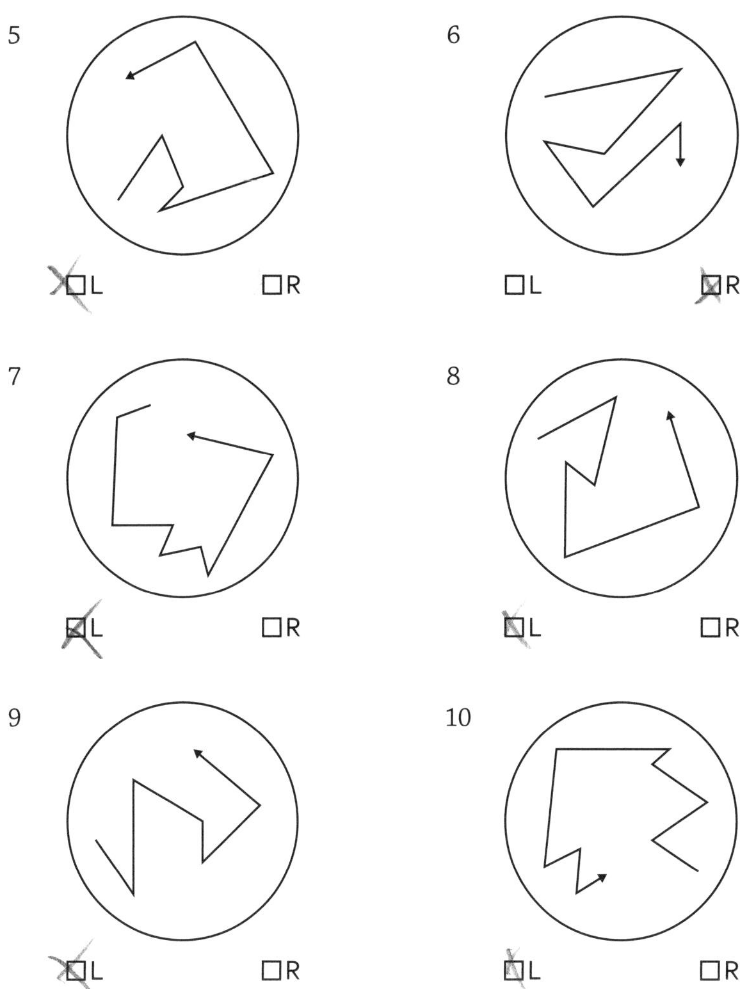

Lösungen

1 L 2 L 3 R 4 L 5 L 6 R 7 L 8 L 9 L 10 L

Mathematik

Ergebnisse schätzen

Bei den folgenden Aufgaben sollen Sie jeweils das richtige Ergebnis schätzen, nicht ausrechnen. Kreuzen Sie das richtige Ergebnis an.

Aufgaben

Beginnen Sie jetzt, Sie haben 7 Minuten Zeit.

1 $\sqrt{361} =$

a 17
b 16,9
c 11
d 19

2 $74^2 \times 2 =$

a 8 194
b 10 952
c 10 453
d 14 026

3 $$\begin{array}{r} 56\,381 \\ -\ 42\,580 \\ -\ 579 \\ -\ 2\,984 \\ -\ 8 \\ -\ 7\,268 \\ \hline = \end{array}$$

a 3 272
b 3 165
c 2 768
d 2 962

4 $\frac{3\,879 - 1\,331}{2} =$

a 1 274
b 1 624
c 982
d 2 548

5 $\frac{13\,767}{3} =$

a 3 982,2
b 4 909
c 4 589
d 4 325

6 186 589 + 4 511 =

a 192 100
b 189 000
c 191 100
d 190 000

7 $\frac{19\,548 + 42}{3} =$ 19 590

a 6 530
b 6 460
c 6 730
d 6 220

8

	5 416 867
+	2 586
+	125 364
+	98 233
+	1 256 789
=	

a 6 789 239
b 6 901 137
c 6 901 633
d 6 899 839

9

	8 569 237
–	239
–	68 998
–	492 369
–	31
=	

a 8 007 600
b 8 208 510
c 8 007 723
d 7 967 000

10

	4586
+	41 259
–	2 304
–	888
+	122 571
=	

a 165 224
b 132 614
c 235 734
d 191 524

11 $\frac{187{,}2}{12} + 158{,}4 + 226 =$

a 396
b 408
c 300
d 400

12 $64^2 \times 45 =$

a 184 320
b 289 420
c 179 623
d 191 328

13 $\sqrt{3136} \times 13 =$

a 4818
b 658
c 728
d 568

14 $\frac{480}{32} \times 11 =$

a 165
b 185
c 190
d 155

15 $\frac{50\,176}{32} \times 179 - 240\,600 =$

a 96 807
b 40 072
c 39 807
d 143 677

Lösungen

1 d 2 b 3 d 4 a 5 c 6 c 7 a 8 d 9 a 10 a 11 d 12 a 13 c
14 a 15 b

Kopfrechnen

Hier werden Ihre Fähigkeiten im Kopfrechnen geprüft.

Aufgaben Teil 1

Für 20 Aufgaben haben Sie 3 Minuten Zeit.

a 693 + 4104 =

b 33 × 4 =

c $\sqrt{1225}$ =

d 11074 : 113 =

e 3338 + 1222 =

f 36 × 21 =

g 13^2 =

h Dritte Wurzel aus 64 =

i 16 × 37 =

j $\sqrt{144}$ =

k 2079 : 63 =

l 11977 : 59 =

m 100 + 33 – 77 =

n 4326 + 2673 =

o 96 : 6 – 14 =

p 21^3 =

q 13 × 15 =

r 11 × 12 – 36 =

s 306 : 17 =

t 24 × 8 – 29 =

Lösungen Teil 1

a 4797 b 132 c 35 d 98 e 4560 f 756 g 169 h 4 i 592 j 12
k 33 l 203 m 56 n 6999 o 2 p 9261 q 195 r 96 s 18 t 163

Aufgaben Teil 2

Die Aufgaben können auch in Form eines Multiple-Choice-Tests gestellt werden. Führen Sie die nachfolgenden Rechnungen durch. Es handelt sich nur um die vier Grundrechenarten.

Sie haben 4 Minuten Zeit.

1 284 + 1321 + 7101 =

a 8416
b 9021
c 8716
d 8706

2 13 × 6,234 =

a 8,1042
b 81,42
c 81,042
d 8,412

3 (–6) × (–5) =

a 30
b –30
c 1
d –1

4 24,13 – 19,81 – 2,19 =

a 1,31
b 2,13
c 6,51
d 1,51

5 (–15) – 21 + 9 – (–4)=

a 14
b –23
c –1
d –49

6 6754 : 11 =

a 61,75
b 614
c 761
d 76,1

7 81 + (–13) – 4 =

a 99
b 68
c 64
d 98

8 (–23,5) : 0,5 =

a (–11,75)
b 47
c 11,75
d (–47)

9 9,81 – 4,76 + 1,38 =

a 15,95
b 13,19
c 6,34
d 4,12

10 (–14) × (–2) + 1 =

a (–27)
b 29
c (–29)
d 27

Lösungen Teil 2

1 d 2 a 3 a 4 b 5 b 6 b 7 c 8 d 9 c 10 b

Aufgaben Teil 3

Es kann auch sein, dass nur eine bestimmte Rechenart abgefragt wird, wie in dem folgenden Aufgabenblock das Umrechnen von Brüchen.

Wandeln Sie diese Brüche in Dezimalzahlen um.

Sie haben 1 Minute Zeit.

1 $4\frac{1}{3} =$

a 4,33333
b 4,666666
c 4,25
d 4,125

2 $5\frac{7}{8} =$

a 5,75
b 5,875
c 5,625
d 5,85

3 $3\frac{1}{5} =$

a 3,02
b 3,3
c 3,15
d 3,2

4 $7\frac{2}{3} =$

a 7,666666
b 7,78
c 7,79
d 7,69

5 $9\frac{1}{8} =$

a 9,225
b 9,1
c 9,125
d 9,25

Lösungen Teil 3

1 a 2 b 3 d 4 a 5 c

Maße und Gewichte

Rechnen Sie die angegebenen Größen in die gewünschte Maßeinheit um.

Beispiel

1 m = ___ cm

1 m = 100 cm

Aufgaben Teil 1

Sie haben 3 Minuten zur Verfügung. Beginnen Sie jetzt.

a	12 dm	= ________	m
b	0,01 km	= ________	m
c	1 cm^3	= ________	m^3
d	1 cm^2	= ________	m^2
e	10 kg	= ________	t
f	25 min	= ________	s
g	2,5 t	= ________	g
h	12 m^2	= ________	cm^2
i	26005 mm	= ________	km
j	12 s	= ________	h
k	12 l	= ________	hl
l	0,074 cm^2	= ________	mm^2

Lösungen Teil 1

a 1,2 m b 10 m c 0,000001 m^3 d 0,0001 m^2 e 0,01 t f 1500 sec
g 2500000 g h 120000 cm^2 i 0,026005 km j 0,00333 h
k 0,12 hl l 7,4 mm^2

Aufgaben Teil 2

Die Aufgaben können auch als Textaufgaben kommen. Hier weitere Übungsaufgaben.

Dafür haben Sie weitere 3 Minuten Zeit.

a In einem Behälter sind 16,5 Liter Wasser. Wie viele 0,75-Liter-Flaschen kann man damit füllen? ______

b Schreiben Sie 40 (deutsche) Zentner als Tonnen. ______

c 7 Pfund und 20 Gramm sind wie viel Gramm? ______

d 108 Stück ergeben wieviele Dutzend? ______

e Wie viele Sekunden hat ein Tag? ______

f Wie viele Millimeter ergeben 465 Dezimeter? ______

g Wie viel Quadratmeter sind 0,4 a? ______

Lösungen Teil 2

a 22 b 2 Tonnen c 3195,15 Gramm d 9 e 86 400 f 46 500
g 40 m^2

Textaufgaben

Lösen Sie die nachfolgenden Rechenaufgaben im Kopf. Notizen oder Hilfsrechnungen auf Papier sind nicht erlaubt.

Beispiel

1 kg Brot kostet 2,10 €
Wie viel kosten 200 g?

Lösung: 0,42 €.

Aufgaben

Tragen Sie die Lösung in den freigelassenen Raum ein.

Beginnen Sie jetzt, Ihnen stehen 10 Minuten zur Verfügung.

a 1 m Stoff kostet 7 €. Wieviel kosten 15 m? ____________

b Ein Radfahrer benötigt 5 Minuten für einen Kilometer. Wie lange braucht er für 22 Kilometer? ____________

c 8 Arbeiter verdienen 96 €. Wie viel verdienen unter gleichen Bedingungen 12 Arbeiter? ____________

d Wie viel Stück einer Ware erhält man für 630 €, wenn 30 Stück 210 € kosten? ____________

e 4 Gärtner benötigen zum Bepflanzen eines Gartens 20 Tage. Wie lange arbeiten 5 Gärtner daran? ____________

f Bei einer Geschwindigkeit von 5 km/h erreicht ein Fußgänger sein Ziel in 3 Stunden. Wie viele km müsste er in der Stunde zurücklegen, wenn er sein Ziel bereits in 2 Stunden erreichen wollte? ____________

g Eine Rechnung beläuft sich auf 620 €. Wie viel € sind zu bezahlen, wenn Sie 10 % vom Rechnungsbetrag als Rabatt abziehen können? ____________

h Auf einem Sparbuch sind am Jahresanfang 1400 €. Wie hoch ist das Guthaben am Jahresende, wenn ein Zinssatz von 8 % pro Jahr gilt? ____________

i Die Seitenlängen eines Rechtecks sind 6 cm und 9 cm. Wie groß ist der Flächeninhalt? ____________

j In einem Dreieck bilden zwei Winkel zusammen 140 Grad. Wie groß ist der dritte Winkel? ____________

k In einem rechtwinkligen Dreieck ist die Kathete a 3 cm und die Kathete b 4 cm lang. Welche Länge hat die Hypotenuse c? ____________

l Welche Winkelsumme hat ein Fünfeck? ____________

m Der fünfte Teil eines Geldbetrages ist um 3 größer als sein sechster Teil. Wie hoch ist der Geldbetrag? ____________

n Multipliziert man die Hälfte einer Zahl mit ihrem dritten Teil, so erhält man als Ergebnis die Zahl 24. Wie heißt die Zahl? ____________

o Ein Junge verkauft an seine Schulkameraden Bleistifte. Für zwei verlangt er so viel, wie ihn drei gekostet haben. Wie viel Prozent Gewinn hat er pro Stück gemacht? ________________

p Nach welcher Zeit hat ein frei fallender Körper die Geschwindigkeit 50 m/s erreicht bei einer Erdanziehungskraft von $g = 10\ m/s^2$? ________________

q Das 1. Glied einer arithmetischen Reihe heißt –8, das letzte 24. Die Anzahl der Glieder beträgt 9. Wie groß ist die Differenz zwischen den Gliedern? ________________

r Das Übersetzungsverhältnis von zwei Zahnrädern (Z1 : Z2) beträgt 3:5. Zahnrad Z1 macht 225 Umdrehungen in der Minute. Wie viele Umdrehungen macht Z2? ________________

Lösungen

a 105 € b 1 Std. 50 Min. c 144 € d 90 Stück e 16 Tage f 7,5 km
g 558 € h 1512 € i 54 cm^2 j 40° k 5 cm l 540° m $x = 90$ n $x = 12$
o 50 % p 5 Sekunden q 4 r 375

Ergebnisse errechnen

Bauen Sie selbst Aufgaben, möglichst viele in möglichst kurzer Zeit.

Beispiel

10 – 9 + 13 = 12   *20 – 10 + 2 = 12*   *24 – 20 + 8 = 12*

Aufgaben

Sie haben für jeden der folgenden Aufgabenblöcke 30 Sekunden Zeit. Es gibt bei dieser Aufgaben nicht »die« richtige Lösung – weil viel zu viele Zahlenkombinationen funktionieren.

___ – ___ – ___ = 15   ___ – ___ – ___ = 15   ___ – ___ – ___ = 15

___ – ___ – ___ = 15   ___ – ___ – ___ = 15   ___ – ___ – ___ = 15

___ – ___ – ___ = 15   ___ – ___ – ___ = 15   ___ – ___ – ___ = 15

___ – ___ – ___ = 15   ___ – ___ – ___ = 15   ___ – ___ – ___ = 15

___ – ___ × ___ = 24   ___ – ___ × ___ = 24   ___ – ___ × ___ = 24

___ – ___ × ___ = 24   ___ – ___ × ___ = 24   ___ – ___ × ___ = 24

___ – ___ × ___ = 24   ___ – ___ × ___ = 24   ___ – ___ × ___ = 24

___ – ___ × ___ = 24   ___ – ___ × ___ = 24   ___ – ___ × ___ = 24

___ – ___ + ___ = 33   ___ – ___ + ___ = 33   ___ – ___ + ___ = 33

___ – ___ + ___ = 33   ___ – ___ + ___ = 33   ___ – ___ + ___ = 33

___ – ___ + ___ = 33   ___ – ___ + ___ = 33   ___ – ___ + ___ = 33

___ – ___ + ___ = 33   ___ – ___ + ___ = 33   ___ – ___ + ___ = 33

___ − ___ : ___ = 25 ___ − ___ : ___ = 25 ___ − ___ : ___ = 25

___ − ___ : ___ = 25 ___ − ___ : ___ = 25 ___ − ___ : ___ = 25

___ − ___ : ___ = 25 ___ − ___ : ___ = 25 ___ − ___ : ___ = 25

___ − ___ : ___ = 25 ___ − ___ : ___ = 25 ___ − ___ : ___ = 25

___ + ___ : ___ = 56 ___ + ___ : ___ = 56 ___ + ___ : ___ = 56

___ + ___ : ___ = 56 ___ + ___ : ___ = 56 ___ + ___ : ___ = 56

___ + ___ : ___ = 56 ___ + ___ : ___ = 56 ___ + ___ : ___ = 56

___ + ___ : ___ = 56 ___ + ___ : ___ = 56 ___ + ___ : ___ = 56

___ + ___ × ___ = 40 ___ + ___ × ___ = 40 ___ + ___ × ___ = 40

___ + ___ × ___ = 40 ___ + ___ × ___ = 40 ___ + ___ × ___ = 40

___ + ___ × ___ = 40 ___ + ___ × ___ = 40 ___ + ___ × ___ = 40

___ + ___ × ___ = 40 ___ + ___ × ___ = 40 ___ + ___ × ___ = 40

___ + ___ − ___ = 27 ___ + ___ − ___ = 27 ___ + ___ − ___ = 27

___ + ___ − ___ = 27 ___ + ___ − ___ = 27 ___ + ___ − ___ = 27

___ + ___ − ___ = 27 ___ + ___ − ___ = 27 ___ + ___ − ___ = 27

___ + ___ − ___ = 27 ___ + ___ − ___ = 27 ___ + ___ − ___ = 27

___ + ___ + ___ = 72 ___ + ___ + ___ = 72 ___ + ___ + ___ = 72

___ + ___ + ___ = 72 ___ + ___ + ___ = 72 ___ + ___ + ___ = 72

___ + ___ + ___ = 72 ___ + ___ + ___ = 72 ___ + ___ + ___ = 72

___ + ___ + ___ = 72 ___ + ___ + ___ = 72 ___ + ___ + ___ = 72

Rechenzeichen einfügen

Sie sollen bei diesem Aufgabentyp die richtigen Rechenoperationen erkennen und diese anstelle der Platzhalter einsetzen, damit die Aufgabe mathematisch richtig ist. Es kommen die vier Grundrechenarten Addition, Subtraktion, Division und Multiplikation (+, –, : und ×) zum Einsatz. Die »Punkt-vor-Strich«-Regel gilt bei diesen Aufgaben nicht, und die Ergebnisse liegen nur im positiven Zahlenraum (es gibt also keine Ergebnisse unter 0).

Beispiel 1

9 __ 6 = 15

Lösung

\+

Beispiel 2

7 __ 8 __ 2 = 13

Lösung

\+ –

Beispiel 3

26 __ 6 __ 10 = 2

Lösung

– :

Beispiel 4

8 __ 3 __ 6 __ 2 = 6

Lösung

× : +

Lösungstipps: Hier können Sie durch das systematische Betrachten der Zahlenverhältnisse erkennen, welche Rechenoperationen vorliegen. Schnelle Sprünge lassen eher eine Multiplikation beziehungsweise Division vermuten. Da die Aufgaben nur mit ganzen Zahlen (also keinen Brüchen oder Dezimalzahlen) durchgeführt werden, lässt sich eine Division sehr schnell ausschließen, wenn die folgende Zahl kein Teiler des Vorgängers ist (zum Beispiel 7 _ 3) oder die Vorgängerzahl kleiner ist als die folgende Zahl (zum Beispiel 3 _ 9). Ebenso lässt sich eine Subtraktion ausschließen, wenn die erste Zahl kleiner ist als die zweite Zahl (zum Beispiel 4 _ 7).

Eine gute Vorbereitung für diese Art von Aufgaben? Viel Kopfrechnen! So sind Sie gut vorbereitet, um möglichst schnell die verschiedenen Möglichkeiten im Kopf durchzuspielen. Und das gilt für alle Konzentrationsaufgaben: Wenn Ihnen die Zahlen oder Figuren anfangen vor den Augen zu verschwimmen, schließen Sie kurz die Augen. Danach geht es wieder besser.

Aufgaben

Ihnen stehen 8 Minuten zur Verfügung.

1 8 __ 4 __ 9 = 21

2 2 __ 2 __ 5 = 9

3 16 __ 4 __ 3 = 7

4 20 __ 2 __ 6 = 3

5 6 __ 4 __ 3 = 5

6 10 __ 2 __ 1 = 4

7 2 __ 3 __ 3 = 18

8 1 __ 5 __ 7 = 12

9 9 __ 3 __ 2 = 1

10 8 __ 5 = 13

11 13 __ 1 __ 4 __ 2 = 5

12 5 __ 5 __ 3 = 7

13 7 __ 3 __ 7 = 14

14 19 __ 12 = 7

15 14 __ 2 __ 3 = 4

16 3 __ 3 __ 3 __ 9 = 3

17 17 __ 3 __ 5 = 4

18 22 __ 7 __ 3 = 5

19 6 __ 11 __ 3 __ 2 = 7

20 8 __ 2 __ 8 = 24

21 5 __ 6 __ 2 = 22

22 3 __ 7 = 21

23 7 __ 1 __ 5 = 11

24 4 __ 4 __ 3 = 13

25 8 __ 4 __ 15 = 17

26 13 __ 5 __ 4 = 32

27 28 __ 7 __ 6 = 24

28 1 __ 9 __ 5 __ 20 = 25

29 6 __ 11 = 17

30 30 __ 6 __ 2 = 10

31 9 __ 2 __ 7 = 4

32 5 __ 3 __ 8 = 7

33 2 __ 6 __ 7 __ 2 = 10

34 4 __ 11 __ 2 = 13

35 45 __ 5 __ 3 = 6

36 9 __ 17 = 26

37 1 __ 1 __ 5 = 5

38 6 __ 7 __ 2 = 26

39 7 __ 4 __ 14 = 2

40 10 __ 2 __ 7 = 27

41 13 __ 3 = 39

42 5 __ 4 __ 7 = 7

43 4 __ 9 __ 1 = 14

44 2 __ 6 __ 3 __ 11 = 44

45 14 __ 6 __ 4 = 2

46 17 __ 8 = 9

47 19 __ 3 __ 11 = 2

48 15 __ 5 __ 17 = 20

49 3 __ 1 __ 5 = 15

50 28 __ 7 __ 3 = 7

Lösungen

1 + +   2 × oder +, +   3 : +   4 − :   5 − +   6 : −
7 × ×   8 × +   9 : −   10 +   11 − : +   12 + −   13 × −
14 −   15 − :   16 × × :   17 + :   18 − :   19 + − :   20 × +
21 + ×   22 ×   23 − +   24 × −   25 × −   26 − ×   27 : ×
28 × × −   29 +   30 : ×   31 + −   32 × −   33 × − ×   34 + −
35 : −   36 +   37 : oder ×, ×   38 + ×   39 × :   40 × +
41 ×   42 − ×   43 + +   44 × : ×   45 − :   46 −   47 + :
48 : +   49 × ×   50 : +

Speed-Rechnen

Das Speed-Rechnen scheint auf den ersten Blick eine einfache Angelegenheit zu sein. Aber Vorsicht: Hier geht es um Konzentration und gegen die Uhr. So geht es: Eine Aufgabe besteht aus zwei kurzen Rechenoperationen.

Beispiel

4 + 3 = 7
2 + 2 = 4

Nun müssen Sie das kleinere vom größeren Ergebnis abziehen, also rechnen Sie:

7 – 4 = 3

Die 3 ist die Lösung dieser Aufgabe. Das Ganze geht auch andersherum:

3 + 3 = 6
9 + 4 = 13

13 – 6 = 7

Lassen Sie sich also nicht verwirren, wo die größere und wo die kleinere Zahl steht. Sie müssen immer die kleinere von der größeren abziehen.

Aufgaben Teil 1

Ihnen stehen 3 Minuten zur Verfügung.

a	4 + 5 5 + 3	d	7 + 8 2 + 9	g	8 + 5 2 + 8
b	5 + 10 4 + 4	e	6 + 7 1 + 8	h	4 + 9 6 + 6
c	6 + 10 3 + 4	f	8 + 3 3 + 5	i	6 + 8 5 + 7

j 7 + 3
8 + 1

k 8 + 8
7 + 6

l 6 + 7
2 + 9

m 8 + 6
4 + 4

n 3 + 1
6 + 5

o 9 + 9
4 + 7

p 2 + 7
3 + 5

q 6 + 5
3 + 8

r 3 + 4
4 + 6

s 5 + 2
3 + 4

t 4 + 5
7 + 6

u 3 + 8
2 + 7

v 2 + 9
8 + 7

w 5 + 6
4 + 5

x 8 + 3
5 + 6

y 8 + 3
9 + 5

z 7 + 4
8 + 2

Lösungen

a1 b7 c9 d4 e4 f3 g3 h1 i2 j1 k3 l2 m6 n7
o7 p1 q0 r3 s0 t4 u2 v4 w2 x0 y3 z1

Aufgaben Teil 2

Bei den folgenden Zahlenreihen müssen jeweils die 2 untereinander stehenden Zahlen miteinander addiert werden. Die Lösung ist hinter die 2 zu addierenden Zahlen zu schreiben. Bei zweistelligen Ergebnissen schreiben Sie bitte nur die hintere Zahl (die »Einerstelle«) als Lösung auf. Auch hier können Sie wahrscheinlich nicht die komplette Aufgabe in der kurzen Zeit lösen. Stellen Sie sich einen Wecker und geben Sie Ihr Bestes!

Beispiel

4
9
5
7
2
0
8
5
7

Aufgaben

Sie haben 4 Minuten zur Verfügung.

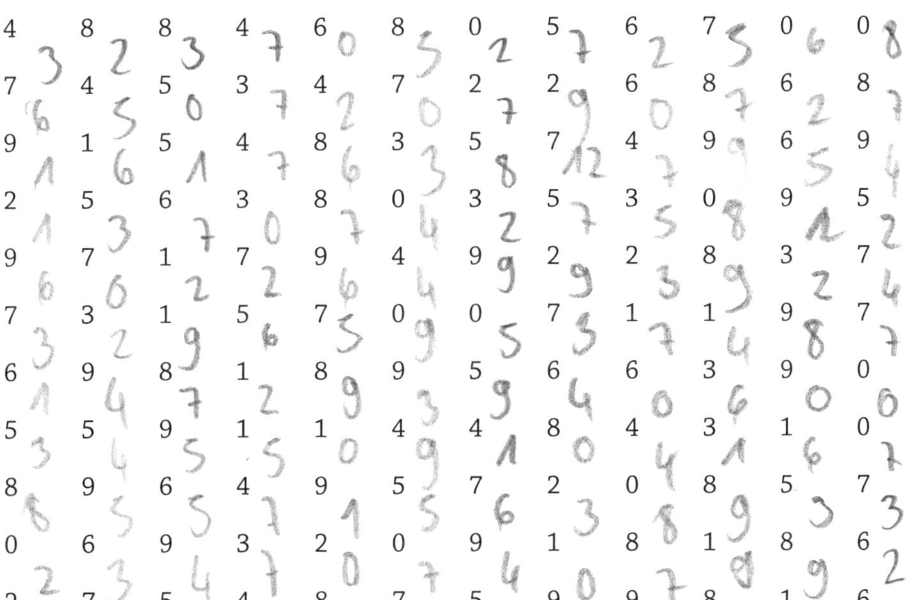

4	8	8	4	6	8	0	5	6	7	0	0
7	4	5	3	4	7	2	2	6	8	6	8
9	1	5	4	8	3	5	7	4	9	6	9
2	5	6	3	8	0	3	5	3	0	9	5
9	7	1	7	9	4	9	2	2	8	3	7
7	3	1	5	7	0	0	7	1	1	9	7
6	9	8	1	8	9	5	6	6	3	9	0
5	5	9	1	1	4	4	8	4	3	1	0
8	9	6	4	9	5	7	2	0	8	5	7
0	6	9	3	2	0	9	1	8	1	8	6
2	7	5	4	8	7	5	9	9	8	1	6

4	4	9	7	5	3	6	5	8	3	5	5
2	7	9	3	0	4	4	6	7	7	3	0
2	5	7	9	3	4	5	7	8	3	1	3
8	0	6	2	3	8	7	1	9	5	0	6
7	2	5	0	9	5	8	5	8	0	2	7
4	7	1	8	4	5	9	0	8	9	9	6
0	3	7	5	2	5	6	4	7	0	8	4
7	4	0	3	4	2	0	1	5	3	7	6
5	8	7	4	3	6	4	4	2	2	8	8
9	6	7	5	8	5	8	7	5	5	3	0
5	2	1	2	1	8	3	8	8	9	9	5
8	6	5	9	1	5	9	7	8	1	4	0
8	7	8	1	8	3	1	1	7	1	3	2
3	3	6	2	7	4	2	8	7	7	0	0
4	5	9	3	5	5	2	8	4	6	7	8
0	5	0	2	6	3	5	9	5	3	3	5
7	1	9	0	6	8	2	2	9	7	3	3
8	8	2	7	5	8	1	8	6	4	2	3
5	9	0	9	5	8	4	0	8	0	9	6
8	5	0	2	9	6	1	2	9	6	7	3
2	4	7	3	2	4	6	1	5	3	9	7
5	4	8	3	6	9	8	2	7	4	9	7
0	1	7	3	4	3	9	5	4	5	3	1
7	5	0	5	8	7	6	5	7	2	9	3
2	7	7	4	5	4	1	4	7	6	2	2

Kettenrechnen

Lösen Sie die folgenden Aufgaben. Beachten Sie, dass beim Kettenrechnen die Punkt-vor-Strich-Rechnung nicht gilt!

Ihnen stehen 8 Minuten zur Verfügung.

Aufgaben

a $30 + 242 - 196 - 20 : 8 =$

b $144 + 164 - 263 : 9 + 13 =$

c $79 - 70 \times 5 + 3 : 8 =$

d $168 - 128 : 10 + 31 : 5 =$

e $2 \times 7 : 14 \times 9 - 11 + 17 =$

f $49 - 37 \times 8 - 22 : 2 + 58 - 90 \times 17 - 23 =$

g $27 - 13 \times 6 - 12 : 2 : 12 + 28 - 18 \times 5 =$

h $33 + 36 : 3 + 28 : 3 \times 5 - 70 + 36 : 3 =$

i $29 + 38 - 18 : 7 + 38 \times 2 + 1 : 7 \times 4 =$

j $8 \times 12 - 48 : 6 + 35 \times 2 - 18 : 4 - 13 =$

k $14 \times 3 : 6 \times 7 + 7 : 8 + 9 : 8 \times 7 + 9 \times 2 + 5 : 17 =$

l $9 \times 4 : 6 \times 3 + 4 - 3 \times 2 + 4 : 7 + 2 \times 8 =$

m $8 \times 9 + 6 - 5 + 7 : 5 + 8 - 9 \times 3 : 5 - 1 =$

n $24 : 4 \times 13 + 13 : 7 \times 4 : 2 - 19 \times 5 : 5 \times 3 =$

o $6 \times 14 - 7 : 7 \times 5 : 11 + 14 \times 4 : 2 - 29 =$

p $2 \times 26 + 18 + 30 : 5 \times 17 - 3 + 19 : 4 =$

q $9 \times 2 : 4 + 8 - 5 \times 8 : 4 + 19 =$

r $2 \times 20 : 4 + 18 - 8 : 4 \times 5 + 37 =$

s $3 \times 12 : 4 - 8 + 5 \times 7 + 33 - 15 : 3 \times 11 =$

t $6 \times 8 : 16 + 20 - 13 : 5 \times 18 - 11 + 15 =$

u $9 \times 4 : 6 - 5 + 19 + 29 : 7 \times 6 - 13 =$

v $2 \times 12 : 3 - 4 + 5 \times 9 - 21 : 10 \times 6 + 22 =$

Lösungen

a 7 b 18 c 6 d 7 e 15 f 62 g 65 h 17 i 52 j 4 k 3 l 64 m 8
n 21 o 9 p 89 q 34 r 62 s 220 t 40 u 29 v 58

Kreativität

Kreativität ist eine schöpferische Fähigkeit, um Neues zu erschaffen oder zu gestalten. Sie hat viel mit Fantasie und geistiger Beweglichkeit zu tun. Mit den nachfolgenden Übungen sollen Sie Ihre Kreativität unter Beweis stellen.

Figuren zeichnen

Aufgaben Teil 1

Versuchen Sie unter Verwendung eines Grafikelements so viele Figuren oder Bilder wie möglich zu zeichnen.

Beispiel

Was hätte man alles zeichnen können?

Nutzen Sie nun die folgenden Vorlagen, um kreativ zu werden. Zeichnen Sie so viel wie möglich. *Sie haben 10 Minuten Zeit.*

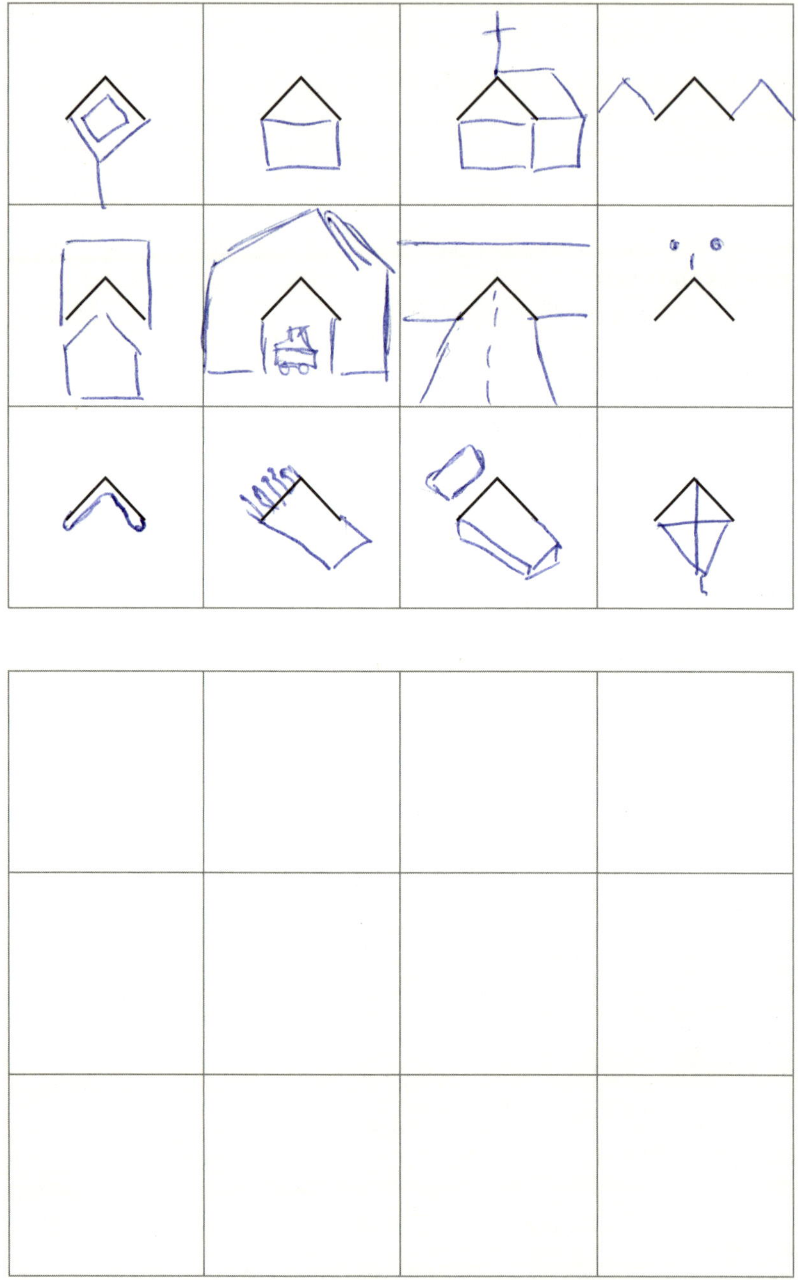

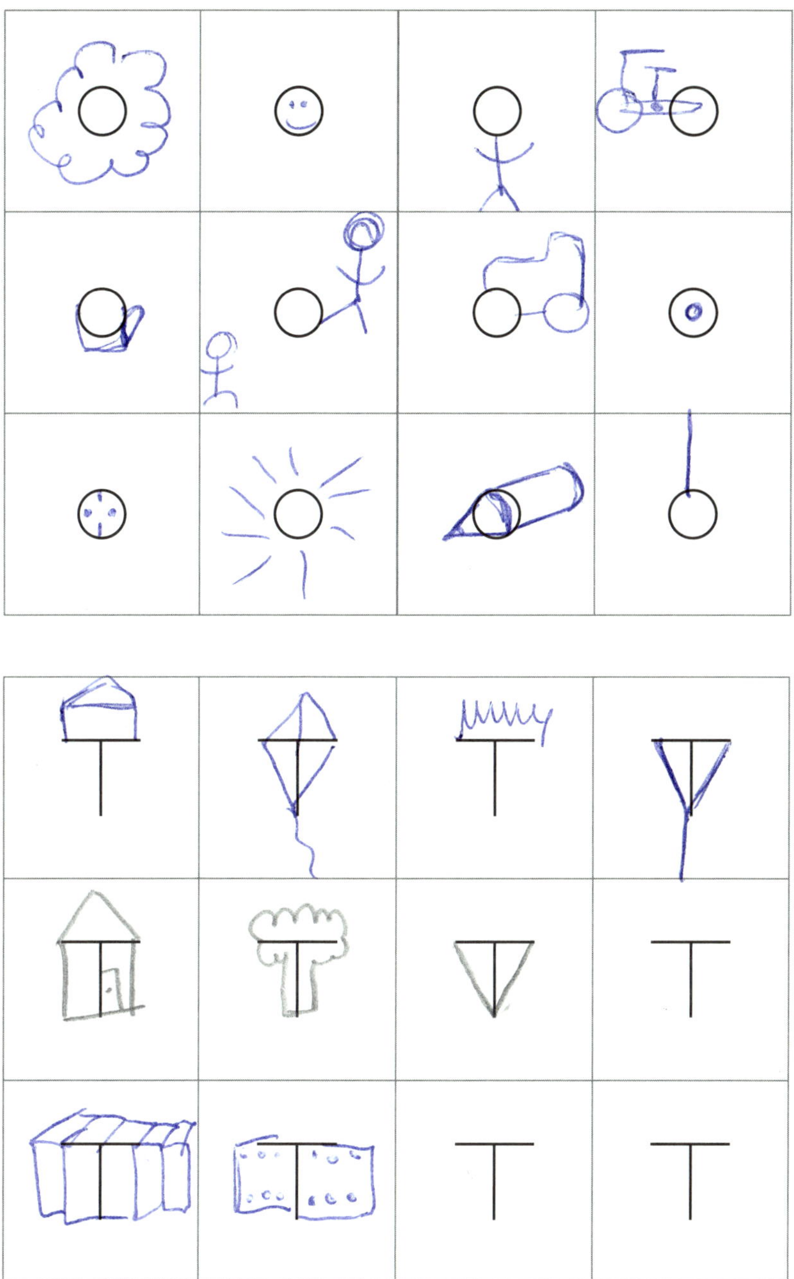

Aufgaben Teil 2

Diese Übung kann auch so aussehen: Erstellen Sie aus den vorgegebenen Einzelfiguren eine neue Figur, die Einzelfiguren dürfen Fantasiefiguren sein, müssen aneinandergrenzen und dürfen nur einmal vorkommen. Die Größenverhältnisse sollten in etwa stimmen.

Beispiel

Ausgangsfiguren und mögliche neue Figuren:

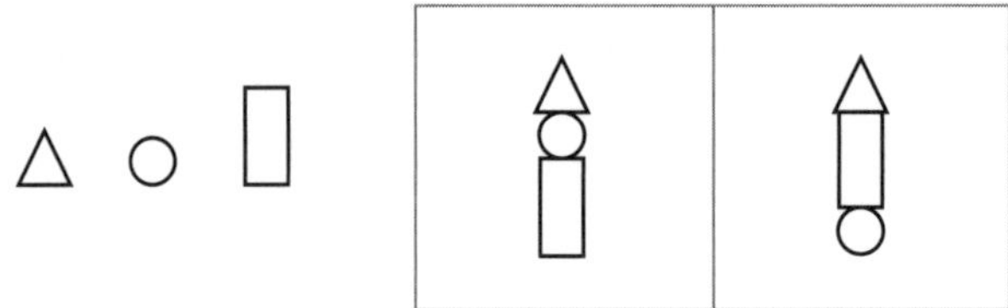

Zeichnen Sie in den folgenden Matrizen neue Figuren aus den vorgegebenen Ausgangsfiguren. *Sie haben zur Bearbeitung der nachfolgenden Aufgaben 5 Minuten Zeit.*

Ausgangsfiguren: △ ○ ▱

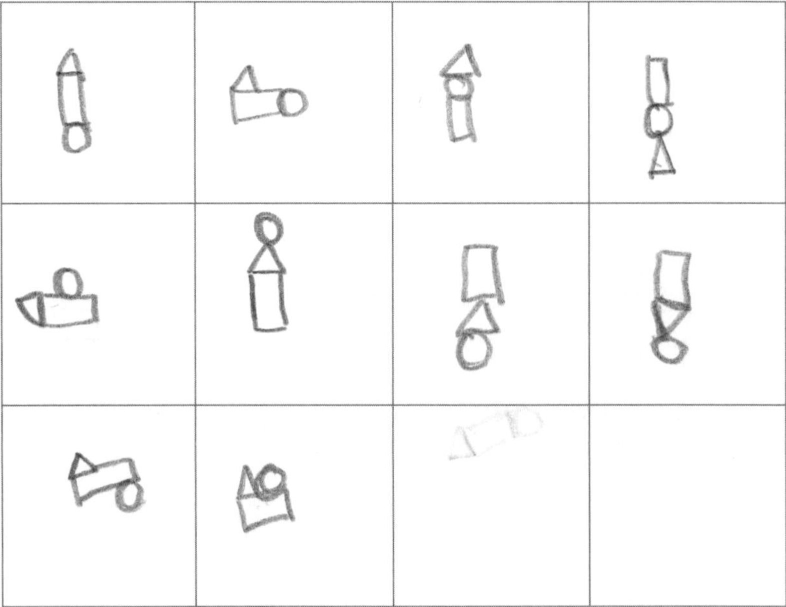

Ausgangsfiguren:

Sätze ausdenken

Bei dieser Übung kommt es darauf an, dass Sie möglichst viele Sätze mit den vorgegebenen Wörtern bilden. Achtung: Wandeln Sie die Wörter nicht ab, nutzen Sie keinen Plural. Und: Achten Sie darauf, dass Rechtschreibung und Zeichensetzung richtig sind. Ein kleiner Tipp: Es ist einfacher, wenn die Sätze nicht zu lang werden.

Beispiel

Schwimmbad – Feuerwehr – Innenstadt

Mögliche Lösungen:
- *Das Schwimmbad liegt direkt neben der Feuerwehr in der Innenstadt.*
- *Als es einen Brand im Schwimmbad gab, war es günstig, dass die Feuerwehr aus der Innenstadt einen kurzen Weg hatte.*
- *Das Schwimmbad liegt im Westen der Innenstadt, die Feuerwehr im Osten.*

Aufgaben

Üben Sie diese Aufgabe mit den vorgegebenen Wörtern. Sie können sich beliebige weitere Wortkonstruktionen ausdenken oder, noch besser, von jemand anderem stellen lassen.

Pro Wortgruppe haben Sie 1 Minute Zeit.

1 Autobahn – Polizeiauto – Standstreifen

2 Zug – Schaffner – Haltestelle

3 Kindergarten – Fest – Unfall

4 Laptop – Büro – Kabel

5 Zeitung – Tisch – Küche

6 Handy – Musik – Kopfhörer

7 Fernseher – Wohnzimmer – Fernbedienung

8 Geschäft – Bargeld – Kleidung

9 Flughafen – Bus – Stelle

10 Garten – Wasserschlauch – Rosenbeet

11 Kreuzung – Bus – Ampel

12 Fahrrad – Kopfhörer – Bürgersteig

13 Schreibtisch – Computer – Stromkabel

14 Kissen – Bett – Waschmaschine

15 Hotel – Restaurant – Schnee

Eigenschaften zuordnen

Bei diesem Test geht es darum, bestimmten Berufsgruppen Eigenschaften zuzuschreiben. Damit wird geprüft, wie schnell Ihnen etwas zum Charakter jeder dieser Figuren einfällt, und zusätzlich, was Sie über diese Berufe denken.

Beispiel

Welche Eigenschaften sollte ein guter Hotelier haben?

- *Ehrlichkeit*
- *Kreativität*
- *Großzügigkeit*
- *Auskunftsfreude*
- *Kommunikationsfähigkeit*
- *Freundlichkeit*
- *Geschäftstüchtigkeit*
- *Zuverlässigkeit*

Bei dieser Aufgabe gibt es keine richtigen oder falschen Lösungen. Es kommt darauf an, möglichst viele Eigenschaften zu benennen. Und es kommt, wie immer bei den Aufgaben, darauf an, sie richtig zu lesen, denn es geht nicht immer darum, welche Eigenschaften eine Figur haben muss, sondern manchmal auch darum, welche sie nicht haben sollte.

Aufgaben

Sie haben 10 Minuten zur Verfügung.

1 Welche Eigenschaften sollte ein guter Polizist haben?

2 Welche Eigenschaften sollte ein guter Feuerwehrmann haben?

3 Welche Eigenschaften sollte ein guter Agent nicht haben?

4 Welche Eigenschaften sollte ein guter Soldat haben?

5 Welche Eigenschaften sollte ein guter Lehrer nicht haben?

6 Welche Eigenschaften sollte ein guter Investment-Banker haben?

7 Welche Eigenschaften sollte ein guter Handwerker haben?

8 Welche Eigenschaften sollte ein guter Freund nicht haben?

9 Welche Eigenschaften sollte ein guter Chef haben?

10 Welche Eigenschaften sollte ein guter Verkäufer nicht haben?

11 Welche Eigenschaften sollte ein guter Bundespräsident haben?

12 Welche Eigenschaften sollte ein guter Verfassungsschützer haben?

13 Welche Eigenschaften sollte ein guter Journalist haben?

14 Welche Eigenschaften sollte ein guter Schauspieler haben?

15 Welche Eigenschaften sollte ein guter Pfarrer haben?

Neue Wörter bilden

Bei dieser Übung bekommen Sie keine Anfangsbuchstaben, sondern Silben oder Wortanfänge. Suchen Sie hierzu sinnvolle Fortführungen.

Beispiel

Wein_____

Lösungen (Beispiele): Weinberg, Weinrebe, Weinstein, Weinen, Weinfest

Aufgaben

Pro Wort haben Sie 30 Sekunden Zeit.

1 Haus__________ Haus__________ Haus__________
Haus__________ Haus__________ Haus__________
Haus__________ Haus__________ Haus__________

2 Nieder__________ Nieder__________ Nieder__________
Nieder__________ Nieder__________ Nieder__________
Nieder__________ Nieder__________ Nieder__________

3 Lust__________ Lust__________ Lust__________
Lust__________ Lust__________ Lust__________
Lust__________ Lust__________ Lust__________

4 Ki__________ Ki__________ Ki__________
Ki__________ Ki__________ Ki__________
Ki__________ Ki__________ Ki__________

5	Schm uck	Schm aus	Schm erzen
	Schm usen	Schm al	Schm atzen
	Schm ücken	Schm ackhaft	Schm ieren
6	Fern seher	Fern weh	Fern______
	Fern sehen	Fern glas	Fern______
	Fern rohr	Fern licht	Fern______
7	West en	West______	West______
	West ern	West______	West______
	West______	West______	West______
8	Wald brand	Wald pflanzen	Wald______
	Wald ecke	Wald______	Wald______
	Wald tiere	Wald______	Wald______
9	Auto reifen	Auto sitz	Auto______
	Auto bahn	Auto______	Auto______
	Auto schlüssel	Auto______	Auto______
10	La mpe	La ger	La terne
	La ma	La [illegible]	La______
	La st	La ut	La______

Sprachgefühl

Beim Sprachgefühl geht es um Ihren sicheren Umgang mit der deutschen Sprache. Hierzu gehört sowohl die Beherrschung der Rechtschreibung und Grammatik als auch das Sprachverständnis und der Wortschatz. Es kommt darauf an, dass Sie genau lesen und verstehen und, wenn es die Aufgabe verlangt, kreativ sind.

Lückentext

Bei der Übung »Lückentext« erhalten Sie einen Sachtext, bei dem einige Wörter ausgelassen wurden. Ihre Aufgabe ist es, den Text sinngemäß zu vervollständigen.

Ein kleiner Tipp, bevor Sie sich ans Lesen machen: Da bei dieser Art von Aufgabe in der Regel genügend Zeit zur Verfügung gestellt wird, empfiehlt es sich, den Text zunächst einmal im Zusammenhang durchzulesen.

Viele der gesuchten Begriffe werden im weiteren Verlauf des Textes näher erläutert und lassen sich dann meistens unschwer einfügen, wenn Sie den Sinnzusammenhang des gesamten Textes erfasst haben.

Beispiel

Der .... dreht sich um die Erde. Er braucht dafür ca. 28 .... . Seine Einwirkung auf die Erde macht sich in .... und Flut bemerkbar.

Lösung: Mond, Tage, Ebbe

Erleichtert werden solche Lückentests meist dadurch, dass für jeden Buchstaben ein Punkt gesetzt wird. Im obigen Beispiel bestehen die Lücken aus jeweils 4 Punkten. Die Themenschwerpunkte der Lückentexte werden häufig an den angestrebten Berufen oder Branchen ausgerichtet. Nachfolgend bekommen Sie noch vier Texte zum Üben.

Aufgaben

Ergänzen Sie den nachfolgenden Text sinngemäß. Beachten Sie dabei, dass die Anzahl der Punkte der Anzahl der Buchstaben entspricht. Umlaute wie ä, ö oder ü, sowie ß werden als solche geschrieben und zählen als ein Buchstabe.

Beginnen Sie jetzt, Sie haben pro Text 5 Minuten Zeit.

Das Prinzip eines Motors

Am Beispiel eines Viertaktverbrennungsmotors, auch . . . . genannt, der mit Benzin betrieben wird, wollen wir das Prinzip eines Motors erklären. Der . . . . ist ein geschlossenes Metallgehäuse. In ihm bewegt sich ein . . . . . . auf und ab. Diese Auf- und Abbewegung wird an die Pleuelstange, an die ein Schwunggewicht angegliedert ist, weitergegeben. Das . . . . überträgt diese Bewegungen an die Räder. Das Einlassventil des Zylinders ist für ein Luft-Gas-Gemisch bestimmt, während die verbrannten . . . . über ein . . . . abgegeben werden. Als ersten Takt bezeichnet man den Ansaugtakt. In den durch die Abwärtsbewegung des Kolbens entstehenden leeren Raum strömt ein Gas-Luft-Gemisch ein. Im zweiten Takt, dem Verdichtungstakt, sind beide . . . . geschlossen. Der Kolben steigt aufwärts, dadurch wird die Luft im Zylinder zusammengepresst, sie . . . . sich. Im dritten Takt, auch Arbeitstakt genannt, entzündet sich das . . . . an einer Zündkerze, die einen Funken abgibt. Die durch die Explosion entstehenden Gase weiten sich aus und treiben den Kolben . . . . Im Auspufftakt entweichen die Gase durch das Auslassventil. Dann beginnt der Prozess von neuem. Um bei der sehr schnellen Abfolge der Prozesse keine Ungleichmäßigkeiten aufkommen zu lassen, werden die vier Zylinder . . . . geschaltet. Diese Schaltung wird so vorgenommen, dass in jedem Zylinder zu einem ganz bestimmten Zeitpunkt ein anderer . . . . stattfindet.

Warum ein Flugzeug fliegt

Ein Flugzeug ist schwerer als . . . . . Es wirken die Erdanziehungskräfte. Es wird in der Luft gehalten durch den dynamischen . . . . Dieser wird durch die Luft, die über und unter den Tragflächen vorbeiströmt, ... Der Vortrieb wird durch einen Motor erzeugt, sei es ein Düsen-, Propeller- oder Raketen- . . . . Der Vortrieb muss den natürlichen . . . . überwinden, damit sich das Luftfahrzeug horizontal vorwärts bewegen kann. Die Größe des Auftriebs hängt ab von der Geschwindigkeit und Dichte der anströmenden Luft sowie von dem .... der angeströmten Tragflächen. Luftfahrzeuge dürfen nur mit einer ganz bestimmten .... landen. Um diese zu verringern, wird der Widerstand der Tragflächen .... Dies geschieht durch das zusätzliche Ausfahren von Landeklappen und Luftbremsen. Um ein Flugzeug in der Luft zu halten, wird ein Drittel des benötigten Auftriebs durch Überdruck unter den Tragflächen und zwei Drittel durch .... oberhalb der .... erzeugt.

Die Funktion des Fotoapparats

Der Fotoapparat, auch als ...... bezeichnet, ist ein lichtdichter Kasten. Er hat vorn eine Öffnung, die durch ein .... ausgefüllt ist. Man kann die Funktionsweise der Kamera mit der des menschlichen Auges vergleichen.

Der Lichteinfall wird durch eine Blende gesteuert. Diese Blende wird beim Auge .... genannt. Sie .... automatisch auf die Stärke des Lichts. Bei zu starkem Licht .... sie sich, damit der Mensch nicht geblendet wird. Auf der dem Objektiv gegenüberliegenden Seite befindet sich beim Fotoapparat der Film. Anstelle des Films dient hierfür beim Auge die ....

Gegenstände werden auf dem Film dadurch abgebildet, dass die vom Objekt abgestrahlten oder reflektierten .... durch das Objektiv der Kamera auf den lichtempfindlichen Film geworfen werden. Dort ergibt sich eine komplette Abbildung des .... Beim Fotografieren öffnet sich die Blende in der Regel nur für den Bruchteil einer Sekunde, um die Lichtstrahlen durch das Objektiv auf den .... gelangen zu lassen. Bei zu langen Belichtungszeiten spricht man von .... Dem Fernglas, das als zusätzliches, vergrößerndes Element für das Auge verwendet wird, entspricht das .... eines Fotoapparats.

Die Evolution

Erstes Leben auf unserer Erde entstand vor mehr als drei .... Jahren. Auf dem Grund des ...... bildeten sich die ersten Einzeller, vielleicht waren sie ähnlich den heutigen Blau- und Kugelalgen, auf jeden Fall winzig klein. Im Laufe der Zeit .... sich Schwämme und Hohltiere. Diese Tiere hatten weder einen Kopf noch Knochen. In der weiteren Entwicklung entstanden die ersten Würmer, fast ausschließlich mit sehr einfachen inneren .... Nicht alle Tierarten entwickelten sich weiter, viele starben aus. Bei manchen anderen Tierarten bildeten sich in der Weiterentwicklung harte ...., die eine Schutzfunktion für die weichen Körper erfüllten. In dieser Zeit entstanden die ......ln, Schnecken und Tintenfische, auch Letztere hatten ursprünglich ein Gehäuse. Bis den Tieren die ersten Gliedmaßen aus den stummeligen Füßchen und Borstenkränzen wuchsen, dauerte es viele .... Jahre. Auch die allerersten .... entstanden im Wasser. Bei ihrer Ansiedelung auf dem Land, vor ungefähr 500 Millionen Jahren, kamen die ersten Tierarten mit auf das Land, wie Skorpione, Spinnen und Krebse.

Wiederum im Wasser entwickelten sich später die ersten Wirbeltiere. Ein langer Knorpel bildete das im .... des Körpers verborgene Stützkorsett. Er war ein Vorläufer der .... Falsch war die Vorstellung, dass nun alle Wirbeltiere mit der Zeit immer ausgereifter und besser wurden. Bei jedem Schritt der .... veränderten sich verschiedene Arten nicht weiter. Dies war dann der Fall, wenn sich der .... der Tiere nicht in dem Maße veränderte, dass er eine weitere Anpassung verlangte.

Lösungen

Text 1: Das Prinzip eines Motors
Ottomotor Zylinder Kolben Getriebe Gase Auslassventil Ventile verdichtet Gemisch abwärts hintereinander Takt

Text 2: Warum ein Flugzeug fliegt
Luft Auftrieb erzeugt Triebwerk Luftwiderstand Anstellwinkel Geschwindigkeit vergrößert Unterdruck Tragflächen

Text 3: Die Funktion des Fotoapparats
Kamera Objektiv Iris reagiert verengt Netzhaut Lichtstrahlen Objekts Film Überbelichtung Teleobjektiv

Text 4: Die Evolution
Milliarden Meeres entwickelten Organen Schalen Muscheln Millionen Pflanzen Inneren Wirbelsäule Entwicklung Lebensraum

Buchstaben-Mix

Die Aufgabenstellung besteht darin, die Buchstaben in eine sinnvolle Reihenfolge zu bringen, damit ein Wort entsteht. Diese Übung soll Ihr Sprachverständnis, Ihr analytisches Denkvermögen sowie Ihre Kombinationsfähigkeit testen. Die Anzahl der Buchstaben bestimmt in der Regel den Schwierigkeitsgrad der Aufgaben, da die Kombinationsmöglichkeiten zunehmen.

Beispiel 1	*Beispiel 2*	*Beispiel 3*
STA	*HCOCU*	*OTRDAMOR*
Lösung		
AST	*COUCH*	*MOTORRAD*

Lösungstipps: In der Regel werden Sie eine Vielzahl von Aufgaben in einer vorgegebenen Zeit zu bearbeiten haben. Halten Sie sich daher nicht zu lange an einer Aufgabe auf, sondern versuchen Sie, zunächst die einfachen Aufgaben zu lösen. Dies bedeutet, dass Sie mit den kurzen Buchstabenfolgen beginnen.

Sofern sowohl ein C als auch ein K in der Buchstabenreihe vorhanden sind, besteht eine hohe Wahrscheinlichkeit, dass diese beiden Buchstaben in der Kombination CK auftreten. Gleiches gilt für die Buchstaben C und H. Auch die beiden Buchstaben T und Z kommen sehr häufig in der Kombination TZ vor und P und F als PF.

Wenn bei mehr als vier Buchstaben nur ein Vokal vorhanden ist, also A, E, I, O oder U beziehungsweise die entsprechenden Umlaute Ä, Ö Ü, dann wird der Vokal nicht am Anfang des Wortes platziert sein. Versuchen Sie, bei langen Wörtern Vorsilben wie VOR, ENT, AUS oder Endsilben wie HEIT, UNG, KEIT zu entdecken, und probieren Sie damit eine Wortbildung.

Sollten Sie auf mehrere Wortmöglichkeiten kommen, so schreiben Sie alle auf, die Sie finden. Grundsätzlich lässt sich dieser Aufgabentyp sehr gut üben, daher haben wir Ihnen wieder eine große Anzahl an Aufgaben im Buch wie auch in der App vorbereitet. Und noch ein Tipp: Spielen Sie öfters mal wie Gesellschaftsspiele Scrabble oder Boggle!

Aufgaben

Sie haben 6 Minuten zur Verfügung.

1 PALNE ____________
2 SAPTLA ____________
3 GTIZUEN ____________
4 MIZRME ____________
5 KNAOBL ____________
6 RÄFEH ____________
7 AOTKGLA ____________
8 RSOKETL ____________
9 CTEBAHSUA ____________
10 MAPLE ____________
11 SLAT ____________
12 IDBE ____________
13 GWAEA ____________
14 ZATR ____________
15 DRUWNE ____________
16 ZHRE ____________
17 MEMOKDO ____________
18 SIREE ____________
19 LEMURM ____________
20 OUTA ____________
21 MRTUS ____________
22 CUHHLSCA ____________
23 MEPAL ____________
24 HSHUTCSNE ____________
25 EGUA ____________

Lösungen

1 ALPEN und PLANE 2 PALAST 3 ZEITUNG 4 ZIMMER 5 BALKON 6 FÄHRE 7 KATALOG 8 KLOSTER 9 BUCHSTABE 10 PALME und LAMPE 11 LAST 12 DIEB 13 WAAGE 14 ARZT und ZART 15 WUNDER 16 HERZ 17 KOMMODE 18 RIESE und REISE 19 MURMEL 20 AUTO 21 STURM 22 SCHLAUCH 23 LAMPE und PALME 24 SEHNSUCHT 25 AUGE

Textvergleich

Bei der folgenden Übung sollen Sie den Originaltext mit der Abschrift vergleichen und sämtliche Fehler in der Abschrift unterstreichen – nicht ausbessern, sondern lediglich unterstreichen. Es kann sich hierbei um Schreibfehler, Zeichenfehler, Fehler im Satzbau, Lücken, Einfügungen, Verdrehungen und so weiter handeln.

Beispiel

Originaltext
Der Rigi-Kulm ist ein 1800 Meter hohes imposantes Alpenmassiv, das für sich allein steht und eine mächtige Aussicht auf blaue Seen, grüne Täler und schneebedeckte Berge bietet.

Abschrift
Der Riggi-Kulm ist ein 1800 m hohes imposante Alpenmassiv, daß für mich allein steht, und einen mächtigen Blick auf blaue Seen, grüne Täler und schneebedeckte Berge bitet.

Lösung: Der Riggi-Kulm ist ein 1800 m hohes imposants Alpenmassiv, daß für mich allein steht, und einen mächtigen Blick auf blaue Seen, grüne Täler und schneebedeckte Berge bitet.

Experten-Tipp: Bei dieser Aufgabe, die eine sehr hohe Konzentration erfordert, wird oft ein großer Fehler begangen: Viele Prüflinge konzentrieren sich zu sehr auf den Inhalt des Textes, anstatt sich ausschließlich auf die Schreibunterschiede zwischen Original und Abschrift zu beschränken. Gehen Sie daher ganz mechanisch an den Text heran, und vergleichen Sie einfach die geschriebenen Buchstaben und Satzzeichen.

So, nun erhalten Sie den vollständigen Text zur Durchsicht.

Aufgaben Teil 1

Beginnen Sie jetzt mit den folgenden Aufgaben. Sie haben 5 Minuten zur Verfügung.

Originaltext

Der Rigi-Kulm ist ein 1800 Meter hohes imposantes Alpenmassiv, das für sich allein steht und eine mächtige Aussicht auf blaue Seen, grüne Täler und schneebedeckte Berge bietet – ein vollgestopftes, großartiges Bild von 500 Kilometer Umfang.

Man erklimmt ihn je nach Wunsch und Vorliebe entweder auf dem Schienenweg oder zu Pferde, oder aber auch zu Fuß. Ich und mein Reisebegleiter warfen uns an einem sonnigen Morgen in unsere Wandertracht und überquerten den See mit einem Dampfer; in dem Dorf Wäggis, eine Dreiviertelstunde von Luzern entfernt, gingen wir an Land. Dieses Dorf liegt am Fuß des Berges.

Schon bald stapften wir gemächlich den laubüberwölbten Maultierpfad hinan, und dann begann auch, wie gewöhnlich, die Unterhaltung zu fließen.

Es war 12 Uhr mittags und ein wolkenloser Tag mit leichter Brise; der Hang stieg nur allmählich, und die Blicke, die wir durch den Vorhang der Äste auf das blaue Wasser und winzige Segelboote und überhängende Felsenklippen werfen konnten, waren so bezaubernd wie Blicke ins Traumland. Die Umstände waren vollkommen und unsere Erwartungen freudig gespannt, denn bald schon würden wir uns ja zum ersten Mal an jenem wundervollen Schauspiel ergötzen, einem Sonnenaufgang in den Alpen – dem Zweck unserer Wanderung.

(aus: Mark Twain *Bummel durch Europa*)

Abschrift

Der Riggi Kulm ist ein 1800 m hohes imposante Alpenmassiv, dass für mich allein steht und einen mächtigen Blick auf blaue Seen, grüne Täler und schneebedeckte Berge bitet – ein vollgestopftes, grosartiges Bild von 5000 Kilometer Umfang.

Je nach Wunsch und Vorliebe erklimmt man ihn entweder auf dem Schienenweg oder zu Pferde oder aber auch zufuß. Mein Reisebegleiterund ich und warfen uns an einem sonnigen Morgen in unsere Wandertrackt und überquerten den See mit jenem Dampfer. In dem Dorf Wäggis, drei Viertel Stunden von Luzern entfernt, gingen wir an Land. Dieses Dorf liegt am Fuß des Berges.

Bald schon stapften wir gemächlich den laubüberwölbten Maultirpfad hinauf, und dann begann auch wie gewöhnlich die Unterhaltung zu fließen.

Es war 12 Uhr mittags und ein wolkenloser, herrlicher Tag mit leichter Brise; Der Hang stieg allmälich nur, und die Blicke, die wir durch den Vorhang der Zweige auf dass blaue Wasser, und winzig kleine Segelboote und überhängende Felsenglippen werfen konnten, waren so bezaubernd, wie Blicke ins Traumland. Die Umstände wurden vollkommen und unsere Erwartungen freundlich gespannt, denn bald schon werden wir ja zum erstenmal uns an jenem wundervollen Schauspiel ergötzen, einem Sonnenaufgang in den Alpen – dem Zweck unserer Wanderung.

Aufgaben Teil 2

Es gibt noch eine Variante dieser Aufgabe. Dabei streichen Sie in der Abschrift die links an der Seite angegebenen Zeilennummern an, um die Zeilen zu markieren, in denen Sie einen Fehler im Vergleich zum Original gefunden haben.

Beginnen Sie jetzt, Sie haben 2 Minuten zur Verfügung.

Original

1	EDV Nr.14605711			Listennummer II	
2	Anschrift	Auftrag	Auftrags-nummer	Datum	Bearbeiter Name
3	Name			14.4.2009	
4	Firma	1500	167809760	12.4.2009	DÖOF
5	Klaus Langendorf				
6	Lange Heide 49				
7	51069 Köln				
8	Firma	750	1876537	12.4.2009	DANNER
9	Hop Shop GmbH	200	1549387-X		
10	Am Damm 12				
11	22175 Hamburg				
12	Firma	2000	167809709	14.4.2009	DANNER
13	Sport Shöll OHG	250	1765387		
14	Gartenstrasse 20				
15	48147 Münster				
16	Firma	750	167809709	13.4.2009	ZAMER
17	Garten-Center	900	1765387		
18	Blumenstrasse 22a				
19	76133 Karlsruhe				
20	Firma	290	25876387	14.4.2009	DÖOF
21	Reinhard Polzer	400	1759998-5		
22	Abtstraße 4				
23	80807 München				
24	Firma	2500	3876598	14.4.2008	ZAMER
25	Kleinteile	150	18154736		
26	Hauptstrasse 12				
27	79104 Freiburg i.B.				
28	Firma	1800	60437921-S	14.4.2008	DÖOF
29	Sundran Elektro GmbH	380	1814736		
30	Wintererstrasse 27	250	7825137		
31	53177 Bonn	180	7583942		

Abschrift

1	EDV Nr.14605711			Listennummer II	
2	Anschrift	Auftrag	Auftrags-nummer	Datum	Bearbeiter Name
3	Name			14.4.2009	
4	Firma	1500	167809770	12.4.2009	DÖOF
5	Klaus Langendorf				
6	Lange Heide 49				
7	51069 Köln				
8	Firma	750	1876537	12.4.2009	DANNER
9	Hop Shop GmbH	200	1549387-X		
10	Am Damm 12				
11	22175 Hamburg				
12	Firma	2000	167809709	14.4.2009	DANNER
13	Sport Shöll OHG	250	1765387		
14	Gartenstrasse 29				
15	48147 Münster				
16	Firma	750	167809709	13.4.2009	ZAMER
17	Garten-Center	900	1765387		
18	Blumenstrasse 22a				
19	76123 Karlsruhe				
20	Firma	290	25876387	14.4.2009	DÖOF
21	Reinhard Polzer	400	1759998-5		
22	Abtstraße 4				
23	80807 München				
24	Firma	2500	3876598	14.4.2009	ZAMER
25	Kleinteile	150	18154736		
26	Hauptstrasse 12				
27	79104 Freiburg i.B.				
28	Firma	1800	60437921-S	14.4.2008	DÖOF
29	Sundran Elektro GmbH	360	1814736		
30	Wintererstrasse 27	250	7825137		
31	53177 Bonn	180	7583942		

Lösungen

4 14 19 24 29

Wörter aufschreiben

Bei der nachfolgenden Übung sollen Sie so viele Wörter wie möglich aufschreiben, die die vorgegebenen Kriterien erfüllen.

Beispiel

Schreiben Sie alle Wörter auf, die mit dem Buchstaben »B« beginnen und mit dem Buchstaben »K« enden.

Lösung (Beispiele): Bank, Blick, blank, Bock.

Aufgaben Teil 1

Für jede der folgenden Aufgaben steht Ihnen 1 Minute zur Verfügung.

1. Schreiben Sie alle Wörter auf, die mit dem Buchstaben »S« beginnen und mit dem Buchstaben »T« enden.
2. Schreiben Sie alle Wörter auf, die mit dem Buchstaben »F« beginnen und mit dem Buchstaben »D« enden.
3. Schreiben Sie alle Wörter auf, die mit dem Buchstaben »H« beginnen und mit dem Buchstaben »Z« enden.
4. Schreiben Sie alle Wörter auf, die mit dem Buchstaben »R« beginnen und auf »E« enden.
5. Schreiben Sie alle Wörter auf, die an der dritten Stelle den Buchstaben »E« enthalten.
6. Schreiben Sie alle Wörter auf, die genau zweimal den Buchstaben »E« enthalten.
7. Schreiben Sie alle Wörter auf, die auf »TZ« enden.
8. Schreiben Sie alle Wörter auf, die die Buchstabenkombination »TT« enthalten.
9. Schreiben Sie alle Wörter auf, die die Buchstabenkombination »RG« enthalten.
10. Schreiben Sie alle Wörter auf, die mit der Buchstabenkombination »SK« beginnen.

Lösungen Teil 1

Die angegebenen Lösungen können nur beispielhaft genannt werden, da es viele Lösungsmöglichkeiten gibt.

1 Stadt, Saft, Salat, satt, sesshaft, Sauerkirschensaft, Splitt, Spott 2 fand, fad, Feld, Fahrrad, Fund, Findelkind, Feind, Festland 3 Holz, Herz, Hotzenplotz, Harz, Hatz, Hauklotz, Hospiz 4 Reime, Rose, Rehe, rase, renne, richte, reiche, Röte 5 drehen, stehen, Steg, Fee, Grenze, Pferd, Seele, biegen 6 See, Fee, Grenze, biegen, drehen, Wege, Ehre, Ecke 7 Satz, Latz, Witz, Schlitz, Blitz, Schutz, Schmutz, Platz 8 Watte, wetten, hatte, glatt, Platte, Wette, Kette, Klette 9 Sarg, verbarg, arg, arglistig, Arglist, Sorge, sorgen, borgen 10 Skonto, Skontoabzug, Skelett, Skalp, Skat, Skatrunde, Skala, skandieren

Aufgaben Teil 2

Bei der etwas einfacheren Variante müssen Sie nur den Anfangsbuchstaben beherzigen.

Bei den folgenden Aufgaben haben Sie pro Buchstabengruppe 30 Sekunden Zeit.

1 Bilden Sie möglichst viele Substantive mit den Anfangsbuchstaben

B
V
P
E
N
K
S
A
M
I

2 Finden Sie möglichst viele Verben mit dem Anfangsbuchstaben

H
S
G
L
E
V
F
B
U
N

Rechtschreibung

Wie schreibt man nach den Regeln des Duden die folgenden Wörter?

Sie haben 5 Minuten zur Verfügung.

1 a Hobbies
b Hobbis
c Hobbys
d Hobbye

2 a Silvester
b Sylvester
c Silwester
d Sylwester

3 a E-Mail
b EMail
c Email
d E-Meil

4 a Capuccino
b Cappuccino
c Cappucino
d Cappuchino

5 a Zucchini
b Zuchini
c Zuccini
d Zucchiny

6 a Verlies
b Verließ
c Verliß
d Ferließ

7 a Sisiphos
b Sisyfos
c Süsyphos
d Sisyphos

8 a Rythmus
b Rhytmus
c Rhythmus
d Rhythmuss

9 a Satelit
b Satellit
c Sattellit
d Satellith

10 a Spazieren
b Spatzieren
c Spaziren
d Spaziehren

11 a Kondenzmilch
b Kondensmielch
c Kondensmilch
d Konndensmilch

12 a Hügiene
b Hygiene
c Hygiäne
d Hygene

13 a Gedächtnis
b Gedächnis
c Gedechtnis
d Gedächtniss

14 a Defibrilator
b Defibrillator
c Devibrillator
d Defiebrillator

15 a Des weiteren
b Des Weiteren
c Desweiteren
d Desweitteren

16 a Vorraussetzung
b Voraussetzung
c Vorausetzung
d Voraußetzung

17 a Annullieren
b Anullieren
c Annulieren
d Annulliren

18 a Atmosfäre
b Atmosphere
c Athmosphäre
d Atmosphäre

19 a Kreißsaal
b Kreissaal
c Kreisaal
d Kreißsal

20 a Känguru
b Känguruh
c Känguhru
d Kenguru

21 a Hiroglyphen
b Hieroglüphen
c Hieroglyphen
d Hieroglyfen

22 a Chamäleon
b Chameleon
c Chamälleon
d Kamäleon

23 a Annekdote
b Anekdote
c Anekdode
d Aneckdote

24 a Labyrinth
b Labyrint
c Labürinth
d Labyrrinth

25 a Mannöver
b Manöver
c Manöva
d Manöfer

Lösungen

1 c 2 a 3 a 4 b 5 a 6 b 7 d 8 c 9 b 10 a 11 c 12 b 13 a 14 b
15 b 16 b 17 a 18 d 19 a 20 a 21 c 22 a 23 b 24 a 25 b

Antonyme

Suchen Sie zu den vorgegebenen Begriffen jeweils das Antonym, also das Wort mit der gegenteiligen Bedeutung.

Beispiel

Mitläufer – ?
a Gegner b Konkurrent c Querulant d Anführer

Lösung: d

Aufgaben

Sie haben 2 Minuten Zeit.

1 labil – ?
a selbstbewusst b charakterfest c beständig d erfahren

2 Chaos – ?
a Ordnung b Konzentration c Disziplin d Realität

3 dynamisch – ?
a beharrlich b unbewegt c stationär d unbeschwingt

4 Mut – ?
a Faulheit b Feigheit c Verrat d Schüchternheit

5 Handicap – ?
a Behinderung b Vorteil c Verletzung d Anreiz

6 Atheist – ?

a Revolutionär b Verschwörer c Gläubiger d Kommunist

7 komplex – ?

a eindeutig b einfach c einzigartig d eigenartig

8 vereinnahmen – ?

a abtreten b verdienen c verlieren d vergeben

9 unfruchtbar – ?

a steril b impotent c fertil d keimfrei

10 autonom – ?

a begrenzend b unberechenbar c einmalig d abhängig

Lösungen

1 c 2 a 3 b 4 b 5 b 6 c 7 b 8 a 9 c 10 d

Die richtige Schreibweise finden

Unterstreichen Sie bei den folgenden Wortpaaren die richtige Schreibweise. Hinweis: Alle Rechtschreibübungen dieses Buches entsprechen den neuen Rechtschreibregeln, wie sie im Duden stehen.

Beispiel

Späne – Spähne

Lösung: Späne ist zu unterstreichen.

Aufgaben

Unterstreichen Sie das Wort in der richtigen Schreibweise.

Beginnen Sie jetzt, Sie haben 5 Minuten Zeit.

	a		b		a		b
1	abspuhlen	–	abspulen	13	Siphon	–	Siffon
2	Krawatte	–	Kravatte	14	Polyklinik	–	Poliklinik
3	Autopsie	–	Autobsie	15	spührte	–	spürte
4	fröhnen	–	frönen	16	Sabbat	–	Sabath
5	achzig	–	achtzig	17	Rokoko	–	Rokokko
6	Barock	–	Barok	18	Hypothenuse	–	Hypotenuse
7	aprubt	–	abrupt	19	Alphabeth	–	Alphabet
8	Zenit	–	Zenith	20	Abonnement	–	Abonement
9	Möve	–	Möwe	21	Stanniol	–	Staniol
10	Schifffahrt	–	Schiffahrt	22	Abzess	–	Abszess
11	apelieren	–	appellieren	23	Matratze	–	Matraze
12	grotesk	–	krotesk	24	Triumphirat	–	Triumvirat

Lösungen

1 b 2 a 3 a 4 b 5 b 6 a 7 b 8 a 9 b 10 a 11 b 12 a 13 a 14 b
15 b 16 a 17 a 18 b 19 b 20 a 21 a 22 b 23 a 24 b

Textverständnis

Bei dieser Übung geht es darum, ob Sie einen Text nach genauem Lesen verstehen und aus den Fakten Schlussfolgerungen ziehen können.

Aufgabe

Lesen Sie zunächst den nachfolgenden Text durch. Danach sollen Sie die anschließend aufgeführten Fragen beantworten. Sie können dabei jederzeit auf den Text zurückgreifen, obwohl sich nicht alle Antworten aus dem Text ergeben.

Anforderungen der Zukunft

Nichts ist so beständig wie der Wandel. Mit dieser Aussage lässt sich der Trend unserer Zeit zusammenfassen. Veränderungen treten in immer kürzeren Zeitabständen auf, und im Hinblick auf die berufliche Qualifizierung ist das einmal gelernte Wissen nicht mehr ausreichend. Eine Ausbildung oder ein Studium können nur noch als eine Basisqualifizierung angesehen werden. Ständige Weiterbildung ist unerlässlich, um den sich ändernden Anforderungen gerecht werden zu können. Vergleicht man zum Beispiel die Berufsbilder technischer Ausbildungsberufe von heute und vor zehn Jahren, so sind völlig neue Qualifikationsanforderungen entstanden. Insgesamt ist ein deutlicher Trend weg von der Mechanik und der handwerklichen Tätigkeit hin zur Elektronik und Software zu erkennen. Der industrielle Facharbeiter von heute legt weniger mit dem Werkzeug selbst Hand an. Er ist vielmehr derjenige, der computergesteuerte Maschinen einrichtet, steuert und Prozesse überwacht. Ohne entsprechende EDV-Kenntnisse kann diese Aufgabe nicht erfüllt werden.

Am deutlichsten ist der schnelle Wandel im Bereich der Informationstechnologie zu sehen. EDV-Systeme und -Programme, die vor zehn Jahren dem neuesten Stand der Technik entsprachen, sind heute völlig veraltet. Der PC hat Einzug in nahezu jeden Bereich gehalten. Waren früher noch Terminals an einen zentralen Großrechner angebunden, stellt heute der dezentrale, netzwerkverbundene PC die Norm dar. Begriffe wie Cyberspace, Multimedia und E-Mail erobern die Welt und führen uns auf den Weg hin zur Informationsgesellschaft. Sie bietet die Möglichkeit, auf eine nahezu unbegrenzte Menge von Daten zuzugreifen, und dies ohne räumliche Grenzen. Die Daten, die heute täglich rund um den Globus kursieren, übertreffen an Menge das gesamte Wissen, das der Menschheit im 19. Jahrhundert zur Verfügung stand.

Die größte Herausforderung für jeden einzelnen wird darin bestehen, sich ständig weiterzubilden, um den sich wandelnden Anforderungen gerecht zu werden und aus der vorhandenen Datenflut das für ihn Wesentliche herauszufiltern.

Beantworten Sie die folgenden Fragen. *Dafür stehen Ihnen 3 Minuten zur verfügung.*

1 Was ist die wesentliche Kernaussage des Textes?

a Technische Ausbildungsberufe sind nicht mehr gefragt.

b Computer sind veraltet.

c Es bedarf ständiger Weiterbildung, um den zukünftigen Anforderungen gerecht zu werden.

d Die Datenflut überfordert die Menschen.

2 Was versteht man unter einem PC?

a Eingabegerät ohne eigenen Rechner für den Zugriff auf einen Großrechner

b Personal Computer

c Schnurloses Telefon

d Datenleitung

3 Was versteht man unter Cyberspace?

a Weltraum

b Vierdimensionale Darstellung eines Gegenstands

c Bildschirmoberfläche

d Umgangssprachliche Bezeichnung für die Gesamtheit der weltweiten elektronischen Kommunikation

4 Im Text ist von EDV-Kenntnissen die Rede. Welche der nachfolgenden Begriffe bezeichnet keine Software?

a Adobe Acrobat XI

b Microsoft Excel

c CPU

d Coral Draw

5 Im Text werden Berufsbilder von Ausbildungsberufen angesprochen. Welcher der nachfolgenden Berufe ist kein anerkannter Ausbildungsberuf?

a Industrieelektroniker/-in

b Kurierfahrer/-in

c Fachlagerist/-in

d Datenverabeitungskaufmann/-frau

6 Im Text ist von Daten die Rede. Die Daten werden in digitaler Form übertragen. Welches ist die kleinste Einheit hierfür?

a MB

b Byte

c Bit

d RAM

Lösungen

1 c 2 b 3 d 4 c 5 b 6 c

Sprichwörter

Bei dieser Übung finden Sie eine Reihe von Sprichwörtern und Redewendungen. In jedem Satz wurden ein oder mehrere Wörter ausgelassen. Ihre Aufgabe besteht darin, die fehlenden Wörter zu ergänzen.

Beispiel

Bei Nacht sind alle _____ grau.

Lösung: Katzen

Aufgaben

Beginnen Sie jetzt, Sie haben 3 Minuten Zeit.

1 Gleich und __________ gesellt sich gern.

2 __________ und Narren sagen die Wahrheit.

3 Der Geist ist willig, aber das __________ ist schwach.

4 __________ kommt vor dem Fall.

5 Vom Regen in die __________ kommen.

6 Eulen nach __________ tragen.

7 Des einen Freud', des anderen __________.

8 __________ ist Silber, __________ ist Gold.

9 __________ ist die Höflichkeit der Könige.

10 Lieber den __________ in der Hand als die __________ auf dem Dach.

11 Sie gleichen sich wie ein __________ dem __________.

12 Die __________ im Haus ersetzt den __________.

13 Einem geschenkten __________ schaut man nicht ins __________.

14 __________, bleib bei deinem Leisten.

15 Keine __________ ohne __________.

16 Was __________ nicht lernt, lernt __________ nimmermehr.

17 Wer andern eine ______________ gräbt, fällt selbst hinein.

18 Wer im ______________ sitzt, sollte nicht mit Steinen werfen.

19 ______________ hat Gold im Mund.

20 Viele ______________ verderben den ______________.

21 Aller guten Dinge sind ______________.

22 ______________ Schale, ______________ Kern.

23 ______________ macht den Meister.

24 Blut ist ______________ als Wasser.

25 Der Teufel steckt im ______________.

Lösungen

1 gleich 2 Kinder 3 Fleisch 4 Hochmut 5 Traufe 6 Athen 7 Leid 8 Reden – Schweigen 9 Pünktlichkeit 10 Spatz – Taube 11 Ei – anderen 12 Axt – Zimmermann 13 Gaul – Maul 14 Schuster 15 Rose – Dornen 16 Hänschen – Hans 17 Grube 18 Glashaus 19 Morgenstund' 20 Köche – Brei 21 drei 22 Harte – weicher 23 Übung 24 dicker 25 Detail

Fremdwörter

Ordnen Sie folgenden Fremdwörtern die richtigen deutschen Begriffe zu, indem Sie die jeweilige Zahl des Fremdworts zu dem entsprechenden deutschen Begriff schreiben.

Sie haben 8 Minuten zur Verfügung.

1	Abstinenz	zwischen zwei Ländern
2	Advokat	Zusammenarbeit
3	Affront	Wortherkunft
4	Airport	Widerspruch
5	Altruismus	einteiliger Hosenanzug
6	Antonym	Weinschaumcreme
7	bilateral	Wandteppich
8	Brainstorming	Vorsorge
9	Business	Vogelkundler
10	Cardigan	verpflichtend
11	Deadline	Verlust
12	Defizit	Veranstaltung
13	Diskrepanz	Totenmesse
14	Display	Strickjacke
15	Enzyklopädie	Sprachheilkunde
16	Etymologie	Selbstmord
17	Evaluierung	Selbstlosigkeit
18	Event	Sammeln von Einfällen
19	Feedback	Reißverschluss
20	Gobelin	Rechtsanwalt
21	High Heels	Personalwesen
22	Human Resources Management	Pumps
23	Hypertonie	Netzhaut
24	Immigration	Nachschlagewerk
25	Inkubator	Minderheit
26	Jumpsuit	Lebenslauf
27	Joint Venture	im schlimmsten Fall
28	Konsens	Herausbringen
29	Kooperation	Geschäft
30	Launch	Gemeinschaftsunternehmen

31 Logopädie	gegensätzlicher Begriff
32 Metapher	Frist
33 Minorität	Flughafen
34 obligatorisch	Fernsehserie
35 Ornithologe	Enthaltsamkeit
36 Outsourcing	Einwanderung
37 Pay-TV	drahtloses Netzwerk
38 Prophylaxe	Brutkasten
39 Provider	Bluthochdruck
40 Queue	Billardstock
41 Requiem	bildhafte Redewendung
42 Retina	Bezahlfernsehen
43 Shareholder	Rückmeldung
44 Sitcom	Beleidigung
45 Suizid	Auswertung
46 Vita	Auslagern
47 WLAN	Anzeige
48 Worst Case	Anbieter
49 Zabaione	Aktienbesitzer
50 Zipper	Übereinstimmung

Lösungen

1 Enthaltsamkeit 2 Rechtsanwalt 3 Beleidigung 4 Flughafen 5 Selbstlosigkeit 6 gegensätzlicher Begriff 7 zwischen zwei Ländern 8 Sammeln von Einfällen 9 Geschäft 10 Strickjacke 11 Frist 12 Verlust 13 Widerspruch 14 Anzeige 15 Nachschlagewerk 16 Wortherkunft 17 Auswertung 18 Veranstaltung 19 Rückmeldung 20 Wandteppich 21 Pumps 22 Personalwesen 23 Bluthochdruck 24 Einwanderung 25 Brutkasten 26 einteiliger Hosenanzug 27 Gemeinschaftsunternehmen 28 Übereinstimmung 29 Zusammenarbeit 30 Herausbringen 31 Sprachheilkunde 32 bildhafte Redewendung 33 Minderheit 34 verpflichtend 35 Vogelkundler 36 Auslagern 37 Bezahlfernsehen 38 Vorsorge 39 Anbieter 40 Billardstock 41 Totenmesse 42 Netzhaut 43 Aktienbesitzer 44 Fernsehserie 45 Selbstmord 46 Lebenslauf 47 drahtloses Netzwerk 48 im schlimmsten Fall 49 Weinschaumcreme 50 Reißverschluss

Aufsatz

Diese Aufgabe ist eigentlich übersichtlich und aus Schulzeiten hinreichend bekannt. Dennoch scheitern viele Bewerber an ihr. Sie bekommen zehn Wörter vorgegeben und haben 45 Minuten Zeit, daraus einen sinnvollen Aufsatz zu schreiben. Länge: etwa 1,5 Seiten. Darauf achten die Prüfer:

- Rechtschreibung, Grammatik und Zeichensetzung: Bitte alles richtig machen!
- Inhalt: Fantasie ist gefragt, denn Sie müssen ja einen Text um die Worte stricken. Allzu schräg sollte das Produkt aber nicht sein.
- Die Wörter müssen genau so verwendet werden, wie sie angegeben sind. Weder dürfen Verben substantiviert noch aus Substantiven Verbformen werden. In diesem Fall zählt das Wort als nicht beachtet.

Da die Wahrscheinlichkeit recht hoch ist, dass die Worte aus dem Bereich Polizei/Feuerwehr/Bundeswehr kommen, lesen Sie sich einfach ein paar Polizeiberichte durch. Die finden Sie im Internet frei zugänglich zum Beispiel unter polizeipresse.de. Aber bitte benutzen Sie nicht so viele Passivkonstruktionen wie die Verfasser der Polizeimeldungen. Wir haben hier drei Mal zehn Wörter, aus denen Sie probehalber jeweils einen Aufsatz schreiben können.

1. Linienbus	1. Autobahn	1. Dachstuhl
2. Haltestelle	2. Bundesstraße	2. Flammen
3. Fahrradfahrer	3. Sattelschlepper	3. Brand
4. Verkehrsregeln	4. Notrufsäule	4. Feuerwehr
5. Krankenwagen	5. Rasthof	5. Blaulicht
6. Kopfhörer	6. Schnellimbiss	6. Mitternacht
7. Schulkinder	7. Beschleunigungsstreifen	7. Zigarette
8. Klingel	8. Polizeiauto	8. Handy
9. Innenstadt	9. Motorrad	9. Evakuierung
10. Mittagessen	10. Dämmerung	10. Flughafen

Es gibt nicht nur Aufsätze, die Sie aus vorgegebenen Wortgruppen schreiben müssen. Es kann auch sein, dass Sie in einem kurzen Aufsatz beispielsweise eine Stellungnahme zu einem aktuellen Thema abgeben sollen. Darum sei hier der Hinweis aus dem ersten Teil des Buches wiederholt: Lesen Sie Zeitung, schauen Sie sich auf News-Websites um oder sehen Sie sich seriöse Nachrichtensendungen im Fernsehen an. Denn einfacher ist es allemal, wenn man von den Geschehnissen schon einmal etwas gehört hat.

Diktat

Noch eine dieser Schulaufgaben kann Ihnen im Einstellungstest blühen: das Diktat. Dabei kommt es darauf an, dass sämtliche Schreibungen korrekt sind – nicht nur die Rechtschreibung, sondern beispielsweise auch Zusammen- und Getrenntschreibung. Gehen Sie die Kommaregeln noch einmal durch, machen Sie sich wieder mit den wichtigsten Regeln der Groß- und Kleinschreibung vertraut. Und üben Sie! Suchen Sie sich einen beliebigen Fließtext, zum Beispiel aus einem Buch oder von einer Webseite. Bitten Sie einen Freund oder Verwandten, Ihnen diesen Text zu diktieren, oder lassen Sie ihn sich von ihrem Handy in langsamer Geschwindigkeit vorlesen. Danach vergleichen Sie Ihr Geschriebenes mit dem Originaltext. Lernen Sie aus Ihren Fehlern!

Bildbeschreibung

In dieser Übung sollen Ihre Beobachtungsfähigkeit sowie Ihr präzises sprachliches Ausdrucksvermögen geprüft werden.

Aufgaben Teil 1

Sie finden nachfolgend fünf Bildszenen, die sich in ihrem Informationsgehalt unterscheiden. Ihre Aufgabe ist es, die Bilder jeweils zu beschreiben und insbesondere darauf einzugehen, wie sich der Informationsgehalt zwischen den Bildern unterscheidet. Beschränken Sie sich auf die Informationen, die aus dem Bild direkt entnommen werden können. Geben Sie keine Interpretationen und stellen Sie keine Vermutungen an.

Szene 1

Szene 2

Szene 3

Szene 4

Szene 5

Lösungsvorschlag

Szene 1: Auf dem Bild ist ein Mann zu sehen. Er trägt einen Hut und hat in der linken Hand einen geschlossenen Schirm. Die rechte Hand ist in seiner Hosentasche. Der Mann hat eine leicht gebeugte Haltung.

Szene 2: Es ist wiederum der Mann aus Bildszene 0 zu sehen. Jetzt steht ihm noch eine Frau gegenüber. Sie ist ungefähr gleich groß wie er, hat die Haare zu einem Zopf geflochten und eine Schleife im Haar. In der linken Hand trägt die Frau eine Handtasche.

Szene 3: Neben dem Mann und der Frau aus Bildszene 1 ist jetzt noch der hintere Teil eines Autos im Hintergrund zu sehen. Es handelt sich bei dem Fahrzeug um einen Viersitzer, da hinten zwei Nackenlehnen zu sehen sind. Das Nummernschild des Fahrzeugs ist nicht zu erkennen.

Szene 4: Auf diesem Bild ist im Gegensatz zu Bildszene 2 nun auch das Vorderteil des Fahrzeugs zu sehen.

Szene 5: Auf diesem Bild ist nun zusätzlich das Nummernschild des Fahrzeugs erkennbar. Es lautet: YZ-A 317 ansonsten ist das Bild mit der Bildszene 3 identisch.

Aufgaben Teil 2

Szene 1

Szene 2

Szene 3

Szene 4

Szene 5

Lösungsvorschlag

Szene 1: An einem Tisch sitzen ein Mann und eine Frau nebeneinander. Der Mann trägt eine Brille und hat einen Bart. Er hält vier Spielkarten in der Hand. Die Frau hat ihre Haare nach hinten gebunden, trägt auf der linken Seite erkennbar einen Ohrring. Vor ihr auf dem Tisch liegen Spielkarten. Die beiden Personen sehen sich nicht an und haben einen ernsten Gesichtsausdruck.

Szene 2: Die Szene unterscheidet sich vom vorherigen Bild nur dahingehend, dass noch zwei Gläser auf dem Tisch stehen. Das Glas, das direkt vor der Frau auf dem Tisch steht, ist voll, das andere Glas steht im Vordergrund des Tisches (nicht bei dem Mann) und ist nur zur Hälfte gefüllt.

Szene 3: Jetzt sind zusätzlich zu den beiden Personen noch zwei weitere Personen auf dem Bild zu sehen. Es handelt sich um eine Frau mit kurzen Haaren sowie einen Mann, der neben ihr sitzt. Die Frau blickt zu diesem Mann und legt ihre Hand auf seine. Vor beiden Personen steht jeweils ein gefülltes Glas. Der Mann hat unter seiner Hand Spielkarten und schaut geradeaus, das heißt er blickt die Frau nicht an. Sein Gesichtsausdruck ist teilnahmslos. In dieser Szene ist erkennbar, dass alle vier Personen an einem runden Tisch sitzen. Der Mann aus Szene 2 sitzt dabei neben der Frau, die in Szene 3 neu dazugekommen ist. Ferner ist ein Stapel mit weiteren Spielkarten in der Mitte des Tisches zu sehen.

Szene 4: Nun ist in der Szene eine Sprechblase bei der Frau mit den kurzen Haaren zu sehen. Sie sagt zu dem Mann, den sie mit ihrer Hand berührt: »Wegen deiner unverzeihlichen Fehler haben wir jetzt verloren.« Ansonsten ist die Szene unverändert.

Szene 5: In dieser Szene ist nun zusätzlich noch eine Sprechblase bei dem angesprochenen Mann mit den Worten »Du kannst mich mal!« zu sehen.

Persönlichkeitstests

Hier ist der Name Programm: Diese Tests dienen dazu, das Persönlichkeitsbild eines Kandidaten für die Entscheider transparent zu machen: Wie ist der Mensch, mit dem wir es hier zu tun haben? Welche Charakterzüge hat er? Diese Fragen sollen mit Persönlichkeitstests geklärt werden.

Den Arbeitgeber interessiert in diesem Zusammenhang insbesondere, wie es um die emotionale Stabilität, also die Ausgeglichenheit, das Selbstbewusstsein, die Gelassenheit oder Aggressivität des Bewerbers steht, wie seine soziale Intelligenz beschaffen ist. Dazu zählt man Kontaktfähigkeit, Durchsetzungsvermögen oder Anpassungsfähigkeit. Auch das Leistungsverhalten wird unter die Lupe genommen; wie also sieht es mit Pflichtbewusstsein, Ehrgeiz, Willen zum Erfolg oder der Arbeitseinstellung aus?

Die Tests, mit denen derartige Fragen beantwortet werden sollen, lassen sich in zwei Gruppen einteilen. Eine umfasst die projektiven Testverfahren, zur anderen gehören Fragebogentests.

Aus der Gruppe der projektiven Tests ist vor allem der Rorschach-Test bekannt. Dabei deutet der zu Testende Tintenkleckse. Aus der Interpretation der Grafiken werden Rückschlüsse auf die Persönlichkeit des Bewerbers gezogen. Dabei wird festgestellt, ob er zum Beispiel eher ängstlich ist oder gar psychische Krankheiten aufweist. Eine weitere Variante der projektiven Testverfahren sind Situationszeichnungen, bei denen der Testkandidat das Verhalten einer Person in einer vorgegebenen Situation festlegen soll.

Situationszeichnungen

Beispiel

Wenn zum Beispiel ein Autofahrer bei starkem Regen durch eine Pfütze fährt und einen Fußgänger total nass spritzt, gibt es verschiedene Sprechblasen mit Aussagen, die der Kandidat dem Fußgänger quasi in den Mund legen kann.

a Sie rücksichtsloser Kerl, so etwas ist mir ja noch nie untergekommen!
b Jetzt ist meine beste Kleidung vollkommen versaut!
c Ich werde Ihnen die Rechnung für die Reinigung der Hose zusenden.
d Das ist alles mein Fehler, ich habe Sie ja kommen sehen und hätte leicht auf dem Gehweg etwas zurückweichen können.

Durch die Auswahl einer Aussage gibt der Kandidat zu erkennen, was er in einer solchen Situation wohl selbst sagen würde. Daraus werden wiederum Rückschlüsse auf seine Persönlichkeit gezogen.

Aufgaben

Situation 1: Sie sitzen im Kino, und vor Ihnen hat eine Dame einen Hut auf, der Ihre Sicht stark behindert.

a Sie setzen sich auf einen anderen Platz ganz am Rand der Kinoreihe, von dem aus Sie zwar einen schlechteren Blickwinkel haben, jedoch die Dame mit dem Hut Sie nicht mehr behindert.

b Sie schieben der Dame den Hut vom Kopf und sagen, dass Sie sonst nichts sehen.

c Sie machen gar nichts und nehmen die Behinderung in Kauf.

d Sie sprechen die Dame an und bitten sie, den Hut abzunehmen, da Sie sonst nichts sehen.

Situation 2: Sie stehen mit Ihrem/Ihrer Partner/-in vor dem verschlossenen Fahrzeug und können den Schlüssel nicht finden. Nach längerem Suchen stellen Sie fest, dass Sie den Autoschlüssel wohl verloren haben. Ihr/-e Partner/-in macht Ihnen große Vorwürfe: »Du mit deiner ewigen Unachtsamkeit, wie sollen wir jetzt nachhause kommen?«

a Ach, es tut mir so leid, immer mache ich Fehler.

b Da kann ich doch auch nichts dafür, dass der Schlüssel jetzt weg ist.

c Ja, das ist ärgerlich, aber streiten nützt uns jetzt auch nichts. Lass uns gemeinsam überlegen, wie wir eine Lösung finden.

d Schuld bist doch eigentlich du, wegen deiner blöden Trödelei bin ich ganz nervös geworden.

Situation 3: Sie werden wegen erhöhter Geschwindigkeit von der Polizei gestoppt. Der Polizist sagt: »Sie sind 30 Stundenkilometer zu schnell gefahren.«

a Es ist doch nichts passiert, wozu die Aufregung?

b Dauernd passieren Überfälle und Morde, und Sie haben nichts Besseres zu tun, als hier die Geschwindigkeit zu kontrollieren?

c Das kann gar nicht sein, mein Tacho hat genau 50 Stundenkilometer angezeigt. Ihr Radargerät misst falsch!

d Tut mir leid, es war nicht meine Absicht, die Geschwindigkeitsbegrenzung zu überschreiten.

Situation 4: Sie haben für 99 Euro einen Receiver für Satellitenprogramme gekauft. Nach der Montage stellen Sie fest, dass der Receiver nicht funktioniert, und bringen das Gerät zurück. Der Verkäufer stellt in der Tat fest, dass das Gerät defekt ist, und schlägt vor, dass Sie den Receiver gegen ein Ersatzgerät der gleichen Marke tauschen. Als Sie zu Hause ankommen und den neuen Receiver wieder montieren wollen, funktioniert dieser erneut nicht.

a Es ist Ihnen peinlich, wieder in den Laden zu gehen, um das Gerät erneut zu tauschen. Sie gehen in einen anderen Laden, kaufen ein anderes Gerät und verschenken das nicht funktionierende Gerät an einen Freund, von dem Sie wissen, dass er gerne bastelt.

b Sie gehen nochmals in den Verkaufsladen und lassen den Receiver wiederum gegen ein anderes Gerät der gleichen Marke tauschen.

c Sie gehen wieder in den Verkaufsladen, bestehen aber darauf, Ihr Geld zurückzubekommen, und kaufen woanders ein anderes Gerät.

d Sie gehen wieder in den Verkaufsladen und tauschen das Gerät gegen ein Modell eines anderen Herstellers, nachdem der Verkäufer sich zunächst weigert, das Gerät zurückzunehmen und Ihnen den Betrag auszuzahlen.

Situation 5: Sie telefonieren privat während der Arbeitszeit mit einem Freund und unterhalten sich über die Sportergebnisse vom Wochenende. Plötzlich sehen Sie Ihren Chef auf sich zukommen.

a Sie beenden das Telefonat so schnell wie möglich, beginnen wieder mit der Arbeit und fragen, ob Sie etwas für Ihren Chef tun können.

b Sie tun so, als ob Sie Ihren Chef gar nicht bemerkt hätten, und telefonieren weiter.

c Sie versuchen, den Chef in das Gespräch einzubeziehen, indem Sie zu ihm sagen: »Herr Weber gibt mir gerade die Umsätze des letzten Monats durch. Das wird Sie sicher interessieren.«

d Sie entschuldigen sich bei Ihrem Chef: »Zu Hause komme ich kaum zum Telefonieren, da blockieren immer die Kinder die Leitung.«

Situation 6: Sie haben einen freien Parkplatz entdeckt, dabei haben Sie allerdings den bereits wartenden Fahrer, der rückwärts in den Parkplatz einfahren wollte, übersehen. Dieser fängt auch gleich an, Sie lauthals zu beschimpfen: »Was glauben Sie eigentlich? Ich war zuerst hier!«

a Sie zeigen dem Fahrer einen Vogel und fahren mit dem Lächeln des Überlegenen in die noch freie Parklücke.

b Sie fahren in die freie Fahrlücke, denn schließlich gilt: Wer zuerst kommt, mahlt zuerst.

c Sie sagen dem wartenden Fahrer, dass Sie ihn leider nicht gesehen haben, lassen ihm den Vortritt und suchen sich einen anderen Parkplatz.

d Sie schimpfen zurück und fahren weg.

Situation 7: Sie sitzen mit Freunden beim Kartenspiel. Nach verlorenem Spiel sagt Ihr/-e Spielpartner/-in: »Wegen deiner unverzeihlichen Fehler haben wir jetzt verloren.« Was antworten Sie?

a Das macht doch nichts. Es heißt doch: Pech im Spiel, Glück in der Liebe.

b Der Vorwurf ist ungerechtfertigt. Hättest du vorher das Kreuz-Ass statt der Pik-Sieben genommen, hätten wir den Stich gemacht.

c Ich sage es ja immer: Man soll nicht mit Anfängern spielen, die hinterher alles besser wissen wollen.

d Du benimmst dich wie ein Kind, du kannst einfach nicht verlieren.

Situation 8: Sie sind in einen Laden gegangen, um einen ganz bestimmten Artikel zu kaufen. Der Verkäufer erklärt Ihnen jedoch, dass der Artikel nicht vorrätig sei. Was antworten Sie?

a Wissen Sie, wann Sie die Ware wieder bekommen werden?

b Das ist mir jetzt schon zum zweiten Mal bei Ihnen passiert, dass Sie dies nicht vorrätig haben.

c So ein Saftladen, das ist doch kein Service!

d Immer wenn ich irgendetwas dringend brauche, ist es ausverkauft. Das kann doch immer nur mir passieren.

Analyse

Situation 1: Es ist schon etwas rücksichtslos oder zumindest gedankenlos, im Kino einen solchen Hut zu tragen. Es ist deshalb durchaus berechtigt, die Dame darauf anzusprechen und sie zu bitten, den Hut abzunehmen. Ihr den Hut vom Kopf zu schieben, ist sicherlich nicht verhältnismäßig und provoziert eine Eskalation des Konflikts. Lösungsvorschlag: d.

Situation 2: Sie haben ein gemeinsames Problem. Indem Sie auf den Vorwurf mit einem Gegenvorwurf reagieren, schaukelt sich der Konflikt nur weiter hoch. Auch große Selbstvorwürfe oder das Zurückweisen der Schuld bringen in dieser Situation nichts. Deshalb ist es am besten, sachlich nach einer Lösung zu suchen. Lösungsvorschlag: c.

Situation 3: Den Polizisten verbal anzugreifen oder so zu tun, als ob nichts gewesen wäre, ist in der Situation nicht angebracht. Sie haben einen Fehler gemacht und sollten dazu stehen. Lösungsvorschlag: d.

Situation 4: Sie sind zu Recht verärgert. Nachdem Sie bereits das zweite Mal Probleme mit dem Gerät hatten, sollten Sie darauf bestehen, das Geld zurückzubekommen. Lösungsvorschlag: c.

Situation 5: Eine unangenehme Situation. Da Sie nicht wissen, wie lange der Chef Ihr privates Gespräch schon mitbekommen hat, wäre es unklug, so zu tun, als ob Sie geschäftlich telefonieren. Weiterzutelefonieren, so als ob nichts wäre, provoziert Ihren Chef. Am besten ist es, so schnell wie möglich das Telefonat zu beenden. Lösungsvorschlag: a.

Situation 6: Sie haben übersehen, dass ein anderer Fahrer bereits vor Ihnen da war und die Parklücke nutzen möchte. Daher sind die Antwortalternativen a und b sicherlich unpassend. Selbst zurückzuschimpfen ist nicht sehr sinnvoll, daher ist Antwortalternative d auch nicht zu empfehlen. Lösungsvorschlag: c.

Situation 7: Eine sachliche Diskussion ist wohl wenig hilfreich. Zwar kann man, wie in Lösungsvorschlag b beschrieben, jetzt darüber debattieren, ob man in der entsprechenden Situation besser das Kreuz-Ass statt der Pik-Sieben gespielt hätte. Aber Zweck des Spiels ist es doch zu unterhalten. Es sei denn, Sie trainieren auf ein Turnier hin und spielen professionell. Die geschilderte Situation lässt eher darauf schließen, dass Sie mit Freunden zum Spaß spielen, dann sollte das Spiel in Harmonie verlaufen, wie stark Sie sich auch engagieren. Schon so manche Freundschaft ist durch Ärger beim Spiel ins Wanken gebracht worden. Wenn jemand zeigt, dass er nicht verlieren kann, bringt er auch die Mitspieler in eine unangenehme Situation. Eine nicht unbedingt ernst gemeinte Reaktion wie unter a hilft, die Situation zu entkrampfen. Vorwürfe, wie sie unter d angeführt sind, erhöhen nur die Spannung. Lösungsvorschlag: a.

Situation 8: Diese alltägliche Erfahrung sollte gemeistert werden, ohne in Vorwürfe gegenüber dem Verkäufer zu verfallen oder auch sich selbst zu bemitleiden. Lösungsvorschlag: a.

Weitere Aufgaben

Nachfolgend finden Sie weitere Situationen, wie sie in Persönlichkeitstests zu finden sind. Sie unterscheiden sich in der Art der Auswertung (siehe Lösungen). Testen Sie Ihre Einschätzung und Bewertung von Situationen, indem Sie sich für eine Antwortalternative entscheiden, die Ihrem Verhalten in den folgenden Situationen am nächsten kommt.

Situation 1: Sie haben einen Besprechungstermin und stellen fest, dass Sie zehn Minuten zu spät kommen werden. Wie verhalten Sie sich?

a Ich mache nichts weiter, schließlich wissen ja alle, dass ich nicht so pünktlich bin.

b Ich beeile mich und finde, wenn ich zu spät komme, eine Ausrede.

c Ich entschuldige mich für mein Zuspätkommen.

d Ich gebe vorab kurz Bescheid, dass ich ungefähr zehn Minuten zu spät kommen werde, damit die anderen sich darauf einstellen können.

Situation 2: Einer Ihrer Kunden schickt eine Anfrage, dass er dringend noch ein Ersatzteil braucht. Es ist jedoch schon Feierabend und Sie haben vor, noch ein paar Dinge in der Stadt zu erledigen. Wie verhalten Sie sich?

a Ich lasse den Auftrag liegen, morgen ist auch noch ein Tag.

b Ich rufe den Kunden am nächsten Morgen an und sage, dass alle gestern schon aus dem Haus waren, als sein Auftrag eingetroffen ist.

c Ich frage einen Kollegen, ob er den Auftrag für mich noch am Abend bearbeiten kann.

d Ich wickle den Auftrag noch ab und verschiebe meine Einkäufe.

Situation 3: Sie kaufen in einem Geschäft mehrere Sachen ein. Die Kassiererin vergisst, ein Teil, das 49 EUR kostet, einzuscannen. Wie verhalten Sie sich?

a Ich freue mich und sage nichts.

b Ich tue so, als ob ich es nicht gemerkt hätte, und sage nichts.

c Ich gehe zum Marktleiter, erzähle von dem Vorfall und bitte um einen Warengutschein für meine Ehrlichkeit.

d Sie machen die Kassiererin darauf aufmerksam und bezahlen das Teil.

Situation 4: Sie erreichen den Eingang zur U-Bahn-Station, die Rolltreppe ist ausgefallen. Eine Mutter mit Kinderwagen möchte zum Bahnsteig. Wie verhalten Sie sich?

a Ich gehe einfach weiter, schließlich kann man sich ja nicht um alles kümmern.

b Ich laufe weiter, sage aber der Mutter, dass ich sehr in Eile bin.

c Ich bitte jemand anderen, der Mutter zu helfen.

d Ich helfe der Frau, den Kinderwagen die Treppen hinunterzutragen.

Situation 5: Auf dem Firmenparkplatz sehen Sie ein Auto, bei dem am Tag Licht brennt. Wie verhalten Sie sich?

a Ich mache nichts. Wer so schusselig ist, hat es verdient, dass die Batterie am Abend leer ist.

b Ich frage einen Kollegen, ob er weiß, wem das Auto gehört. Falls er verneint, kümmere ich mich nicht weiter um die Sache.

c Ich warte etwa eine Stunde ab und schaue dann noch einmal nach dem Auto. Falls das Licht immer noch brennt, gebe ich in der Telefonzentrale Bescheid.

d Ich versuche herauszubekommen, wem das Auto gehört, und informiere die Person sofort.

Situation 6: Sie arbeiten in einem Büro, bei dem das Büromaterial für jeden frei zugänglich gelagert ist. Wie verhalten Sie sich?

a Ich decke meinen privaten Bedarf an Büromaterial ebenfalls aus diesem Lager, schließlich macht man ja sonst genug für die Firma, da muss das bisschen drin sein.

b Ich nehme regelmäßig Kleinigkeiten wie Bleistifte oder Radiergummis mit nachhause.

c Ich nehme ab und an Kleinigkeiten zur Deckung meines privaten Bedarfs mit.

d Ich nehme keinerlei Büromaterialen für private Zwecke aus dem Lager mit nachhause.

Situation 7: Sie haben bei der Bearbeitung eines Vorgangs einen Fehler gemacht, aus dem sich weitere Konsequenzen für die Firma ergeben können. Wie verhalten Sie sich?

a Ich sage nichts, die anderen werden schon nicht merken, dass ich den Fehler gemacht habe.

b Ich unternehme nichts. Falls jemand darauf kommt, tue ich so, als ob ich den Fehler nicht bemerkt hätte.

c Ich versuche, den Fehler zu korrigieren. Falls ich es nicht hinkriege, hoffe ich, dass es keiner merkt.

d Ich versuche, den Fehler zu korrigieren. Falls das nicht klappt, informiere ich meinen Chef, damit er frühzeitig reagieren und eingreifen kann, bevor der Schaden größer wird.

Situation 8: Sie haben sich mit Kollegen verabredet, um abends gemeinsam wegzugehen. Unerwartet werden Sie von einem Freund angesprochen, ob Sie mit ihm etwas unternehmen. Wie verhalten Sie sich?

a Da ich mehr Lust habe, mit meinem Freund wegzugehen, sage ich das Treffen mit den Kollegen einfach ab.

b Ich sage meinen Kollegen, dass ich mich nicht gut fühle, und gehe dann mit meinem Freund weg.

c Ich erkläre meinem Freund, dass ich schon etwas vorhabe, und sage ihm ab.

d Ich sage meinem Freund, dass ich schon eine feste Verabredung mit meinen Kollegen habe, frage ihn aber, ob wir nicht an einem anderen Tag etwas zusammen unternehmen können.

Situation 9: Sie hatten die Möglichkeit, mit einem Kollegen in dessen Auto von einer Dienstreise mit nachhause zu fahren. Zuvor hatten Sie jedoch Ihren Dienstreiseantrag für die Hin- und Rückfahrt gestellt. Wie verhalten Sie sich?

a Ich rechne trotzdem die vollen Reisekosten gegenüber meinem Arbeitgeber ab.

b Ich rechne die Reisekosten voll ab, lade dann aber den Kollegen zum Essen ein.

c Ich veranschlage nur eine Strecke bei den Reisekosten, wir gehen jedoch noch schön essen, was ich dem Arbeitgeber in Rechnung stelle.

d Ich rechne nur die Fahrtkosten für die Hinfahrt ab.

Situation 10: Ihr Kollege hat eine Idee für die Optimierung des Arbeitsprozesses entwickelt, über die er mit Ihnen gesprochen hat. Sie halten die Idee für gut und glauben, dass Ihr Chef dies auch so sieht. Wie verhalten Sie sich?

a Ich gehe zum Chef und verkaufe die Idee meines Kollegen als meine eigene.

b Ich gehe zum Chef und sage, dass ich diese Idee zusammen mit dem Kollegen entwickelt hätte.

c Ich sage dem Kollegen, dass ich die Idee für ganz gut halte, in einigen Punkten bedürfe sie jedoch noch der Verbesserung. Dann gehen Sie gemeinsam zum Chef und verkaufen die leicht modifizierte Idee als eine gemeinsame.

d Ich gratuliere dem Kollegen zu dieser Idee und empfehle ihm, sie dem Chef vorzustellen.

Analyse

Für a-Antworten bekommen Sie 0 Punkte, für b-Antworten 1 Punkt, für c-Antworten 3 Punkte und für d-Antworten 5 Punkte.

0 bis 19 Punkte: Die klassischen Tugenden wie Zuverlässigkeit, Pünktlichkeit, Loyalität und Ehrlichkeit bedeuten Ihnen nicht sehr viel. Sie handeln nach dem Motto: Das Leben ist hart, da muss man sehen, wo man bleibt. Für Ritterlichkeit ist da kein Platz. Vielleicht haben Sie diese Einstellung aufgrund schlechter Erfahrungen mit anderen Menschen entwickelt, fühlten sich schlecht behandelt und passen sich diesem Stil an. Damit laufen Sie jedoch Gefahr, dass Sie andere Menschen vor den Kopf stoßen, sich ein negatives Image aufbauen und leicht zum egoistischen Außenseiter werden. Wer so auftritt, darf keine Rücksicht von anderen erwarten. Vielmehr müssen Sie immer auf der Hut sein, dass andere Ihnen Ihr Verhalten nicht heimzahlen wollen. Das macht das Leben sehr anstrengend.

20 bis 35 Punkte: Sie fühlen sich immer ein wenig hin- und hergerissen zwischen dem Streben nach dem eigenen Vorteil und dem, was aus Ihrer Sicht »richtig« wäre. Ihnen ist die Bedeutung von Tugenden wie Verlässlichkeit, Redlichkeit und Pünktlichkeit durchaus bewusst. Im Alltag ist die Verführung aber doch sehr groß, sich den eigenen Vorteil zu sichern. Dann flüchten Sie sich in Ausreden, um Ihr Handeln zu rechtfertigen. Sie sollten sich darüber im Klaren sein, dass Sie von anderen dann auch nichts anderes erwarten können. Wie heißt es so schön? Wie man in den Wald hineinruft, so schallt es heraus.

36 bis 50 Punkte: Die klassischen Tugenden wie Pünktlichkeit, Zuverlässigkeit, Hilfsbereitschaft oder Loyalität haben für Sie einen hohen Stellenwert. Sie sind sehr bestrebt, Ihr tägliches Verhalten an diesen Wertmaßstäben auszurichten. Dies kann oftmals bedeuten, dass sich für Sie zunächst Nachteile ergeben. Auf Dauer gesehen werden Sie sich mit dieser Einstellung jedoch ein positives Image aufbauen und auch von anderen in der Mehrzahl der Fälle belohnt werden. Seien Sie sich aber auch darüber im Klaren, dass Ihr Verhalten bisweilen von anderen ausgenutzt werden kann. Entscheidend ist, dass Sie mit sich und Ihrem Verhalten im Reinen sind und eine klare Leitlinie haben, an der Sie sich orientieren.

Fragebogentests

Bei den »Fragebogentests« werden dem Kandidaten mehrere hundert Aussagen vorgelegt, die er mit »stimmt«, »stimmt nicht« oder »zweifelhaft« bewerten muss. Die Aussagen sind oft sehr persönlich, etwa »Ich fühle mich oft sehr niedergeschlagen«. Die Tests enthalten durchweg Kontrollfragen, damit es schwieriger ist, bewusst zu manipulieren. Hier ein Beispiel aus einem Persönlichkeitstest.

»Ich bezweifle die Aufrichtigkeit von Menschen, die freundlicher sind, als ich es erwarten würde.«

a stimmt b unentschieden c nein

»Oft ärgere ich mich zu schnell über andere.«

a stimmt b unentschieden c nein

Weniger offensichtlich als klassische Persönlichkeitstests zu erkennen sind die sogenannten Satzergänzungstests. Hier werden die Testteilnehmer dazu aufgefordert, einen Satzanfang nach ihren Vorstellungen weiterzuführen.

- Mein sehnlichster Wunsch besteht darin, ________________ .
- Mit einer Gruppe von Menschen zu arbeiten, ist ________________ .
- Thomas ist besorgt, dass ________________ .

Das Prinzip ist jedoch das gleiche wie bei den bereits vorgestellten Fragestellungen: Man möchte etwas über Ihre Einstellung und Ihre Persönlichkeit in Erfahrung bringen.

Persönlichkeitstests sind insgesamt recht umstritten. Immer wieder wird die Frage gestellt, ob ein Arbeitgeber das Recht hat, gezielt Einblick in die Persönlichkeitsstruktur eines Bewerbers zu bekommen. Formal haben Sie natürlich immer die Möglichkeit, die Bearbeitung des Tests zu verweigern. Dass sich dadurch die Chancen, den zu besetzenden Ausbildungs-/Arbeitsplatz zu bekommen, verschlechtern, ist aber nicht von der Hand zu weisen. Generell dürfen psychologische Testverfahren nur von Psychologen durchgeführt und ausgewertet werden. Damit soll sichergestellt werden, dass die Ergebnisse nicht von Laien falsch interpretiert werden und kein Unfug mit den Tests gemacht wird.

Das Assessment-Center (AC)

Assessment-Center – das ist so ein Begriff, um den sich zahlreiche Mythen ranken. Es ist eines von vielen Werkzeugen bei der Bewerberauswahl, das Unternehmen hilft, die Trefferwahrscheinlichkeit bei der Besetzung von Stellen zu erhöhen. Es kann ein paar Stunden dauern oder mehrere Tage. Doch was genau ist das Assessment-Center eigentlich?

Der Begriff stammt aus dem Englischen und setzt sich aus dem Wort »to assess«, das übersetzt »feststellen«, »bewerten« oder »einschätzen« heißt, und dem Wort »center«, das »Zentrum« oder »Mitte« bedeutet, zusammen. Im Mittelpunkt des Assessment-Centers stehen Kandidaten, deren Verhalten mittels einzelner Übungen von sogenannten Assessoren beobachtet und bewertet wird. Neben Bewerbungsunterlagen, psychologischen Tests und den Aussagen der Kandidaten im Vorstellungsgespräch wollen sich Unternehmen und Behörden so ein Bild von ihren Bewerbern machen. Sie wollen sehen, wie sich ein Kandidat in konkreten Praxissituationen verhält. Daher steht im AC weniger das fachliche Wissen im Vordergrund als vielmehr die Persönlichkeit, das Kommunikationsverhalten und die Motivation eines Kandidaten.

ACs werden in der Regel als Gruppenverfahren mit acht bis zwölf Teilnehmern in einem Zeitrahmen von zwei bis drei Tagen durchgeführt. Das Verhältnis zwischen Kandidaten und Assessoren ist in der Regel 2:1, für zwölf Kandidaten werden also sechs Assessoren benötigt.

Es gibt auch Mini- sowie Einzel-ACs mit einem Kandidaten – das müssen allerdings eher Führungskräfte über sich ergehen lassen. Das Mini-AC enthält wie das normale Assessment-Center Übungen, die verhaltensbezogen sind, also die Soft Skills wie Kommunikations- oder Teamfähigkeit testen. Allerdings dauert das Mini-AC meistens nur einen halben bis maximal einen Tag und wird oft in Kombination mit einem Einstellungstest durchgeführt – mit entsprechend weniger Übungen. Einzelpräsentationen und Gruppendiskussionen kommen allerdings häufig dran. Im Rahmen der Auswahlverfahren bei Polizei, Feuerwehr, Bundeswehr und Justiz werden zum Teil einzelne Elemente eines ACs eingesetzt.

Auf den folgenden Seiten beschreiben wir, welche Aufgaben Sie sich unter dem Begriff AC vorstellen müssen.

Einzelübungen	**Partnerübungen**	**Gruppenübungen**
Postkorb	Konfliktgespräch	Gruppendiskussion
Präsentation/Einzelvortrag	Pro- und Kontra-Diskussion	Gruppenarbeit, Fallstudie
Organisationsaufgabe		Rollenspiel
Berufs- und Leistungstests*		
Intelligenztests*		
Persönlichkeitstests*		
Einzelinterview*		

* Ergänzende Elemente im AC

Bei der Lösung dieser Aufgaben ist jeder Kandidat auf sich allein gestellt. Die folgenden Übungen sind üblich.

Postkorbübung

Stellen Sie sich vor, dass Sie eine Vielzahl von Informationen in Ihrem Posteingang oder in Ihrem Briefkasten finden. Die Aufgabe besteht darin, innerhalb einer vorgegebenen Zeit alle Vorgänge zu bearbeiten. In der Regel heißt das, verschiedene Entscheidungen zu treffen,

- was Sie selbst erledigen müssen,
- was Sie delegieren können und
- was Sie beruhigt in die Mülltonne werfen können.

Der Tipp für den Postkorb: Erstellen Sie zuerst einen Terminplan, denn es wird terminliche Überschneidungen geben. Tragen Sie alle Termine ein, um einen Überblick zu haben, was wann zu tun ist. Generell gilt, dass Personalthemen, also alles, was mit Mitarbeitern zu tun hat, möglichst nicht delegiert werden sollten.

Einzelpräsentationen/Vorträge

Sie sollen zu einem frei wählbaren oder vorgegebenen Thema einen Vortrag halten. Der Inhalt, doch vor allem die Art und Weise, wie Sie präsentieren, werden dabei bewertet. In nahezu jedem Assessment-Center werden Sie eine sogenannte Selbstpräsentation als Übung antreffen. Dabei geht es darum, dass Sie sich den Unternehmensvertretern und den anderen Teilnehmern vorstellen. In der Regel haben Sie dafür 2 bis 5 Minuten zur Verfügung. Machen Sie sich im Vorfeld des Tests bereits Gedanken, wie Sie eine kurze Selbstpräsentation gestalten würden. Wichtig ist dabei, dass Sie sowohl die wichtigsten Etappen Ihres bisherigen Lebens beschreiben, als auch erläutern, warum Sie bestimmte Entscheidungen (Wahl der Leistungsfächer, Schulpraktika, eine vorherige Ausbildung ...) getroffen haben. Zeigen Sie, wofür Sie sich begeistern, und nennen Sie konkrete Beispiele für persönliche Stärken und bisher erzielte Erfolge.

Neben der Selbstpräsentation kann die Aufgabenstellung auch so lauten, dass Sie über ein bestimmtes Thema einen kurzen Vortrag halten sollen. Dieses kann vorgegeben oder frei wählbar sein. Auch hier zählt sowohl der Inhalt als auch die Art und Weise, wie es Ihnen gelingt, die Aufmerksamkeit der Zuhörer zu gewinnen. Wenn Sie Folgendes beachten, werden Sie sicher den einen oder anderen Pluspunkt verzeichnen:

- Ich stelle mich zunächst den Zuhörern vor.
- Ich halte Blickkontakt mit den Zuhörern.
- Ich spreche klar und deutlich.
- Ich stehe ruhig auf beiden Beinen und habe die Hände nicht in den Hosentaschen.
- Ich lese meinen Text nicht ab, sondern benutze kleine Karten, auf denen ich Stichwörter notiert habe, die mir als roter Faden dienen.
- Ich halte die zur Verfügung stehende Zeit ein.
- Ich setze Medien wie zum Beispiel Flipchart oder Tafel zur Veranschaulichung meiner Präsentation ein.
- Ich bedanke mich am Schluss für die Aufmerksamkeit und frage, ob seitens der Zuhörer noch Fragen bestehen.

Organisationsaufgaben

Im Mittelpunkt dieser Aufgabengruppe stehen Problemerkennung und -lösung. Sie sollen zum Beispiel eine Routenplanung für eine Polizeistreife ausarbeiten. Hierzu werden Ihnen Rahmendaten gegeben, welche Orte angefahren werden müssen. Sie sollen nun anhand eines Planes eine optimale Route festlegen, um alle Orte mit möglichst wenig Fahraufwand anzusteuern. Wichtig: Es muss zu erkennen sein, nach welcher Struktur Sie vorgehen und dass die Lösung praxistauglich ist.

Ergänzende Elemente

Ferner werden ACs häufig durch psychologische Testverfahren (Intelligenz- und Leistungstests sowie Persönlichkeitstests), wie Sie sie bereits kennen gelernt haben, ergänzt. Diese Übungen eignen sich besonders gut als zeitlicher »Lückenfüller« zwischen den einzelnen Übungen, da jeder Bewerber sie eigenständig durchführen kann. Als weiteres Element können Einzelgespräche stattfinden, die zur Abrundung des Kandidatenbildes beitragen sollen. Im Grunde sind sie vergleichbar mit den klassischen Vorstellungsgesprächen, allerdings in der Regel kürzer.

Partnerübungen

Im Vordergrund des Assessment-Centers steht das Kommunikationsverhalten im Vier-Augen-Gespräch. Klassische Übungen in diesem Bereich sind Konfliktgespräche.

Konfliktgespräche

Bei diesen Aufgaben ist häufig die Konstellation Führungskraft–Mitarbeiter oder Kollege–Kollege vorgegeben. Sie sollen in der vorgegebenen Rolle ein Gespräch führen und dabei ein Problem, das unmittelbar mit dem Verhalten des Gesprächspartners zu tun hat, lösen.

Tipp: Lassen Sie zunächst den Gesprächspartner zu Wort kommen und die Situation aus seiner Sicht schildern. Vermeiden Sie Vorwürfe oder Drohungen, versuchen Sie besser den Gesprächspartner zu aktivieren, damit er selbst Lösungen vorschlägt. Hier gilt die Regel: Wer fragt, der führt.

Pro- und Kontra-Diskussionen

Sie sollen bei diesen Aufgaben zeigen, dass Sie Ihren eigenen Standpunkt klar vertreten können, ohne Ihren »Kontrahenten« persönlich anzugreifen. Versuchen Sie, die Argumente Ihres Gegenübers in Ihrem Statement aufzugreifen und dann zu entkräften, oder entwickeln Sie Lösungsansätze, die einen Konsens möglich machen. Die Themenstellungen sind meist sehr allgemein gewählt, zum Beispiel »Autobahnbenutzungsgebühren für Pkw« – damit jeder die Möglichkeit hat, Argumente zu finden.

Gruppenübungen

Das Verhalten im Team und die Fähigkeit, in komplexen Arbeitssituationen als einer unter mehreren zu bestehen, stehen im Mittelpunkt dieser Aufgaben. Häufig eingesetzte Übungen stellen wir Ihnen im Folgenden vor.

Gruppenarbeiten

Hier sind Sie als Team gefordert, eine Aufgabe zu lösen. Dies kann beispielsweise die Konstruktion eines Brückenmodells sein. Im Zentrum stehen das Kommunikationsverhalten und die Teamfähigkeit.

Aufgabenbeispiel für eine Gruppenarbeit

Bauen Sie mit den Mitspielern gemeinsam ein Modell einer Brücke. Das Modell sollte mindestens eine Spannweite von 40 cm haben und freistehend sein. Als Materialien stehen Ihnen Metaplankarten in der Größe 21 cm × 9,5 cm, eine Schere, ein Klebestift und ein Lineal zur Verfügung. Sie haben 20 Minuten Zeit.

Bei der Gruppenarbeit geht es darum, im Team eine Aufgabe zu lösen. Dabei steht die konkrete Projektdurchführung im Mittelpunkt. Häufig handelt es sich um handwerkliche Übungen, bei denen die Gruppe aus zur Verfügung gestellten Hilfsmitteln etwas bauen muss. Wichtig ist dabei, zunächst einen Plan aufzustellen, wie vorgegangen werden soll. Wem es gelingt, sich als »Projektleiter« zu positionieren und die Akzeptanz der Gruppe zu erhalten, erzielt Bonuspunkte im Hinblick auf Führungsqualitäten. Argumentieren Sie sachlich, beziehen Sie Gruppenmitglieder aktiv in das Geschehen mit ein und honorieren Sie gute Leistungen und Ideen anderer durch Lob und Anerkennung.

In vielen Gruppen werden Unterteams gebildet, die sich mit Teilaspekten beschäftigen. Dies könnte im Beispiel heißen, dass sich ein Team mit den Pfeilern der Brücke beschäftigt und ein anderes Team die Brücke selbst baut. Die Stabilität der Brücke kann dadurch erhöht werden, dass die Metaplankarten wie eine Ziehharmonika gefaltet und überlappend ineinandergeschoben werden.

Rollenspiele

Ähnlich wie bei der Partnerübung »Konfliktgespräch« sollen Sie in eine Rolle schlüpfen. Diesmal sind jedoch mehrere Personen mit unterschiedlichen Interessen beteiligt. Im Vorfeld der Übung werden Rollenanweisungen an die einzelnen Kandidaten ausgegeben. Jeder kennt nur seine Aufgabe, aber nicht die der Mitspieler. Gehen Sie für diese Aufgabe nützliche Allianzen ein, und versuchen Sie gleich zu Beginn, die Interessen der anderen Kandidaten in Erfahrung zu bringen.

Fallstudien

Hier wird Ihnen in der Regel eine Aufgabenstellung präsentiert, wie sie sich im Berufsalltag tatsächlich stellt. Beschäftigen Sie sich daher im Vorfeld des AC mit den Tätigkeiten, die Sie bei der zu besetzenden Stelle erwarten.

Gruppendiskussionen

Die Gruppendiskussion ist ein Klassiker unter den AC-Übungen. Dabei sollen Sie mit mehreren Kandidaten (in der Regel in einer Gruppe von vier bis sechs) ein vorgegebenes oder frei gewähltes Thema diskutieren. Die meisten Gruppendiskussionen verlaufen »führerlos«, es wird also im Vorfeld kein Diskussionsleiter bestimmt. Die Themen sind wie bei der Pro- und Kontra-Diskussion sehr allgemein gehalten. Bei der Gruppendiskussion ist nicht in erster Linie entscheidend, welche inhaltlichen Argumente Sie liefern. Wichtig ist, wie Sie sich innerhalb der Gruppe verhalten.

Die Beobachter halten den Ablauf jeder Übung auf einem Auswertungsbogen fest. Am Ende des Assessment-Centers findet eine Assessorenkonferenz statt, bei der die Eindrücke aller zusammengetragen und bereits Entscheidungen getroffen werden.

Zu jedem guten AC gehört ein ausführliches Feedback für die Kandidaten, ganz gleich, ob sie ausgewählt wurden oder nicht. Deshalb ist das AC für Sie als Teilnehmer auch immer eine Chance, mehr über sich zu erfahren und eine Rückmeldung zu erhalten, wie Ihr Verhalten von anderen wahrgenommen wird. So lassen sich Defizite erkennen und geeignete Maßnahmen ergreifen.

Nachwort

Herzlich willkommen am Ende unseres Buches. Da Sie diese Zeilen lesen, dürfen wir davon ausgehen, dass Sie sich ein Mal durch diese mehr als 250 Seiten gearbeitet haben. Das war nicht einfach, wir wissen das. Aber sicher sind Sie in diesem Moment schlauer und deutlich besser vorbereitet, als Sie es vor der Lektüre des Buches waren. Viele der Aufgaben, die wir Ihnen gestellt haben, haben Sie sicher vorher noch nie gesehen – denn die Aufgaben der Einstellungstests sind typischerweise keine, die man in der Schule gestellt bekommt. Wir hoffen, dass wir Ihnen nützliche Informationen mit auf den Weg geben konnten. Und wiederholen an dieser Stelle gern noch einmal, was schon im vorderen Teil anklang: Seien Sie beim Einstellungstest Sie selbst. Seien Sie gut vorbereitet und auf alle Eventualitäten gefasst, aber seien Sie auch ausgeschlafen, wenn es zur Prüfung geht. Machen Sie einen guten Eindruck, denn Sie haben ja etwas drauf. Überzeugen Sie die Personalverantwortlichen davon, dass Sie ein guter Polizist, ein guter Feuerwehrmann oder ein guter Soldat sind. Sie wissen jetzt, worauf es ankommt.

Wir wünschen Ihnen viel Erfolg und freuen uns über Ihre Kommentare, Erfahrungsberichte und Anmerkungen. Die können Sie gern an diese Mail-Adresse schicken: brenner.wolff@gmail.com.